◉诉讼法学文库 2010（11）
总主编　樊崇义

# 证明力判定论

## ——以刑事证据为视角

## On the Evaluation of Evidence

### ——From the Perspective of Criminal Evidence

金　钟　著



中国人民公安大学出版社
·北　京·

图书在版编目（CIP）数据

证明力判定论：以刑事证据为视角／金钟著．—北京：中国人民公安大学出版社，2010.7

（诉讼法学文库）

ISBN 978-7-5653-0121-6

Ⅰ.①证…　Ⅱ.①金…　Ⅲ.①刑事诉讼—证据—研究　Ⅳ.①D915.313.04

中国版本图书馆 CIP 数据核字（2010）第 140883 号

诉讼法学文库

**证明力判定论**

On the Evaluation of Evidence

——From the Perspective of Criminal Evidence

金钟　著

---

出版发行：中国人民公安大学出版社
地　　址：北京市西城区木樨地南里
邮政编码：100038
经　　销：新华书店
印　　刷：北京市泰锐印刷厂

---

版　　次：2010 年 7 月第 1 版
印　　次：2010 年 7 月第 1 次
印　　张：17.25
开　　本：787 毫米×1092 毫米　1/16
字　　数：303 千字

---

书　　号：ISBN 978-7-5653-0121-6/D·0082
定　　价：48.00 元

---

网　　址：www.cppsup.com.cn　www.porclub.com.cn
电子邮箱：cpep@public.bta.net.cn　zbs@cppsu.edu.cn

---

营销中心电话：（010）83903254
读者服务部电话（门市）：（010）83903257
警官读者俱乐部：（010）83903253
教材分社电话：（010）83903259
公安图书分社电话：（010）83905672
法律图书分社电话：（010）83905745
公安文艺分社电话：（010）83903973
杂志分社电话：（010）83903239
电子音像分社电话：（010）83905727

---

本社图书出现印装质量问题，由本社负责退换

# “诉讼法学文库”总序

诉讼法制是现代法治的重要内容和标志之一，也是依法治国的重要保障。我国法制建设的历程已经证明，诉讼制度是否健全与完善，直接决定着实体法律的实际效力：没有相应的诉讼制度作为依托，实体权利只能是“镜中花、水中月”；没有完善的诉讼制度予以保障，实体法律将无法如其所愿地实现其追求的立法目的。更为重要的是，诉讼法制的完善程度如何，还直接反映和体现着一个国家、一个民族进步、文明、民主和法治的程度，是区分进步与落后、民主与专制、法治与人治、文明与野蛮的标志。在现代法治国家，诉讼制度作为法治的一个重要环节，受到了前所未有的重视。美国联邦最高法院法官威廉·道格拉斯曾谈道，“权利法案的大多数规定都是程序性条款，这一事实绝不是无意义的。正是程序决定了法治与恣意的人治之间的基本区别”。①

我国1999年宪法修正案正式确立了“依法治国，建设社会主义法治国家”的治国方略，为推进我国社会主义民主、法制建设，完善我国司法体制，提出了新的纲领和目标。而社会主义市场经济的初步发展则培育了公众的权利观念，并由此对司法公正提出了更高的要求。在此大背景下，通过增设新的诉讼制度以充实公民实体权利的实现途径，通过完善现行诉讼制度以保障实体法律的公正实施，从而推进依法治国，加快社会主义民主与法制建设的步伐，已经成为我国法治建设的关键所在。

诉讼制度的构建，与人们对诉讼原理的认识和把握有着密切的关系。诉讼原理是人类在长期的诉讼实践中，在大量经验教训的基础上总结出来的、对有关诉讼活动的规律性认识。诉讼原理在诉讼制度的构建及运作中发挥着高屋建瓴的作用。只有正确认识和准确把握诉讼原理，才能构建较为完善的诉讼制度，才能推动诉讼活动向良性运作的状态发展。我国在改革与完善诉讼法律制度时，对于人类经过长期理论与实践探索获得的原理性认识，不能不予以重视，也不能不认真加以借鉴、吸收。

我国诉讼的立法和实践曾十分严重地受到“左”倾思潮和法律虚无主义的影响，诉讼规律和诉讼原理长期被忽视、被冷落。由此造成的后果之一：司法机关和诉讼制度的功能被狭隘化。例如，刑事司法机关和刑事诉讼法律仅仅被

① 转引自季卫东：《法律程序的意义》，载《比较法研究》总第25期。

视为镇压敌人、惩罚犯罪并通过镇压敌人、惩罚犯罪来维护社会秩序的功能单一的工具，忽视了司法机关和诉讼法制所具有的制约国家权力使之不被滥用和保护包括犯罪嫌疑人、被告人在内的公民基本人权的作用，忽视了刑事诉讼所具有的独立品格和价值。对诉讼原理、诉讼规律认识的片面和浅陋，已经严重地制约了我国诉讼法制发展的步伐，而且直接对公正、文明地进行诉讼活动产生了非常消极的影响。要扭转这一局面，必须在宏观法律观念上作一个大的转变，同时大力借鉴、吸收法治发达国家丰富的研究成果和宝贵的实践经验，加强对诉讼原理、诉讼规律的研究。

对诉讼原理的正确认识是诉讼立法科学化的前提条件。正确把握诉讼原理，可以帮助我们全面地认识司法机关的功能，并对各种不同的诉讼模式及规则进行正确的取舍，从而在一定的诉讼原理的指导下构建更为科学和更适合“本土资源”的诉讼模式及规则。由此制定的法律，将具有更强的民主性、文明性和科学性。反之，如果不能正确把握诉讼原理，对于存在着内在价值冲突的各种可供选择的立法方案就可能难以作出正确的选择，立法活动就可能要多走许多弯路，甚至要付出沉重的代价。

对诉讼原理的正确认识对于司法活动同样具有重要的积极价值。对诉讼原理的正确把握可以在一定程度上弥补立法的不足。法律永远是抽象的。要将抽象的法律适用于具体的案件，就必须有科学的观念作为指导。对基本诉讼原理的正确认识，将有利于指导人们对司法活动中必然存在的种种法律适用问题作出科学的解释，从而使法律文本本身存在的不足得到补救。在现代社会，由于法律的稳定性与现实生活千变万化之间的落差只能通过赋予司法人员自由裁量权的途径予以调和，所以对基本诉讼原理的认识，还直接决定着司法人员在行使法律赋予的自由裁量权时，能否作出符合公正标准的决定或者裁判。

要贯彻“依法治国，建设社会主义法治国家”的治国方略，保障诉讼活动的公正进行，也必须认真研究诉讼原理，把握诉讼规律。当前，我国已有不少学者开始探索一些诉讼原理性的问题，如诉讼法律观、诉讼法哲学、诉讼目的、诉讼职能、诉讼价值、诉讼法律关系等，并已取得了一定的研究成果，这有力地推动了人们法律观念的变化，并对立法和司法活动发挥着积极的影响作用。但总的来看，我国诉讼法学界对诉讼原理问题的研究距离立法、司法实践的需求还有很大差距，还需要继续深入。尤其是现有的研究成果一般只是就诉讼的某一方面进行探讨，缺乏对一般性诉讼原理的全面和系统的探讨。因此，随着我国法治进程的推进，探讨一般性诉讼原理已经成为我国诉讼法学界必须研究的课题。

为吸引更多的诉讼法学者致力于诉讼原理的研究，同时也为了能够促使诉讼原理研究及时对立法、司法、学理研究等多个领域产生积极的影响，并对司法实践工作有所帮助，中国政法大学诉讼法学研究中心特意组织力量进行此项题为"诉讼法学文库"的大型丛书的编辑出版工作。"诉讼法学文库"是中心的一项长期出版项目，面向国内外专家、学者开放，凡以诉讼原理、诉讼规律为内容且有新意、有深度、有分量的专著、译著，以及对公安、司法工作有指导意义，对立法工作有参考价值的其他诉讼法学著作均可入选。

"诉讼法学文库"自2001年面世以来，得到了诉讼法学界专家、学者、实务工作者的热情支持，现已出版发行专著60多部，这些成果深受广大读者的青睐，已有多部著作获省部级以上的奖励，在这里特向广大读者和作者致以诚挚的谢意！由于编辑工作的需要，该文库从2006年起，每年以入选先后另行排序。特此说明。

中国政法大学诉讼法学研究中心名誉主任

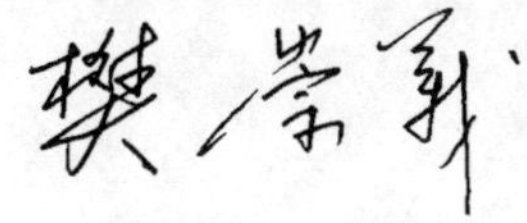

2007年元月于北京

# 序

证据的证明力，指证据对案件事实所具有的证明作用。证明力的实现，是搜集、使用证据的目的，是证据裁判的基础。而证明力判断，则是通过证据查明案件事实这一行为链中的关键环节。在诉讼实务中，证明力判断是一种经验行为，即法官基于其经验判断个别证据及证据群的证明力有无及其大小的作业。这一作业，以自由心证为原则。然而，经验法则的运用以及心证的形成，需要遵循认识的规律，需要受到合理的规制并接受检验，从而抑制事实判定的恣意，保证事实判定的质量，因此对证明力判定问题进行专门研究，在实务与理论上都很有意义，尤其是考虑到国内学界对这一问题的研究，其广度和深度均嫌不足。《证明力判定论——以刑事证据为视角》一书，有其理论和实务上的价值。

本书是目前国内系统、深入地研究刑事证据证明力判定问题的一部专著。作者全面论述了刑事证据证明力判定的概念、特点、历史、原则、规则、方法，并在此基础上提炼出一系列具体应用规则和应对实务疑难问题的对策。作者在吸取国内外既往研究成果的基础上，对该主题的研究在多方面有所深化：一是作者注意区别证据能力和证明力的审查判断，就两种判断的异同所做的比较、分析有自己的见解；二是对刑事证据证明力判定的特点有自己的看法，就刑事证据证明力判定的纵、横向比较考察，在视角及研究方法上也有值得肯定之处；三是对“自由心证”萌芽的追溯和对刑事证据证明力判定原则与规则二者关系的分析并提出确立笔录特信规则，也有可圈可点的用笔；四是就证明力判定问题所总结出的四种判定基本方法，具有实用意义。同时，将证明力判定的理论应用于实践，总结的一般操作规则和针对实务难题提出的对策，也有一定的新颖性与实际价值。

作者基于司法实践需要与司法经验研究学理，同时注意理论成果转化运用于审判实践，这对于克服目前存在的理论与实践脱节，法官的实际需要未得到有效满足，以及实践中随意判定和机械判定的问题，具有积极的意义。全书思路清晰，层次分明，资料较翔实，语言也比较简练。当然，本书也存在某些不足之处，如对两大法系证明力判定情况的某些判断依据不足、对现代自由心证与传统自由心证异同的分析似嫌武断，而实证分析也过于简略、对证据能力与证明力关系个别问题的论述尚需进一步明晰等，需要进一步修改和完善。

作者作为一名对刑事证据的证明力判定具有丰富体验的资深法官，选择证明力判定这一证据法学研究的难题，将其所学理论知识与审判实践相结合，历经数年的刻苦钻研，成就专著，确实不易！作为作者的博士生导师，我为此感到高兴。希望作者不懈努力，持之以恒，在实务中提炼和研究学理，在实务中运用理论并深化理论，为国家司法事业尽其心力，为丰富、发展证据和诉讼法学作出贡献！

是为序。

龙宗智

2010 年 5 月 18 日

# 目　录

# 前　言

刑事诉讼中，证据证明力判定是裁判者认定事实、适用法律的必要前提。通常情况下，裁判者采用如下层进方式判定证据证明力并进而认定案件事实：第一，审查证据的可信性和关联性，将没有证明力、证明力微弱或者所产生的偏见、混淆争议问题、将裁判者引入歧途等危险远远超过证明价值，或者造成过于拖延、浪费时间等不良后果的证据予以排除，固定余下的其他具有证明力的证据的种类和数量；第二，根据经验法则和逻辑法则，运用直觉认知、相互印证、矛盾辨析、概率评估等方法，对所固定的证据进行单个、组合和整体分析，确定证据之间相互印证的程度，比较矛盾证据证明力的大小，在此基础上整合证明方向相同的证据，运用其中整体证明力较强的证据或证据体系证明案件事实，得出案件事实是否成立的结论。

证据证明力判定问题是诉讼法学的一项重大课题。研究的必要性在于：首先，证据证明力判定作为法庭审理的核心问题之一，对诉讼的运行和诉讼的结果都具有十分重要的作用。通过证据证明力判定问题研究，可以确立科学的判定原则、规则和方法，以指导裁判者正确判定证据的证明力，准确认定事实和适用法律。其次，证据证明力判定活动主要由裁判者“自由”进行、少有规则可循，判定结论的得出存在一定的“个体差异”——“因人、因庭、因院而异”，从而可能导致产生不同的裁判结果。通过证据证明力判定问题研究，可以寻找到最大限度地减小这种差异的规律，从而合理限制裁判者的“心证”自由度，确保公正审判，实现司法的相对统一。

我国诉讼法学界对刑事证据证明力判定问题的研究，从理论层面上看，已经取得一定成果。但是，由于判例制度缺失造成可供研究的素材匮乏和对实际操作的“疏忽”，人们将该项课题的理论研究成果转化运用于审判实践的努力尚缺乏力度，且在若干问题上理论与实践亦有脱节，裁判者在审判工作中解决证据证明力判定问题的实际需要尚未得到有效满足。笔者作为一名长期从事刑事审判工作、对证据证明力判定具有较深体验的法官，深感将刑事证据证明力判定问题的理论与实践具体、密切结合，并从实证的角度修正理论研究存在的个别偏向，具有十分重要的现实意义。是故，潜心撰写本书，以期引起学界和同行的关注，共同为刑事证据证明力判定问题的研究取得更大的成绩作出努力。

本书共分为七章：

第一章，概括论述刑事证据证明力判定的概念和特点，辨析刑事证据证明力判定与刑事证据证据能力判定的差异及联系，从理论基础层面厘清相关观念、界定论述范围。

笔者认为，刑事证据证明力判定是刑事诉讼中裁判者判断、确定证据对案件事实是否具有证明作用和具有何种程度的证明作用的一种诉讼活动。它作为一种价值判断活动，主体特定并须发挥主观能动性，行为具有程序性和法定性，是主体、客体、判定行为三者的统一。它与刑事证据证据能力判定在方式、依据、内容、效力上存在差异。二者的联系主要体现在：证明力判定以证据能力判定为前提和基础；在涉及关联性问题时，证明力判定可以转化为证据能力判定；在某些情形下，证明力判定对证据能力判定产生一定影响。

第二章，采用比较方法，论述英美法系国家、大陆法系国家和我国刑事证据证明力判定的立法、司法及理论研究情况，揭示彼此的差异及原因，为确立刑事证据证明力判定的原则、规则、方法提供纵向和横向的借鉴。

笔者认为，英美法系国家的证据证明力判定与其陪审制度密切相关，法律上对证明力判定设有少许直接限制的证据规则，在直接证据和间接证据证明力判定上存在区别；大陆法系国家的证据证明力由法官“自由心证”，“自由心证”必须依据良心、理性。在我国，奴隶社会的证据证明力主要由裁判者以“察听五辞”的方法进行判定，封建社会的司法官吏在证据证明力判定上享有一定的自由裁量权，近代社会的证据证明力一般由法官自由判定；现代社会，香港特别行政区、台湾地区和澳门特别行政区在分别采用英美法系和大陆法系的证据证明力判定制度的同时，也有一些创新和发展。大陆地区的法律对证据证明力及其判定均未予以规定，实践中对证据的证明力实际是自由判定；司法解释对某些证据的证明力判定予以明确规定；法律对口供的证明力予以限制。

第三章，论述刑事证据证明力判定的原则——自由心证。论述的路径为：考辨、分析自由心证的词源、含义；追溯“自由心证”从绝对自由到相对自由的演变轨迹，辨析传统自由心证与现代自由心证的差异；评价自由心证原则的历史意义和现实存在价值；归纳分析现代自由心证的保障机制和制约机制，考量我国确立自由心证原则的现实基础，建议以立法形式确立具有中国特色的自由心证原则。

笔者认为，第一，现代自由心证原则中“自由心证”的含义包括两个方面：一是证据的证明力由裁判者自由判定；二是判断证据、认定事实应当达到内心确信即“心证”的程度。“心证”既是自由心证的结果表述，又是自由心证的法律要求。“心证”必须具有合理性，在客观上表现为心证过程正当。“心证”具有程度上的差别，裁判者认定案件实体事实的心证最低限度为“排除合理怀疑”，而认定案件程序性事实则只需达到“高度盖然性”的程度。第二，自由心证原则经历了一个由长期处于萌芽状态到与法定证据制度斗争中确立，再逐渐得到发展完善的漫长过程。自由心证原则的确立，具有巨大的历史进步意义和重要的现实存在价值。现代自由心证原则与传统自由心证原则在是否限制裁判者判定的“自由”、是否以证据裁判为前提、是否强调主客观判断标准的统一、是否要求心证保密等方面存在重大差异。目前，我国借鉴现代自由心证原则的条件和基础已经具备，应当适时以法律形式加以确认。

第四章，论述刑事证据证明力判定的规则。内容主要包括：界定刑事证据证明力判定规则的概念；辨析刑事证据证明力判定规则与原则的差异、冲突，论证解决冲突的途径和方法；比较考察英美法系中的最佳证据规则、各国普遍采用的补强证据规则；分析我国刑事证据证明力判定规则的现状，提出构建我国刑事证据证明力判定规则的思路，建议我国确立补强证据规则、证据优先规则和笔录特信规则。

笔者认为，第一，刑事证据证明力判定的规则与原则在内在本质、适用效力、与例外的关系、解决冲突等方面存在一定的差异，并因而有时在立法要求上和具体适用中发生冲突。协调冲突的原则，一是在不损害自由判定根本精神的前提下维系心证自由的空间适度；二是在具体适用中有规则须适用规则，但在抽象标准的要求与裁量自由的要求发生冲突时，或者在规则尚未规定的事项需要自由裁量时，则应对规则与原则的价值进行权衡、作出抉择。第二，英美法系中的最佳证据规则是关于证据证明力判定的规则，该项规则的适用存在例外情形。各国普遍采用的补强证据规则的确立依据，一是防止司法人员偏重言词证据；二是增强、担保言词证据的证明力。我国在刑事证据证明力判定规则的设置和适用上存在法源不集中、种类尚不足，内容过于简单、缺乏可操作性，规则的基本要素欠缺和做法不统一、对口供一概补强或不予补强、将补强证据与补助证据混淆、机械地进行证明力大小比较等问题。构建我国刑事证据证明力判定规则应当遵循的思路，一是以不损害现代自由心证原则的“自由证明”精神为前提；二是具有确定性、可操作性和强制性；三是与现行法律体系，尤其是刑事证据法律体系相协调；四是结合我国司法经验、司法实际和国外有益的做法。目前，应当确立补强证据规则、证据优先规则和笔录特信规则。

第五章，论述刑事证据证明力判定的基本方法。论述的路径为：界定、简析刑事证据证明力判定方法的概念及特点。在此基础上，逐一分析直觉认知法、相互印证法、矛盾辨析法、概率评估法的原理、内容及具体运用。

笔者认为，刑事证据证明力判定的方法主要包括：（1）直觉认知法。该方法主要适用于两种情形：一是人证真伪的快速判定，二是证明力判定“预感”的运用。运用中，不能人为放大直觉的作用；同时，直觉的认知需要得到验证。（2）相互印证法。相互印证的作用，一是佐证证据的真实性和充分性；二是证明案件事实。运用相互印证法判定证据证明力的最大难点和重点，在于设定和把握相互印证的合理限度。（3）矛盾辨析法。具体运用上，一是要审慎排除证据矛盾；二是要正确看待证据矛盾；三是要合理把握解决标准。（4）概率评估法。该方法的作用，主要在于确定证据的真实度、认清证据的关联度和合成证据的证明力。概率评估法在国外的运用较为普遍，而在我国则较少被运用。我国应当适当借鉴国外的概率判定方法，在一定范围内进行探索。但在某些情况下，则必须运用概率评估法判定证据的证明力。

第六章，论述刑事证据证明力判定原则、规则、方法的具体运用。论述的路径为：从我国学理分类的几种证据（直接证据和间接证据、原始证据和传来证据）和法律规定的七种证据的概念、证明力特点及证明力的判定三方面入手进行深入分析。在此基础上，根据现行刑事法律的相关规定、相关司法解释和证据法学理论，结合我国刑事审判实践，借鉴国外的有益做法，推导出若干可操作性的证明力判定规则。

第七章，探讨刑事证据证明力判定的若干疑难问题。内容主要包括：（1）分析刑事自认的概念、法律效力，指出在我国对刑事自认的判定应当遵循的原则及应当注意的两个问题。（2）辨析理论研究和实务运作中对“孤证”的两种误解和误用，指出“孤证不能定案”不能绝对化，应有例外情形。（3）概括证据“一对一”的两种情形及特点，分析证据“一对一”的证明力判定方法。（4）辨析“瑕疵证据”与“非法证据”的区别，指出采用“瑕疵证据”一般需以转化为前提，总结归纳“瑕疵证据”的四种转化方式以及若干判定规则。（5）探讨手机短信的证据能力和证据属性，认为在手机短信证据的证明力判定上，可以采取确认、鉴定、推断三种方式。

# 第一章 概论

## 第一节 刑事证据证明力判定的概念、历史及特点

证据问题是诉讼的核心问题。它主要涉及两个方面：其一，什么事实和什么材料应该被准许作为证据进入诉讼程序；其二，司法人员采纳这些事实和材料作何用。前者涉及证据能力问题，后者涉及证明力问题，同是任何案件中运用各种证据的基本范畴。而判定证据的证明力，则是问题的关键之一。较之证据能力判定，它更为复杂、困难。同时，也恰恰因为如此，它最能体现人的智慧。①

探讨刑事证据证明力判定问题，首先需要对其界定概念、追溯历史和提炼特点。

### 一、刑事证据证明力判定的概念界定

研究刑事证据证明力判定问题，难免涉及刑事证据证明力的概念。

何谓刑事证据的证明力？众说纷纭。

在英美法系国家，证明力是与“关联性”密切联系的一个概念，通常指证据的质量、说服力或者证明价值，也即被法官裁定容许采用的证据对于证明待证事实的分量。在大陆法系国家，证明力概念早在中世纪后期盛行的法定证据制度下即已被采用。法定证据制度和其后取而代之的自由心证制度，对证据证明力的判定分别采用法定证明和自由心证两种不同形式。无论在何种形式下，证据的证明力一般都是指证据的价值，即证据对于所要证明的事实具有的价值。例如，日本《世界大百科事典》认为，证据证明力，也叫证

① 参见汪建成、孙远：《自由心证新论——“自由心证”之自由与不自由》，载《证据学论坛》（第1卷），中国检察出版社2000年版，第335页。

据力或证据价值，指证据对需要证明的事实所具有的作证效力。①

在我国，主要存在以下几种观点：其一，证据的证明力是指在证明案件事实方面的说服力；② 其二，证据的证明力，“为判决效力之一种，某项诉讼之判决可供其他诉讼事件证明之用者，曰证据力”；③ 其三，证据的证明力是指证据对案件中待证事实的证明效果和力量；其四，证据的证明力是指证据事实对案件事实是否具有证明作用和作用的程度；④ 其五，证据的证明力是指证据在证明与待证事实上体现其价值大小与强弱的状态或程度。⑤

在我国学者所持的上述五种观点中，第一种和第三种在外延上似失宽泛；第二种和第五种在表述上略嫌晦涩。笔者基本赞同第四种观点，认为从汉语言的表述习惯和证据证明力的基本含义两方面考虑，可以对刑事证据证明力的概念作如下界定：刑事证据的证明力，一般是指证据对于所要证明的事实具有何种程度的价值，即证据对案件事实是否具有证明作用和具有何种程度的证明作用。

与之相应，对刑事证据证明力判定的概念，可作如下界定：刑事证据证明力判定，是指刑事诉讼中，裁判者判断、确定证据对案件事实是否具有证明作用和具有何种程度的证明作用的一种诉讼活动。

## 二、刑事证据证明力判定的历史追溯

在人类诉讼史上，对刑事证据证明力的判定，经历了一个由神明裁判到法定证明、再到自由心证的漫长嬗变过程。

人类社会初期，受社会发展水平和认识能力的局限，对证据证明力的判定主要采用神明裁判的方法，即根据被普遍视为体现神灵旨意的事实或现象来判定证据的证明力。“在初民的法律中，通过占卜、赌咒、立誓和神判等方式求助于超自然的力量来确定案件事实是非常普遍的。”⑥ 这种以神灵产生的权威代替司法证明、将司法裁判权交由“上帝”行使的做法，由于其虚幻和非理性而被法定证明所替代。欧洲中世纪，随着社会科学文化的发展，人类逐渐摆脱了神灵的精神统治，君王的权威、“教会、早期圣父或经院先哲”的权威、“依赖于圣经、某种神秘权威或古典派伟大学者”的权威逐渐取代了神权的威信。在证据证明力的判定上，人们从对“上帝”寄予厚望转向求

① 参见上海社会科学院法学研究所编写：《诉讼法》，知识出版社 1981 年版，第 206 页。

② 参见江伟主编：《证据法学》，法律出版社 1999 年版，第 208 页。

③ 郑竞毅、彭时编著：《法律大辞典》，商务印书馆 1940 年版，第 1198 页。

④ 参见陈光中著：《刑事诉讼法学》（新编），中国政法大学出版社 1996 年版，第 154 页。

⑤ 参见何家弘主编：《新编证据法学》，法律出版社 2000 年版，第 103 页。

⑥ ［美］霍贝尔著：《初民的法律》，周勇译，中国社会科学出版社 1993 年版，第 299 页。

助于自身理性，法定（形式）证据制度应运而生。法定证据制度下，对证据证明力的判定主要采用法定（形式）证明的方法，即证据证明力的有无和大小以及依据证据认定事实的方法均由法律预先规定，法官不得自由评判和取舍，而只能依照符合法律形式规定的各项规则来判定。这种将裁判者塑造成机械性评价证据的“自动天平”的做法，由于存在无视形形色色的各种案件的具体情况，以法定的形式将不同证据的价值绝对化和以僵化的规则束缚裁判者的认识能力，从而往往偏离客观真实的缺陷而被自由心证所取代。18世纪末至19世纪初，随着欧洲资产阶级革命的胜利和资产阶级政权的建立，作为上层建筑组成部分的法律制度发生了巨大变化。其中，辩论式代替纠问式的诉讼形式变化引发了证据制度的改革。在建立理性、民主司法体制的改革目标引领下，大陆法系各国相继确立了自由心证制度。自由心证制度下，对证据的证明力法律不作预先规定而由裁判者依据良心、理性予以自由判断。时至今日，在证据证明力判定上采用“自由心证”，已为世界绝大多数国家所认同。

综上所述，刑事证据证明力判定由神明裁判到法定证明、再到自由心证的演变，是人类认识能力不断提高和社会发展的必然结果。它的演进过程深刻揭示了刑事证据证明力判定具有主客观相统一属性和法律属性的特点与原理。

### 三、刑事证据证明力判定的特点简析

证据的证明力是证据的价值，而价值是“人们所利用的并表现了对人的需要的关系的物的属性”或“表示物的对人有用或使人愉快等的属性”，[①] 即客体物与主体人之间的一种特定的需要与满足的关系。这一关系的成立，需要同时具备主体、客体、实践媒介三个要素。因此，价值的判定作为“判断主体根据价值主体的需要，衡量价值客体是否满足价值主体的需要，以及在多大程度上满足价值主体需要的一种判断”，[②] 也需要同时具备主体、客体、实践媒介三个要素。

刑事证据证明力判定作为一种价值判断活动，具有以下特点：

1. 判定主体的特定性和能动性

首先，刑事证据证明力判定的主体是特定的，即只能是参与庭审活动的裁判者。

刑事诉讼中，对刑事证据证明力的判定，除裁判者外，侦查人员、检察

---

① 《马克思恩格斯全集》（第26卷），人民出版社1973年版，第139页。

② 卓泽渊著：《法的价值论》，法律出版社1999年版，第3页。

人员、辩护人及其他诉讼参与人也可能关注或参与，但只有由裁判者进行才具有实质意义或终局意义。它作为一种行使裁判权的职能活动和具有特定法律效力的司法行为，主体只能是裁判者而不能是其他诉讼参与人。而且，由于能够产生法律效力的刑事证据证明力判定必须经过法庭庭审质证，刑事证据证明力判定的主体还必须是亲自参与法庭审理的裁判者。具有裁判者身份但未参加庭审活动的人员，不能成为刑事证据证明力判定的主体。诚如我国台湾地区学者陈朴生指出的那样："证据之证明力，由法院自由判断……称法院，系指狭义的法院。在独任制，为独任推事（推事指法官——笔者注）固勿论，在合议制之法院则应依参与审理之推事之自由心证经评议决定之……基于直接审理主义之理论，未经参与审理之推事既未就证据为直接之调查，无从发生正确之心证，自不得就该项证据之证明力为自由之判断。"①

应当指出，对刑事证据证明力的判定与对刑事证据的审查判断并不完全相同。刑事诉讼中，凡是使用证据的人，都要对证据进行审查判断。但是，这种审查判断的对象包括证据的证据能力和证明力，主体包括裁判者、侦查人员、辩护人及其他诉讼参与人，且主体中的裁判者之外的其他诉讼参与人对证明力发表的意见，并不产生法律上的效力和对他人的约束力，仅有供裁判者参考的意义。因此，在对象、主体、效力上，对刑事证据的审查判断有别于对刑事证据证明力的判定。前者包含后者，后者以前者为基础。

其次，刑事证据证明力判定的主体在实施客观判定行为时必须充分发挥其能动性。

刑事证据证明力判定是一种诉讼活动。同时，从哲学角度看，诉讼活动也是一种认识活动，是诉讼主体对诉讼客体的一种追溯性认识活动。在这种认识活动中，主体和客体表现为反映和被反映、改造和被改造的关系。"通过实践，主体能动地反映客体，又能动地改造客体。"② 刑事诉讼中，裁判者就证明力问题对证据进行的比较分析、归纳演绎、排除矛盾和运用证据证明案件事实，得出案件事实是否成立的活动，首先是在大脑中进行的，是一种主观思维活动。随着这种活动的反复进行，裁判者的认识水平会不断深化和提高，从而实现对判定客体证明力的"反映"和"改造"以及判定客体对判定主体需要的满足。因此，刑事证据证明力判定离不开裁判者的主观能动性。就此意义看，判定效果的好坏，取决于裁判者主观能动性的发挥程度，取决于裁判者的经验、专业知识水平和敬业精神。

---

① 陈朴生著：《刑事证据法》，台湾三民书局1979年版，第574页。

② 李秀林、王于、李淮春主编：《辩证唯物主义与历史唯物主义原理》，中国人民大学出版社1983年版，第187页。

应当指出，裁判职能的消极性、中立性要求与证明力判定对裁判者的主观能动性要求并不矛盾。前者是对裁判者从事诉讼活动的要求，其中，“消极性体现在它主要是通过在法庭上听取控辩双方运用证据的证明活动认识案件事实，只有在极少数的情况下才去主动调查案件事实，以辅助自己形成更准确的判断；中立性则要求裁判者必须与案件事实的利益无涉，兼听双方的证明活动，以保障案件事实认识结论的科学和公正”；[①] 后者是对裁判者进行认识活动的要求，即裁判者在对证据证明力问题的主观思维过程中，要客观、全面和认真、细致，并充分运用经验法则、专业知识能力和分析、比较、归纳、推理、综合等思维方法。

2. 判定行为的程序性和法定性

从刑事证据证明力判定的属性看，刑事证据证明力判定既是裁判者大脑的主观思维活动，又是裁判者依照法律实施的客观行为。这种行为具有以下两个特征：其一，程序性。法律制度中，程序是指按照一定的顺序、程式和步骤作出法律决定的过程，“程序的本质特点既不是形式性也不是实质性，而是过程性和交涉性”。[②] 刑事证据证明力判定的过程性和交涉性主要体现在：首先，判定活动延续侦查、起诉、法庭调查、法庭辩论等诉讼活动，是案件整个诉讼活动和过程的一部分和一个阶段。其次，判定结论的作出必须以法庭调查固定的具有证据能力的证据为必要条件，且必须经过举证、质证程序并由裁判者进行评议、认证、释证，与诉讼参与人的诉讼行为密切相关。其二，法定性。程序法定是现代刑事诉讼的基本要求，它对于维护诉讼的安定性、诉讼进程的可预知性具有重要的作用，是刑事诉讼的公平、正义等价值得以实现的基础性条件。刑事证据证明力判定是国家审判机关的职能活动，判定的结果会直接影响案件的处理，而案件的处理又事关公民的人身权利、民主权利、财产权利和国家发展、社会稳定。因此，判定活动不能由裁判者随意进行，而必须通过法律予以规范。刑事证据证明力判定只有依照法定程序进行，判定活动才会有序、透明和公正，判定结论才会具有终结性和权威性。

3. 主体、客体、实践媒介三者的统一性

如前所述，刑事证据证明力判定既是一种诉讼活动，又是一种认识活动，是“抽象思维活动与具体诉讼行为的统一”。[③] 它作为一种关于价值的判断活动，需要同时具备主体——裁判者、客体——证明力、实践媒介——判定行

---

① 樊崇义著：《迈向理性刑事诉讼法学》，中国人民公安大学出版社2006年版，第163页。

② 樊崇义主编：《诉讼原理》，法律出版社2003年版，第163页。

③ 何家弘主编：《新编证据法学》，法律出版社1999年版，第263页。

为三个要素。在这三个要素中，判定行为是联系裁判者与证明力的纽带，证明力和裁判者通过判定行为而形成彼此的需要之间的满足与被满足的关系，使证明力判定活动的价值得以实现。可见，刑事证据证明力判定是裁判者、证明力、判定行为三者的统一，或者说是裁判者（判定主体）和证明力（判定客体）统一于判定行为这一实践媒介。

从认识活动来看，感性认识和理性认识是统一的，这种统一的基础是实践。无论是感性认识还是理性认识，都是在实践中产生的，是由感性认识到理性认识的过渡，也是在实践的基础上实现的。在刑事诉讼中，作为主体的裁判者通过对证据进行比较分析、归纳演绎、综合判断，对证据的证明力经历了一个去粗取精、去伪存真、由此及彼、由表及里的主观思维活动过程，并最终形成证明力有无及大小的主观判定结论。这一认识活动，完全符合辩证唯物主义感性认识与理性认识相统一的原理。

就诉讼活动而言，判定“是指法官在诉讼程序终结时所作的具有终局性的实质判断”。[①] 这种以国家权力为背景的权威性判断，必然伴随法律规制的判定主体、客体、行为三者的统一性。详言之，刑事证据证明力作为证据的价值，是刑事证据证明力判定的对象。判定活动根据裁判者的需要，自始至终围绕这一对象进行。裁判者作出刑事证据证明力有无和大小的判定结论，要以举证、质证等法定活动的情况为基础，并通过听证、评议、认证、释证等法定职能活动和相应法定程序。裁判者、判定行为和证明力互相关联、互相衔接，统一于证明力判定活动中。

## 第二节 刑事证据证明力判定与刑事证据证据能力判定

证据能力是大陆法系国家证据法学和司法实践中的常用概念。在英美法系国家，与之对应的概念是证据的可采性。而证据能力作为一个正式概念，主要见于日本以及我国台湾地区的证据法学理论和相关立法中。日本学理认为，证据能力是指可以作为严格证明的资料使用的形式资格，也即可以用于特定事件的严格证明资料在法律上的资格。我国台湾地区学者基本也持相同观点。例如，陈朴生结合德国证据法中的严格证明，指出“证据能力，亦称证据资格，或称证据适格性，是指具有可为严格证明系争的实体法事实之资料的能力。易言之，即某种资料具有可作为证据之能力”。[②] 李学灯着眼于证据能力与证据可采性的关系，指出“证据能力，亦称证据资格，谓证据方法

① 王亚新著：《对抗与判定》，清华大学出版社2002年版，第276页。

② 陈朴生著：《刑事证据法》，台湾三民书局1979年版，第177页。

或证据资料，可用为证明之能力，自证据之容许性言之，亦即可受容许或可被采用为证据之资格。凡属可受容许之证据，亦可称之为适格之证据”,[①] 等等。近年来，受域外法学的影响，我国大陆学者对证据能力、证明力的概念由很少使用演变到广泛关注。研究中，观点基本相同，只是表述上略有差异。例如，有人认为，“证据能力是某一材料能够用于严格的证明的能力或者资格”,[②] 也有人认为，“证据能力是指事实材料成为诉讼中的证据所必须具备的条件，及法律对事实材料成为诉讼中证据在资格上的限制”,[③] 还有人认为，“证据能力是指证据依法成为证据的资格”,[④] 等等。综上所述，一般而言，刑事证据的证据能力，即是指某种材料依法能够成为刑事证据的资格。

在证据法学和司法实践中，证明力与证据能力是既相联系又相区别的两个概念，有时会发生混淆。与之相应，证明力判定与证据能力判定也存在异同，有时也会出现交叉。厘清二者的关系，对于完善证据理论、指导司法实践具有十分重要的作用。

## 一、证明力判定与证据能力判定的差异

证据的证明力和证据能力是证据的两大基本属性。前者是证据的自然属性，涉及事实问题，即证据的可信性和关联性问题，一般不由法律规定；后者是证据的法律属性，涉及法律问题，即证据的可采性问题，大多由法律规定。二者的上述区别，必然导致二者判定上的差异。这种差异，主要表现在以下四个方面：

### （一）判定方式不同

证明力一般由裁判者自由判定。对此，许多国家的刑事诉讼法都有明确规定。例如，《日本刑事诉讼法》第318条规定，“证据的证明力由审判官自由判断”；《德国刑事诉讼法典》第261条规定，“对证据调查的结果，由法庭根据它在审理的全过程中建立起来的内心确信而决定”，等等。证据的证明力由裁判者自由判定的机理在于：在司法实践中，证据证明力的情况是复杂多样的，如果由法律预先规定证据的证明力，再由裁判者根据规定机械计量，则会由于形式上的一般规定与千变万化的具体情况脱节和裁判者的主观能动性受到遏制而往往难以发现案件的客观真实。而由裁判者自由判定，则能充分发挥其主观能动性，使其主观认识符合客观实际，作出正确的判定。

---

① 李学灯著：《证据法比较研究》，台湾五南图书出版公司1992年版，第438页。

② 卞建林主编：《刑事证明理论》，中国人民公安大学出版社2004年版，第275页。

③ 沈德咏、宋随军主编：《刑事证据制度与理论》（中），人民法院出版社2006年版，第578页。

④ 樊崇义等著：《刑事证据法原理与适用》，中国人民公安大学出版社2003年版，第65页。

此诚如陈朴生所言，“之所以许证据证明力之判断，不受法律之拘束，一任裁判官之自由者，盖鉴于法定证据主义，仅具有形式的合理性。为求发现实体的真实，须凭具有具体合理性之证据。为确保具体的合理性，以出于裁判官之理性之自由判断，为其最妥方法”。[①] 这里需要指出，证明力由裁判者自由判定是一般原则；个别情形下，也即证据的证明力由法律予以规定的情形下，裁判者不能自由判定而只能依法判定。

证据能力一般不由裁判者自由判定。通常情况下，裁判者只能依据法律规定作出决定。只有在涉及一般违法且法律没有规定时，才可由裁判者自由裁量。在证据能力的判定方式上，英美法系与大陆法系不尽相同。前者主要是“依法判定”，即以法律形式设置大量的证据规则，由裁判者根据这些规则对某种材料是否具有证据能力作出决定；后者采用法定和裁量相结合的决定方式，即以法律形式设置少许证据规则，裁判者根据这些规则对证据有无证据能力予以判定，但在无证据规则或法律规定可循的情况下，则根据立法意志予以自由裁量。如此区别的原因，主要在于“英美法因采陪审裁判制，由陪审员为事实之裁断。为防止陪审有偏见，或涉及感情或专断之弊，乃就可以使用为证据之范围加以限制，即就证据之许容性设有严格之法则，以保障证据之证明力，大陆法为发挥职权主义之精神，对于证据能力殊少加以限制。凡得为证据之资料，均具有论理的证据能力”。[②]

（二）判定依据不同

证明力判定的依据主要是经验法则和逻辑法则。日本学者田口守一指出，“自由心证主义当然不允许法官肆意判断。自由心证要求根据经验法则、逻辑法则进行合理的心证”。[③] 德国学者克劳思·罗科信亦指出，“在自由心证原则下，法官亦无例外的需受思考及经验法则的限制”。[④] 逻辑法则是一种根据已知证据推断未知事实的推理法则，包括演绎和归纳等法则。实践中，在运用推理的方法来判定证据的证明力上，能够运用严格意义上的演绎法则的机会较少，大多数情况下都采用归纳法则以形成一定程度的可能性判断。在社会生活层面上，经验法则是指“由人类生活经验归纳所得之定则，自各种科学上之定则，以其结果的假定形法则，诸如：自然法则、论理法则、数学原理、社会生活上的有关道义、条理、惯例、交易习惯等，以及有关学术、

① 陈朴生著：《刑事证据法》，台湾三民书局1979年版，第547页。
② 陈朴生著：《刑事诉讼法实务》（增订版），台湾海天印刷厂有限公司1981年版，第205页。
③ ［日］田口守一著：《刑事诉讼法》，刘迪等译，法律出版社2000年版，第222页。
④ ［德］克劳思·罗科信著：《刑事诉讼法》，吴丽琪译，法律出版社2003年版，第121页。

艺术、技术、工商业等生活活动的一切法则均属之”。[①] 而证据法意义上的经验法则作为社会日常经验法则的组成部分，具有一定的特殊性，表现在裁判者常常根据自身的学识、亲身生活体验或被公众所普遍认知与接受的那些公理作为法律逻辑的一种推理方式。在证据证明力判定中，经验法则是裁判者最主要的依据。因为，从认识过程的秩序说来，感觉经验是第一位的，认识开始于经验。“法官有时对证据有一种感觉、一种直觉的反应，其基础是他们的经验、常识，以及有关世界变化方式的知识”，[②] 而这种经验、常识、知识等是人们从个别经验的积累中抽象、归纳出来的，具有一般性和客观性，可以保证判定的客观性与真实性。

证据能力判定的依据主要是法律，包括法律规定的证据规则和相关法律规定。从世界各国的立法来看，对证据的证据能力，法律一般只作消极性的规定，即规定哪些证据没有证据能力、哪些证据属于限制证据能力的情形；而不作积极规定，即不规定哪些证据具有证据能力。从对证据能力的限制性规定看，主要有以下几种证据规则：（1）非法证据排除规则，即对通过非法手段获取的证据应当予以排除，不得作为认定案件事实的依据。（2）传闻证据排除规则，即非由作出陈述者本人在诉讼中提供的言词证据不得被采纳。（3）意见证据排除规则，即对证人就争议事实的存在与否所作的推断不得采纳。（4）非法自白排除规则，即非出于本人自由意志的自白不具有证据能力。（5）无关联性证据排除规则。对该项规则含义的表述，《美国联邦证据规则（2004）》第402条的规定颇具代表性：“关联性证据一般有证据能力；无关联性证据没有证据能力。”[③]（6）品格证据排除规则，即有关某人品格或品格特征的证据，不能用以证明该人在特定场合的行为与其品格或品格特征相一致。（7）类似事实证据排除规则，即与被告人行为类似的其以前行为，不能作为证明被告人行为构成犯罪的证据。

（三）判定内容不同

证明力判定的内容主要是证据的可信性和关联性。证据的“可信性”是指证据自身是否可靠及其可信赖程度，它与证据的真实性密切相关，判定证据是否可靠必然涉及对证据是否真实的判定。对证据可信性的判定，在物证上，主要是判定证据是否真实存在，是否经过人力雕琢加工等；而在人证上，

---

① 曾华松等：《经验法则在经界诉讼上之运用》，载《法学丛刊》第161期，第161页。

② ［美］乔恩·R. 华尔兹著：《刑事证据大全》，何家弘等译，中国人民公安大学出版社2004年版，第83页。

③ 转引自陈界融译著：《〈美国联邦证据规则（2004）〉译析》，中国人民大学出版社2005年版，第19页。

则主要是判定陈述者本身的可信赖性和陈述内容的可靠性。证据的“关联性”，一般是指证据与待证事实之间存在某种客观联系，才具有证明待证事实的实际能力。英国学者史蒂芬（Stephen）在其名著《证据法汇编》的注释中指出，“关联性”是指“任何两项事实是如此互相联系，以至于按照事物的通常发展进程，其中一项事实本身或与其他事实相联系，能够大体证明另一事实在过去、现在或将来的存在或不存在”。[①]《美国联邦证据规则》第401条对关联性证据所作的定义为，“就足以影响诉讼决定之任何事实存在与否之认定，有此证据时，该事实存在之可能性，较无此证据时更高或更低时，具有此种倾向之证据，即属有关联性之证据”。[②] 证据的关联性作为“能够证实待证事项的证明价值”，[③] 是证据证明力判定的主要内容。因为，在具体案件中，证据对于待证事实有无证明力以及证明力的大小，取决于证据与待证事实有无联系以及联系的紧密程度。而有无联系及联系的紧密程度，只能通过对证据与待证事实的关联方式及其关联程度的判断，才能作出最终决定。

证据能力判定的内容主要是证据的可采性。所谓可采性，是指证据必须为法律所容许并可用以证明案件事实。从世界各国的证据法、证据法学关于证据能力的规定、论述来看，证据的可采性包括以下三个方面：（1）关联性。某种资料是否可以作为证据而被采用，取决于该资料与案件待证事实有无关联。与案件待证事实存在关联，则具有证据能力，可以被采纳；与案件待证事实没有关联，则没有证据能力，应予以排除。这里，应当特别指出，证据能力的“关联性”有别于证明力的“关联性”。“唯证据评价之关联性，乃证据经现实调查后之作业，系检索其与现实之可能性的关系，为具体的关联，属于现实的可能；而证据能力之关联性，系调查与假定之要证事实间具有可能的关系之证据，为调查证据前之作业，系抽象的关联，亦即单纯的可能，可能的可能。故证据之关联性，得分为证据能力关联性与证据价值关联性二种。前者，属于调查范围，亦即调查前之关联性；后者，属于判断范围，亦即调查后之关联性”。[④]（2）合法性。某种资料能否作为证据被采纳，须看其是否具备合法性。如果该资料的收集在主体、形式和程序方法上符合有关法律规定，即具有证据能力，就可以被采纳为证据。不具有合法性的资料，如果收集该资料的行为严重违反刑事诉讼法的规定，严重影响程序正当性的

① Digest of the law of evidence, 12th ed, 1948 (revised), London: Macmillan, art 1.

② ［美］汤玛斯·摩伊特著：《诉讼技巧》，蔡秋明、方佳俊译，台湾商周出版社2002年版，第676页。

③ Vine Street Corp. v. City of Council Bluffs, Iowa, 220N. W. 2. d860, p. 863.

④ 陈朴生著：《刑事证据法》，台湾三民书局1979年版，第276页。

实现或者使被取证人的人身权利、民主权利受到严重侵害，则不具有证据能力，不能被采纳为证据，应将其视为非法证据予以排除。排除的范围，一般限于非法言词证据。对非法实物证据和"毒树之果"，大多数国家不予排除。排除的原则有二：其一，强制排除，即对法律明确规定应予排除的非法证据，一律予以排除。其二，裁量排除，即对法律没有明确规定予以排除的非法证据或者法律规定可予排除的非法证据，由司法人员权衡利弊，决定是否排除。对裁量排除，德国刑事诉讼中实行的"相应性原则"具有典型说明意义。该项原则的含义为：对未违反法治原则但系采用非法手段取得的证据，司法人员应当在对指控的罪行、采纳该证据的重要性、采纳该证据对个人权利侵犯的程度等各方面的因素进行综合衡量的基础上，自由裁量是否采纳该证据。(3) 正当性。某种具有关联性、合法性的资料，不一定被采纳为证据。在某些情况下，还须具备正当性。对"正当性"的认定，目前存在三种模式，即历史判断模式、利益衡量模式和最低限度程序保障模式。其中，利益衡量模式备受推崇。"所谓利益衡量模式，是指程序正当与否要通过对受到政府行为影响的私人利益、风险以及政府利益三者的比较权衡进行判断的模式。"[①] 而"利益分配的本质是收益分析，即是一种经济理性的决策模式。在这一分析模式下，法律原则存在的正当性基础，就在于正面的作用大于负面作用"。[②] 按照利益权衡模式的要求，对某种资料是否可以作为证据的判断，应当考虑其是否产生误导裁判者或无端消耗时间的不良后果。如果产生不良后果且该后果大大超过证明价值的，即不应采纳其为证据。《美国联邦证据规则》第403条规定，"证据虽然具有关联性，但其证明价值明显不及所含有的不公平的偏颇、导致争点混淆，或有误导陪审团的危险，或被认为是不当拖延、费时或不必要的重复举证时，也可以被排除"。[③] 实践中，除上述4种情形外，资料使对方遭受不公平的猝不及防的危机的；资料不重要的；或者证言系心智不正常的证人，或欠缺信用道德的证人，或与当事人有特别利益关系的证人，或情感上容易发生偏颇的证人所作出的，一般亦不得采纳为证据。[④]

---

① 樊崇义等著：《刑事诉讼法修改专题研究报告》，中国人民公安大学出版社2004年版，第19页。

② See e. g Doucan Kenndey, Cost - benefit Analysis of Entitlement Problems: A Critique, 33 STAN. L. REW. 387, 389 (1981).

③ 转引自陈界融译著：《〈美国联邦证据规则（2004）〉析译》，中国人民大学出版社2005年版，第20页。

④ 参见周叔厚著：《证据法论》，台湾三民书局2000年版，第33～34页。

（四）判定效力不同

一般而言，效力是“事物所产生的有利的作用”。① 证明力判定与证据能力判定作为两种不同诉讼行为，其各自的效力，亦即各自所产生的有利作用，存在明显的差异。

证明力判定的效力，在于确定证据对案件事实有无证明作用以及证明作用的程度。刑事诉讼中，证明力判定的效力具体表现在以下两个方面：其一，确定证据本身的信用性。证据本身的信用性，亦即证据本身是否真实可靠的信用度。就物证而言，是指客观存在性、未受加工性等性质；就人证而言，是指陈述人的真挚性和诚实度等可以信赖的性质和其在知觉、记忆、表达事实时的可靠性及程度。确定证据是否具有信用性，一般是就单个证据而言，即裁判者逐一对证据是否真实可靠予以审查判定。而这种审查判定在方法上，则要通过与其他证据的互相印证和综合判断。其二，确定证据的证明价值。在具体案件中，确定证据的证明价值既包括确定单个证据的证明价值，也包括确定一组证据或全部证据的证明价值。具体步骤上分三步进行：首先，确定单个证据或单组证据的证明价值。其次，确定证据组合的证明价值，即在把握案件每一证据质量特征的基础上，将若干证据结合在一起形成组合证据共同发挥证明作用。最后，确定案件全部证据的证明价值，即从各证据与案件事实的关联程度、各证据之间的联系等进行综合审查判断，对已知证据作出整体性判定。

证据能力判定的效力在于将非法证据、无关联性证据予以排除。在刑事诉讼中，证据能力判定的效力主要体现在以下两个方面：其一，防止发生因证据收集手段非法而对证据真实性造成潜在危害，提高案件事实认定的准确性和认定程序的透明度及推理过程的可重复性，增加程序正义的可检验程度和判决的稳定性。其二，从根源上消除司法机关及其人员违法收集证据的动机，杜绝刑讯逼供等严重侵犯人权的行为，维护诉讼程序的合法性和正当性，保护诉讼参与人和公民的人权，保证司法公正和司法民主。

## 二、证明力判定与证据能力判定的联系

证明力和证据能力存在一定的联系。首先，证明力和证据能力作为证据的两大基本属性，在证据的关联性上存在重合并可以转化。日本学者铃木茂嗣指出，证据能力的关联性也可谓“最低限度的证明力”，或者说“最低限度的证明力”是证据能力的条件之一，“在许多情况下，二者被合在一起作

① 中国社会科学院语言研究所词典编辑室编：《现代汉语词典》，商务印书馆 1997 年版，第 1390 页。

为‘自然关联性’的问题来处理”。[①] 我国台湾地区学者陈朴生也指出，证据关联性分为证据能力关联性和证明力关联性两种，前者在证据调查之前，属于调查的范围，是一种抽象的关系；后者在证据调查之后，属于判断的范围，是一种具体的关系。[②] 其次，证明力以证据能力为前提和基础。“即使有实质价值之证据，设在形式上缺少证据能力，实不能作为犯罪事实认定之资料予以使用。亦即已经提出之证据，如被认为无证据能力或当事人提出异议时，应将其排除于证据之外，即使其为极有价值之证据亦然”，[③]“证据必须先有证据能力，即须先为适格之证据，或可容许之证据，而后始发生证据力（即证明力）之问题”。[④]

与证明力和证据能力的联系相应，证明力判定和证据能力判定也存在一定的联系。这种联系，主要体现在以下三个方面：

第一，证明力判定以证据能力判定为前提和基础。刑事诉讼中，证据的形成和使用，要经历一个由证据材料到证据、再到定案依据的过程。证据材料作为在诉讼中被当做证据提供或收集的材料，可能是合法的、真实的、与案件事实有关联的，也可能是非法的、虚假的、与案件事实无关联的，因而有别于证据。证据来源于证据材料，但证据材料不一定都是证据。证据材料必须是客观存在的事实，并且与案件事实存在客观的内在联系，能够证明案件的真实情况，才能成为证据。诉讼中，裁判者对控辩双方提供或收集的证据材料的判定，首先要解决其是否具有证据资格的问题。从诉讼程序看，要经历一个举证、质证、认证的过程。在此过程中，没有证据资格的证据材料，将被判定为没有证据能力并被拒绝进入诉讼阶段。证据材料被排除在诉讼证据之外，证据因失去形成条件而不存在，证据的证明力问题自然无从谈起或者说没有意义。可见，在诉讼运行和逻辑认识的次序上，裁判者对证据能力的判定先于对证明力的判定，是证明力判定的前提和基础。

第二，在涉及关联性问题时，证明力判定可以转化为证据能力判定。首先，由于“某些证据形式本身的特点决定其具有极大的虚假可能”，难以为主观理性思维把握，“法律便索性釜底抽薪地否定了其作为证据的能力”。[⑤] 这些证据，即便与案件事实存在实质的、具体的关联，对案件事实具有一定的或较强的证明作用，也不具有证据能力。对这些证据证明力关联性的判定，

① ［日］西原春夫主编：《日本刑事法的形成与特色》，李海东等译，法律出版社/成文堂 1997 年联合出版，第 166 页。

② 参见陈朴生著：《刑事证据法》，台湾三民书局 1979 版，第 276 页。

③ 蔡墩铭著：《刑事诉讼法论》（修订版），台湾五南图书出版公司 1993 年版，第 209 ~ 210 页。

④ 李学灯著：《证据法比较研究》，台湾五南图书出版公司 1992 年版，第 464 页。

⑤ 李学灯著：《证据法比较研究》，台湾五南图书出版公司 1992 年版，第 467 页。

实际上已经被对证据能力关联性的判定所替代。其次，证据的关联性分为证据能力关联性和证明力关联性两种，而证据能力的关联性也可谓“最低限度的证明力”，或者说“最低限度的证明力”是证据能力的条件之一。因此，对证明力关联性的判定，或者说对证明力“最低限度”的判定，也可以转化为对证据能力关联性的判定。裁判者判定某一证据不具有“最低限度的证明力”，即可以作出该证据不具有证据能力的判定。

第三，某些情形下，证明力判定对证据能力判定产生一定影响。刑事诉讼中，证据能力的判定方式分为依法判定和自由裁量两种。前者依据法律判定，后者依据立法精神、法治原则及正当性、合理性、经济性要求进行判定。在以裁量方式确定证据能力的情形下，证明力往往成为一个重要的考量因素，裁判者对证据能力的判定往往是在证据的证明力与立法精神、法治原则及正当性、合理性、经济性因素之间进行权衡。例如，对非法证据中的一般违法和轻微侵犯诉讼参与人权利而收集的证据，或者非法收集的物证及“毒树之果”，绝大多数国家由裁判者权衡利弊，自由裁量其是否具有证据能力。而在权衡利弊时，裁判者除要考虑非法收集证据行为的违法程度和对诉讼参与人权利的侵害程度以及对国家法治的破坏程度等因素外，还必须考虑证据对案件事实的证明作用及程度。对有证明作用或证明作用较大的这类证据，即可不予排除。在此情形下，证据证明力判定即对证据能力判定产生重大影响。再如，某些具有证据能力的证据，如果裁判者认为采纳所产生的不公正偏见、混淆争议问题、将裁判者引入歧途等危险大大超过证明价值或者会造成过于拖延、浪费时间的不良后果时，即可予以排除。此时，裁判者对证明力的判定显然对证据能力的判定起着重要的作用。诚如我国台湾地区学者李学灯所言，“证据容许性之各种法则，除因其外部之政策而发生者外，甚多由于防止不可信之危险。换言之，即原由证明力之问题而转为证据能力之限制”。①

---

① 李学灯著：《证据法比较研究》，台湾五南图书出版公司1992年版，第467页。

# 第二章　刑事证据证明力判定的比较法考察

“证据能力”和“证明力”作为国外证据法学和司法实践中的常用概念，近年来才被我国法学界和实务界逐渐接受和使用。此前，我国与其有着密切关系的概念为“客观性”、“相关性”和“合法性”。但是，“三性”并不能简单地、完全地与“两力”逐一对应，有的甚至存在较大的区别。因此，有必要对中外刑事证据证明力判定的基本情况进行比较考察，研究彼此差异及原因，以为我国刑事证据证明力判定的理论和实践提供“他山之石”。

## 第一节　英美法系的刑事证据证明力判定

17 世纪以来，根据陪审制度实施的需要，英美法系国家通过判例和立法确立了大量的证据规则。这些规则，主要是规范证据能力的规则，极少数为规范证明力的规则。这一历史背景和发展过程，乃是考察英美法系国家刑事证据证明力判定的切入点。

### 一、证明力判定与陪审制度密切相关

英美法系国家的刑事证据证明力判定与其陪审制度具有密切的关系。在英国，陪审制度源于公元 10 世纪前欧洲大陆诺曼征服者带来的审案模式，经历了一个由“知情陪审团”到“不知情陪审团”、审理对象由与王室有关的利益到公民利益的漫长过程。在此过程中，立法机关和司法机关鉴于陪审员并非法律专业人员且智力水平和道德素质参差不齐等，采用立法和判例的形式限制陪审员自由行使采用和评断证据的权利，以防止陪审团在使用证据认定案件事实时出现混乱和偏差。这些法律和判例的内容涉及证明力判定问题的，主要有两方面：其一，任何证据的证明力及其运用由陪审团自由判定；其二，对证明力的判定必须受到证据规则的约束。在美国，1791 年生效的《权利法案》对陪审问题作出了明确规定，有力地推动了陪审制度的发展。

与之相应，在赋予陪审员自由判定证明力的权利的同时，也以证据规则予以限制。20世纪以来，虽然陪审案件在英美法系国家大幅减少，但为适用陪审团审判模式而设置的一系列证据规则仍因其具有正当性和合理性而得以沿用。综上所述，从历史背景看，英美法系国家对证明力判定的两方面要求源于陪审制度的实际；从运作现状看，英美法系国家对证明力判定的具体规范大多针对陪审团审理模式。因此，二者是密不可分的。

在有陪审团参加的刑事法庭审判中，法律问题，包括实体法问题、程序法问题和证据能力问题等均由法官决定；而事实问题，包括被传唤出庭的证人的可信性、证据的证明力和争议问题存在与否等问题，则由陪审团决定。法律对各种证据的证明力并不预先加以规定，而由陪审团自由裁量。“尽管证据已由审判法官裁定可以采纳，但它仍要由陪审团来决定其具有多大分量。如果有的话，作为事实的认定者，陪审员们有权评价证据的说服力或可信度。他们完全可以认定其毫无分量，如果其可信度值得怀疑的话；他们也可以给其完全的分量，只要其具有说明力而且是无可反驳的。”① 当然，由于陪审员非法律专业人员，他们在对证据证明力作出判定前需要听取审判法官相应的指示。“在最后看天平偏向哪一边时，法官会考虑一个纠正错误的或者限制性的指示是否会消除不公正的偏见、潜在的混淆或者对陪审团的误导。”② 此外，在某些情形下，如在决定是否采纳被告人的供述或录音记录时，法官也可以对证据的证明力进行判定。

### 二、对证明力判定设有少许直接限制的证据规则

在英美法系国家，刑事证据的证明力一般由裁判者自由判定，但为防止裁判者误判或滥判，对某些情形下的证明力判定亦设有一些直接限制的证据规则。这些证据规则，一般是从证明力有无和证明力大小两方面直接予以限制。例如，对品格证据，《美国联邦证据规则（2004）》即规定有一般禁止规则，以避免裁判者随意确定其证明力而导致错误结论或不公正偏颇。“普通法的法院与成文法的起草者皆认为品格证据的证据力不大，而且会转移事实判定者的注意力，从案件的主要问题转移到一些旁的枝节上去，导致不当的偏见。因此，关于某人的品格证据，通常不得容许以之证明：此人系好人或

① ［美］乔恩·R. 华尔兹著：《刑事证据大全》，何家弘等译，中国人民公安大学出版社2004年版，第20页。

② ［英］Thomas A. Mauet，Warren D. Wolfson：Trial Evidence，中信出版社2003年版，第5页。

坏人，或在某特定场合下，可能会从事与其品格相一致之行为。”[①] 再如，“自白之评价，共犯之供述，性的犯罪之被害人之供述，幼童之供述等供述证据，须有补强证据”。[②] 而对证据如何补强，法律规定有相应的证据规则，裁判者必须依照这些规则进行证明力判定。根据口供补强规则，为保证自白及自白以外的供述的任意性和真实性，需要限制被告人供述、特定的证人证言和被害人陈述的证明力，即要求对供述证据需有其他证据予以佐证方能判定其证明力。

### 三、对直接证据和间接证据的证明力判定不同

英美法系国家的证据法学从形式上将证据划分为直接证据和间接证据。“直接证据是以直接的方式而非推论的方式证明一种关于事实的主张。它直接地、一步地达到案件中的实质性问题。”“与直接证据相对应的是间接证据或旁证”，“它是一种次要甚至附属性事实的证据，事实认定者可以从这一事实本身或与其他一系列事实相联系而推断出最终的事实主张的存在”。[③] 对直接证据证明力的判定，裁判者只需判定该证据与所证实的事实结论之间有无因果关系及其程度。如果有而且很强，则具有很强的证明力。对此，美国《加利福尼亚州证据法典》第411条的如下规定，可谓较为恰当的注解：“除成文法要求附加证据的情况外，一个享有完全信用的证人给出的直接证据，足以用以证明任何事实。”而对间接证据证明力的判定，则需裁判者的多次连续推断以将间接证据与待证事实联系起来。至于每一次推断，裁判者都应对或然性进行判定。一般而言，为作出预期结论所需的推理步骤愈多、环节愈薄弱，裁判者即可作出证明力愈小的判定；反之，则可作出证明力愈大的判定。经过推断固定的全部间接证据只要具有综合证明力，裁判者即可作出待证事实成立与否的判定。

## 第二节 大陆法系的刑事证据证明力判定

在大陆法系国家，证据制度围绕专业司法官员而设计，法庭审判采用职业法官审判和非职业法官参与的模式，事实问题和法律问题均由法官决定，

---

① ［美］Stephen A. Saltzburg著：《美国联邦证据法》，段重民译，台湾司法周刊杂志社1996年版，第26～27页。

② 陈朴生著：《刑事证据法》，台湾三民书局1979年版，第574页。

③ ［美］乔恩·R. 华尔兹著：《刑事证据大全》，何家弘等译，中国人民公安大学出版社2004年版，第14～15页。

因而没有形成英美法系国家那样庞杂的为平民陪审团而设计的证据规则体系。大陆法系国家的刑事证据证明力判定，与这种制度设置密切相关。

## 一、证据的证明力由法官“自由心证”

大陆法系国家对证据证明力的判定，普遍采用“自由心证”。“自由心证”是指法律对证据的证明力不作预先规定而由法官在审理案件中自由判定，它包括以下两方面的内容：其一，“自由”，即对证据的证明力，法官享有判定的自由。现行《俄罗斯刑事诉讼法典》第17条规定：“(1) 法官、陪审员以及检察长、侦查员、调查人员根据自己基于刑事案件已有全部证据的总和而形成的内心确信，同时遵循法律和良知对证据进行评价；(2) 任何证据均不具有事先确定的效力。”在法国，“法官以完全的自由来评判向其提出的证据的价值。法官按照其意识自行作出决定，依据其内心确信来判断被告有罪还是无罪，决定对被告是判刑还是无罪释放，无须对其认定的证据所赋予的证明力作出任何说明”。[①] 与此不同，意大利在赋予法官对证据的证明力具有自由判定权的同时，要求“法官在对证据作出判断时应当说明所得出的结论和所采用的标准”。[②] 其二，“心证”，即法官对证据证明力的判定，应当达到内心确信的程度。《德国刑事诉讼法典》第261条规定，“对证据调查的结果，由法庭根据它在审理的全过程中建立起来的内心确信而决定”。[③] 对内心确信的含义，俄罗斯学者的理解颇具代表性，认为包括以下五个方面：(1) 内心确信反映着审判员关于犯罪事实及其对犯罪人的结论的正确性和可靠性的信念；(2) 内心确信乃是从法院所确认的各种事实——证据中推论出来的结论，因而是可以合理地说明和论证的；(3) 内心确信仅可以用遵守诉讼法规所确定的一切规则而运用的各种证据来加以论证；(4) 内心确信以综合判断案件的一切证据为根据而形成；(5) 内心确信与审判员的世界观、生活经验、业务经验密切联系。[④] 内心确信的程度，不同于自然科学的证明，而是只要人们在日常生活上不怀疑并且达到作为其行动基础的程度即可。

大陆法系国家将证明力委诸法官“自由心证”的机理主要有三：第一，决定证据对案件事实有无证明力及证明力大小的重要因素之一，是证据与案件事实有无关联以及关联的程度如何。由于这种关联及程度因具体案件的情

---

① [法] 卡斯东·斯特法尼等著：《法国刑事诉讼法精义》，罗结珍译，中国政法大学出版社1998版，第47页。

② 《意大利刑事诉讼法典》，黄风译，中国政法大学出版社1994年版，第68页。

③ 《德国刑事诉讼法典》，李昌珂译，中国政法大学出版社1998年版，第106页。

④ 参见卞建林主编：《刑事证明理论》，中国人民公安大学出版社2004年版，第103页。

况不同而存在差异，模式化地、预断性地事先规定各种证据的证明力并让法官根据这些规定机械地进行判定，可能出现结论与客观实际不符的情况。而赋予法官判定证明力的相对自由，则可保证其充分发挥主观能动性，综合全案证据和全部案件事实，得出符合客观实际的结论。因为，只有在综合审理案件所有事实材料的条件下，法院才能得出确实存在有一定的案件事实的内心确信。第二，诉讼证明活动中，法官对证据证明力的判定是在特定知识背景下展开的。尽管这种判定也是一种“常人认识模式”，但并不排除法官在某些情况下依据其专业知识和技能进行异于“常人认识模式”的判定活动。将证明力判定交由职业法官判定与交由非司法专业人员判定相比较，前者出现错误认定风险的概率小于后者。因为，陪审团成员的非专业化和平民化，极有可能被传闻证据、诱导性证据、逻辑圈套、煽情和其他骗局引入歧途。因此，对证明力的判定，应由具有专业知识、技能和审判经验的职业法官进行。“……法律之所期待者，审判官恒为富于学识经验之人，其判断事实必能依经验定则而为之，如依经验定则而行，自无专横之弊，故敢舍法定证据主义而采自由心证主义也。”① 第三，证明力判定的重要依据之一是经验法则。经验法则具有以下特性：一是无限性。“因为经验法则来自人类知识的总体，而在证据评价时对未知的具体探求又有无穷的变化，必须根据具体情况来具体地决定采取什么经验法则。因而在判断事实时能够作为前提的经验法则在数量上是无限的。”② 二是盖然性。经验法则作为归纳知识的规则，并不具有绝对确定性，不能用全称判断形式加以陈述。经验法则的上述特性是“法定证据制度被放弃，自由心证原则被采用的根本原因之一。企图以有限的法律条文来涵盖无限的经验法则及其无限的盖然性程度只能导致对发现真实的阻碍，把经验法则的具体选择和运用委与法官的自由判断显然是更为合理的方式”。③

## 二、法官判定证明力必须依据良心、理性

在大陆法系国家，法官判定证明力须凭自己的良心和理性。对此，《法国刑事诉讼法典》第353条明确予以确认。该条规定，“……法律只要求他们（法官）心平气和、精神集中，凭自己的诚实和良心，依靠自己的理智，

---

① 石志泉著：《民事诉讼法释义》，台湾三民书局1987年版，第243～244页。

② ［前苏联］安·扬·维辛斯基著：《苏维埃法律上的诉讼证据理论》，王之相译，法律出版社1957年版，第107页。

③ 王亚新：《刑事诉讼中发现案件真相与抑制主观随意性的问题》，载《比较法研究》1993年第2期，第130～131页。

根据有罪证据和辩护理由，形成印象，作出判断。法律只向他们提出一个问题：你是否已形成内心确信?”其他国家的法律虽然没有同样的文字表述，但大都有相近内容的规定。而且，各国学理多持此见，几近共识。

法官具备“良心”，是正确判定证据证明力的前提。“一种制度的功能如何往往须取决于操作者的素质。”① 诉讼中，法官对证明力的判定在认识层面上是一种自由的主观思维活动，具有极强的主观特性。这种活动的结果，与法官的“良心”密切相关。现代审判经验表明，证明力判定是否符合客观实际，不仅在于法官是否具备深厚的法律专业功底、社会生活经验和综合分析判断的能力，而且还在于法官是否具有法律意识、职业道德、优秀品质和维护公平正义的坚定意志。倘若不具备“良心”，作为受规则和理性支配而又有自身独立利益的个人，法官也可能抵御不住权势压力或利益诱惑，从而滥用职权以谋取私利。诚如我国台湾地区学者史尚宽所言，“虽有完满的保障审判独立之制度，有彻底的法学之研究，然若受外界之利诱，物欲之蒙蔽，舞文弄墨，徇私枉法，则反而以其法学知识为其作奸犯科之工具，有如为虎添翼，助纣为虐，是以法学修养虽为切要，而品格修养尤为重要”。② 而这种品格修养不仅包含法官的职业特殊要求，而且深受其人生观、生活方式和所处社会环境的影响。

法官判定证明力所依据的“理性”，在大陆法系国家有着特定的含义。17 世纪末到 18 世纪，欧洲大陆的启蒙思想家笛卡儿、培根、孟德斯鸠、伏尔泰、狄德罗等对束缚人们独立思考的经院哲学、神学展开了猛烈的批判，明确提出了“理性论”，③ 形成了具有重大历史意义的理性主义。在启蒙思想家看来，理性的含义有二：其一，理性是人的本质，即人发现真理的能力。④ 知识的基点在于理性，只有依靠理性才能获得可靠的知识。人人具有与生俱来的理性能力，任何人只要排除了偏见和权威的影响，积极运用自身的理性能力，就都可以获得真知。其二，理性是合理的、符合逻辑的、能够被证明的、有功效的东西。“西方文明的指示历史所提供的大量权威典籍可以用来支持这样一个命题，即一个判断或一个结论，只有在它是可以确定的、可靠

① ［美］H. W. 伯尔曼著：《比较法律文化》，贺卫方、高鸿均译，三联书店 1994 年版，第 6 页。

② 史尚宽著：《宪法论丛》，台湾荣泰印书馆 1973 年版，第 336 页。

③ 理性论是孟德斯鸠政治法律哲学中最基本的理论。孟德斯鸠认为，一般的法律是人类的理性，各国的法律是人类理性在特殊场合的适用。

④ 参见林毓生著：《中国传统的创造性转化》，三联书店 1988 年版，第 43 页。

的、明确的知识为基础的情形下，才能被认为是理性的。”① “……欧洲大陆启蒙运动的思想家们成功地把那些关于人类普遍具有的合理认定事实能力的观念在欧洲推广开来”② 后，人们逐渐认识到裁判者依照理性自由判定证明力的必要性和合理性。“除了诉诸理性，不存在预先的证据定义，也不存在决定事实裁定的预定规则。每一次裁判都是一项独特的活动，该活动是当事人双方意思的不确定性与事实裁判者理解之间的交互作用：尽管每一次裁判都是独一无二的，而且我们没有用一套充要的规则对这一裁决活动加以规范，但是这些裁判仍然保留了理性的特征。”③ 在理性主义的影响下，诉讼中的证明力判定发生了两个重要变化：一是由法定证据转为自由判定。法定证据制度设立的重要理由之一，在于对法官能力的怀疑和对权威的崇拜。在立法者看来，法官并不具有判定证据证明力的能力，因而只能按照权威制定的判定方法进行机械判断，而不能根据事实自由判定。显然，这是与理性主义关于人人都具有理性并且都可以运用理性获取真知的理论相悖的。随着理性主义的广泛传播，立法和司法受到重大影响。人们逐渐增强了对法官能力的信任，相信法官自由判定是发现真实的最佳途径并进而愿意接受法官自由判定的结果。于是，法定证据制度失去了存在的根基和意义，并最终为自由心证制度所替代。二是由依照关于证明力的法律规定判定转为依照经验法则和逻辑法则判定。在理性主义者看来，理性是符合逻辑的东西，它与经验相生相伴。获取真知必须以经验为基础，以理性为工具。在某些问题上，经验主义与理性主义的立场并无不同。“……应该用简单而基本的、从理性与自然法中汲取的法则来取代当代社会的复杂的传统习惯。”④ 狭义的理性需通过准数理逻辑帮助才能获得，广义的理性更符合日常生活。理性的判断具有高度的说服力，“因为它所依赖的乃是累积的理性力量，而这些力量则是从不同的但却通常是相互联系的人类经验的领域中获得的”。⑤ 因此，裁判者对证据证明力的判定不应受法定证据的约束，而应依据经验法则和逻辑法则。受此影响，大陆法系国家均强调裁判者判定证明力时必须遵守伦理法则和经验法则。如有违反，即是非法的证明力判断，不但可以作为上诉事实审的理由，还可以

---

① ［美］E. 博登海默著：《法理学：法律哲学与法律方法》，邓正来译，中国政法大学出版社1999年版，第259～260页。

② ［英］乔纳森·科恩：《证明的自由》，何家弘译，载《外国法译评》1997年第3期，第6页。

③ 张汝伦著：《现代西方哲学十五讲》，北京大学出版社2003年版，第4页。

④ ［法］托克维尔著：《旧制度与大革命》，冯棠译，商务印书馆1997年版，第175页。

⑤ ［美］E. 博登海默著：《法理学：法律哲学与法律方法》，邓正来译，中国政法大学出版社1999年版，第259～260页。

作为提起法律审的理由。例如，在日本，法官判定证据的证明力须受广泛承认的科学法则的限制，如法官不能以自由心证来判断血液鉴定结果和车速测定仪的鉴定结果；在德国，“数十年来对事实审法官在证据判断时，有无藐视思考法则、一般生活经验准则及科学定律或公开的事实等均会被加以审核”，① 等等。

## 第三节 英美法系和大陆法系的刑事证据证明力判定比较

在意识形态方面，英美法系国家和大陆法系国家同属政治意义上的西方国家，具有基本相同的价值观念和价值判断方法。因此，在证据证明力判定上，两大法系国家具有许多共同之处。但是，由于诉讼模式、证据制度等因素的不同，两大法系国家在证据证明力的判定上又存在较大差异。比较两者在证据证明力判定上的异同，对建立科学、合理的证据证明力判定制度具有重要的佐证意义。

### 一、两大法系在证据证明力判定上的相同之处

英美法系国家和大陆法系国家在证据证明力判定上的相同之处，主要表现在：

（1）均以证据裁判为前提。裁判者据以判定的材料来源范围，只能是经过法定的证据调查程序后所确认的具有证据能力的证据；未经裁判的或者没有证据能力的材料，不得作为证明力判定的对象。

（2）均采用由裁判者自由判定的原则。该原则要求，对证据证明力的判定不受法定证据规则的约束，法律不对各种证据的证明力及其判定方式加以规定，而将证据个别和总体上的证明力交由裁判者自由判定。

（3）均对裁判者判定的自由度加以必要的限制。主要通过证明标准、证据裁判、证据能力、诉讼制度和经验法则、逻辑法则对裁判者的判定活动予以制约，防止裁判者利用自由判定的权利主观擅断。

（4）均有自由判定的例外。在例外的情形下，裁判者对证据证明力的判定需受一定的限制，即必须在法律规定的范围内进行。例外的具体情形，各国有所不同，大致有口供补强、沉默评价、前判决、审判笔录等。

---

① ［德］克劳思·罗科信著：《刑事诉讼法》，吴丽琪译，法律出版社 2003 年版，第 518 页。

## 二、两大法系在证据证明力判定上的不同之处

英美法系国家和大陆法系国家在证据证明力判定上的不同之处，主要表现在：

1. 判定的主体不同

英美法系国家传统上采用陪审团与职业法官共同组成法庭进行审判的审判制度，陪审团对事实作出认定，法官对法律问题作出裁判。证据证明力属于事实问题，判定的主体为陪审团。由于陪审团成员大多为非法律专业人士，其对证据证明力的判断需得到法官的指示。而且，任何证据在提交陪审团审议判定之前，均必须经过法官审查并对证据能力作出判定。近现代以来，随着传统陪审制度的逐渐衰落，绝大多数案件以辩诉交易的方式在正式审判前解决，少数案件部分由职业法官或治安法官审判，部分由职业法官和陪审团共同审判。职业法官或治安法官审判时，证据证明力判定的主体为法官，而职业法官与陪审团共同组成法庭审判时，证据证明力判定的主体仍为陪审团。大陆法系国家19世纪以前大多实行职业法官审判制度，后受英美法系国家的影响，实行职业法官审判和职业法官与陪审员共同审判两种审判制度，前者的法律问题和事实问题均由法官决定，后者由专业法官起主导作用。无论何种制度，法律问题和事实问题都由法官决定，法官是证据证明力判定的主体。

2. 判定依据的材料来源范围不同

这一差异，主要是由两大法系国家对证据关联性判定的不同做法所致。大陆法系国家对证据能力少有限制规定，证据只要具有关联性即有证明力，即都需要事实裁判者加以判定。而英美法系国家对证据能力的可采性设有大量的证据规则，规定凡有关联性的证据都可以被采用，无关联性的证据不能被采用。但是，关联性不等于可采性。某些具有关联性的证据可能基于公正、效率或其他因素的考虑，而由法官自由裁量是否采用。由于证据能力属于法律问题，证明力判定需要经过证据能力的筛选过程，英美法系国家进入证据证明力判定主体陪审团视野的证据的范围，较之事实问题和法律问题均由法官判定而在证明力判定前并无筛选过程、且对证据能力少有限制的大陆法系国家，自然要小得多。

3. 对判定的自由度予以限制的方式不同

两大法系国家对裁判者判定证据证明力的自由度均有限制，但限制的方式有所不同。英美法系国家大多以法律直接加以限制，如规定自白、共犯的供述、性犯罪案件被害人的陈述、幼儿的陈述等言词证据须有证据补强才能具有证明力等；而大陆法系国家则大多通过对法官判定活动的内外部制约间

接加以限制，如规定判决须载明认定事实所依据的证据及认定的理由、审判期日的诉讼程序专以审判笔录为证、误认事实可以作为上诉审的理由，判定必须以经验法则和逻辑法则为依据等。此外，大陆法系国家亦有少许直接限制的法律规定，但这些规定亦与英美法系国家不同。例如，两大法系国家的法律都有关于口供证明力的规定，但大陆法系国家规定被告人口供在没有补强证据的情况下不得据以作出有罪的判决，英美法系国家则规定被告人的有罪答辩具有足以导致有罪判决的效力等。

4．判定的机制不尽相同

首先，大陆法系国家采用职权主义诉讼模式，法官既是证据调查者，又是证据判定者，在证据的调查和判定上都扮演着积极主动的角色；而英美法系国家采用当事人主义诉讼模式，无论是陪审团还是法官，一般在证据调查中都采取消极、被动的立场，证据调查后才进行证明力判定。其次，英美法系国家贯彻直接言词原则较为彻底，裁判者在庭审前一般不接触案件材料，庭审前收集的证据大都需以言词方式在法庭上重新提出，裁判者需当庭作出证据证明力判定结论；而大陆法系国家的法官一般在庭审前都会阅读案件材料以为庭审作准备，对证据证明力的判定多依赖于庭前阅读的案件材料而非庭审中以言词形式提出的证据，证明力判定结论的作出也不完全限于当庭。再次，大陆法系国家的法官在判决中一般要载明认定事实所依据的证据及认定的理由，其中，包括对证明力判定的释明。而且，法官对证明力的判定结果须受上诉审法官的审查；而英美法系国家的法官则无须对事实认定说明理由，且其对证明力的判定结果也不受上诉审法官的审查。最后，大陆法系国家法官的职业性特点和上诉机制，决定了法官容易形成体制化、同质化的思维方式，对类似证明力判定问题能够作出类似判定，不同法官对同一案件证明力的判定也能够达到相对一致；而英美法系国家陪审团的非职业性特点和“一案一团”的审判组织形式及认定事实上的终局性，则难以形成体制化、同质化的思维方式和缺乏必要的制约机制，不同的陪审团对类似证明力判定问题难以作出类似的判定，判定结果的一致性亦难以保持。

## 第四节　我国的刑事证据证明力判定

受生产、科学文化的发展水平和社会经济基础、诉讼制度性质的制约和影响，我国的刑事证据制度很难用西方国家“神示证据制度——法定证据制度——传统自由心证制度——现代自由心证制度”的模式予以概括。与之相应，我国的刑事证据证明力判定的历史沿革也很难与西方国家“神明裁判——证明力法定——绝对自由判定——相对自由判定”的演变轨迹明确对应。据此，笔者论及此题时仅从我国特点着笔。

## 一、古代刑事证据证明力判定

我国古代分为奴隶社会和封建社会两个阶段，历时四千余年。其间的刑事证据证明力判定，以“五听”为共同主要特征；同时，由于所处时期经济、政治、文化等发展程度及法律制度的差异，不同阶段又各具特色。

### （一）我国奴隶社会的刑事证据证明力判定

在我国奴隶社会初期，对证据证明力的判定曾经出现过以兽触罪、盟誓、盟诅等神明裁判方式。对此，古籍中有所记载。例如,《说文解字》解释“灋”（古法字）字曰，“灋，刑也，平之如水，从水，廌，所以触不直者去之，从去”，“廌，兽也，似山牛，一角。古者决讼，令触不直”。[①]《周礼·秋官·司盟》载：“有狱讼者，则使盟诅。”“凡盟诅，各以其他地域之众庶，共有牲而致焉，既盟则为司盟共祈酒脯”，等等。但是，由于当时的文明较为发达，神明裁判的方式适用较少，而且消失也较早，在周朝时即已基本不再实行。“中国在这方面的进展较其他民族为早，有史以来即已不见神判法了。”“Robson 说神判法是普遍的习惯，在世界上很少有一国家不曾使用这种方法，唯一的可能的例外是中国，中国人找不到神判的痕迹。”[②] 自周朝始，逐渐建立起奴隶社会的证据制度。根据《周礼》、《吕刑》等法律典籍记载，我国奴隶社会的证据证明力判定主要具有以下特点：

第一，证据的证明力主要由裁判者根据审判实践中形成的经验，以“察听五辞”的方法进行判定。《周礼·秋官·小司寇》载，司法官吏应“以五声听狱讼，求民情。一曰辞听，二曰色听，三曰气听，四曰耳听，五曰目听”，对受审人察言观色以判定其陈述的真伪。这种判定方法要求裁判者面对面地审问被告人及其他诉讼参与人，体现了现代诉讼直接言词原则的精神，具有一定的合理性。“因为经验法则告诉我们，人在撒谎的时候和人在诚实讲话的时候，他的表情是会有不同的。”[③] 但是，受审人的表情有时也会掩饰其内心的想法。以“五听”断狱，有时亦难免出现主观臆断，以致错案发生。

第二，强调判定证据要“惟察惟法”，“无简五听”，即司法官吏要依照

---

① 《说文解字段注》，成都古籍书店 1981 年版，第 442 页。

② 瞿同祖著：《瞿同祖法学论著集》，中国政法大学出版社 1998 年版，第 273 页。

③ 曹鸿兰等：《违背经验法则之研究——以事实认定为中心》，载《民事诉讼法之研讨》（四），台湾三民书局 1996 年版，第 143 页。

法律规定对证据材料仔细审查，未经查实的材料，不得作为定案的根据。而且，“折狱”应当做到“中”，即判定证据、认定事实应当做到准确、恰当。对证据的证明力，要“察辞于差，非从惟从”，即要分析供词矛盾的地方，然后判定哪些是可信的，哪些是不可信的。为达到这些要求，立法告诫司法官吏“尔罔或戒不勤”和“狱货非宝”，并规定司法官吏在判定证据、认定事实时，如有“惟官（畏权势）、惟反（报恩怨）、惟内（裙带关系）、惟货（贪贿赂）、惟来（受请托）”的“五过之疵”，则应被处以与犯罪者同等的处罚。这种要求和做法，实际上是对司法官吏判定证据、认定事实进行制约，与现代自由心证原则限制裁判者判定自由的机理相近，因而具有正当性和先进性。

第三，判定的对象主要是人证，其他显而易见的物证、书证也可以作为判定的对象。诉讼双方当事人的陈述和其他诉讼参与人的陈述，是认定事实的主要依据。其中，被告人的口供是最好的证据。司法官吏办理案件，最主要的方法即是“两造具备，师听五辞”，“听狱之两辞”而不轻信“单辞”。判决前至关重要的事即是判定口供的真伪。《尚书·康诰》载，“要囚，服念五六日至于旬时，丕蔽要囚”。其中，“要囚”是审查被告人的供词，整个意思是说审查被告人的供词后，要经过五至十天的思索，才能作出判决。除人证是判定的主要对象外，某些情形的物证、书证也可作为判定的对象。例如，《周礼》载，“……地讼，以图正之”，即为争土地疆界而涉讼的，应以官府所藏地图为证解决。可见，一方面，判定的对象是证据且已扩展至人证以外的与案件有关的其他证据材料，较之于同期西方国家的神示证据制度，具有历史进步性；另一方面，过分依赖口供、视口供为最佳证据的认识和做法，则又存在局限性。

（二）我国封建社会的刑事证据证明力判定

在我国封建社会，法律上出现过个别法定证据制度的规则，如被告人不合拷讯时“据众证定罪”、“断罪必取输服供词”等。《唐律疏议》规定，有“三人以上，明证其事，始合定罪”，若“三人证实，三人证虚”，则不能定罪。明律也规定，“若犯罪事发而在逃者，众证明白，即同狱成，不须对问”。但是，明确规定证据的证明力并据以认定事实、定罪处刑的，终究是个别情形。总体上看，此期的证据制度受欧洲法定证据制度的影响较小，很大程度上是在承继奴隶社会证据制度的基础上逐步发展并代代沿袭，具有明显的中华法系的特征。表现在证据证明力判定上，主要有三：

第一，司法官吏在证据证明力判定上享有自由裁量权。只有在有“据众证定罪”、“断罪必取输服供词”等法律规定的情况下，其自由裁量权才受到一定限制。即使遵循“罪从供定”的原则断案，对供词如果存有怀疑，也可以不予采用而再作调查。在具体判定上，仍采奴隶社会“以五声听狱讼”的方式。唐律还加以发展，要求除“以五声听狱讼”外，还须依据情理审查供词的内容并同其他证据相比较。“依狱官令，察狱之官，先备五听，又验诸证信”，“诸应讯囚者，必先以情审查辞理，反复参验”。明律还规定了“五听”判案法，要求司法官吏在分别审问过原被告和证人后，如证言与原告所述相同而与被告所述不同，则应唤原告、被告和证人一同对问，观看颜色，察听情词。这些规定中，不乏现代证据制度的一些重要内容，是司法经验的很好总结。

第二，判定证据证明力主要是判定口供的证明力。在我国封建证据制度中，口供是“证据之王”，对认定案件事实起着极其重要的作用。一般情况下，没有被告人认罪的供词，不得判定其有罪。封建法律规定，“罪从供定，犯供最关紧要”，[①]“鞫问刑名等项，必据犯人之招草，以定其情”。[②] 在其时的立法者看来，口供之所以为最重要的证据，在于口供是被告人受审时亲口陈述的，因而是真实可信的。“狱囚之于囚口者为款。款，诚也，言所吐者皆诚实也。”[③] 为获取作为“证据之王”的口供，刑讯逼供堂而皇之地成为收集证据的法定手段。从秦至清，历代封建法律都将刑讯逼供规定在法律中。而从证据证明力判定的角度看，刑讯实际上还是一种考验和判断口供的手段，对证据证明力判定起着特殊的重要作用。

第三，对某些情形下的证据证明力判定以法律加以规定。例如，对证人证言证明力的判定，法律即有限制性的规定。唐律、明律、清律均规定，在以证人证言为定案依据的情况下，必须“三人以上证明其事，始告定罪”。这一规定，显然含有对司法官吏判定证人证言证明力的活动予以限制之意。再如，对某些案件事实的证明，法律规定只能依据书证。宋律规定，判定买卖关系、婚姻关系是否成立，须以契本、婚书为证。[④] 明律规定，告争家财田产，但凡验明出卖文契为实，便可据之断结。清律乾隆三十三年增例规定，“凡民人告诉坟山，近年者以印契为凭，如系远年，须将山地、字号、亩数

---

① 胡文炳：《折狱龟鉴补·草供未可全信篇》，摘自陈一云等编：《证据学》（第2版），中国人民大学出版社2000年版，第66页。

② 《唐明律合编》（五），第699页，摘自陈光中、沈国峰主编：《中国古代司法制度》，群众出版社1984年版，第91页。

③ 《资治通鉴》卷204，中华书局1956年版，第6474页。

④ 参见马念珍：《试析中国古代诉讼中的证据制度》，转载中国人民大学复印资料《法理学、法史学》2001年第1期，第62页。

及库贮鳞册并完粮印串，逐一丈勘查对，果相符合，即断令归己”。[①] 封建法律的上述规定，对于指导和规范司法官吏判定证据证明力的行为具有一定的积极意义，但却失之机械，与法定证据制度的弊端类同。

## 二、近代刑事证据证明力判定

在我国近代，晚清政府时期变法修律，仿照西方法制草拟了大量法规。虽然其中大部分均未颁行，但修律运动及其成果对近代法律制度的建立仍产生了重大影响。南京临时政府时期极为短暂，北洋政府时期社会动荡剧烈，统治者均无暇制定证据制度方面的法律法规，司法中对证据的判定基本上沿用古代证据制度和清末修律颁行的《各级审判厅试办章程》和未颁行的《大清刑事民事诉讼法》、《大清刑事诉讼律（草案）》、《大清民事诉讼律（草案）》，以及北洋政府大理院公布的体现《大清刑事民事诉讼法》、《大清刑事诉讼律（草案）》、《大清民事诉讼律（草案）》中证据制度内容的判例。国民党政府时期在承继前期的基础上仿效西方国家法律，尤其是大陆法系国家的法律，建立起了一套较为完备的证据制度。总体上看，从清末修律到国民党政府时期全面确立近代证据制度，都具有吸纳西方国家证据制度，尤其是大陆法系国家证据制度的特征。这一特征表现在证据证明力判定上，主要有三：

第一，证据的证明力一般由法官自由判定。《大清刑事民事诉讼法》规定，对证据证明力的判定，要以“五听”为基础，采用西方的自由心证，即“承审官应细心研究下列证据及事实：（1）证人的名誉及供词是否可信；（2）两造所呈之证据；（3）两造前后陈述抵牾；（4）两造供词之轻重；（5）被告犯罪情节之虚实；（6）两造所呈证据是否足定被告之罪；（7）证据已足是否为法律所准”，并在法庭调查证据完毕后，“将全案各情节细衡轻重，秉公决定”。北洋政府 1922 年颁行的《刑事诉讼条例》第 306 条规定，“证据，由法院判断之”。1922 年颁行的《民事诉讼条例》第 327 条规定，“法院应斟酌全辩论意旨及调查证据之结果，依其自由心证，判断事实之真伪”。国民党政府 1935 年颁行的《刑事诉讼法》第 155 条规定，“证据之证明力，由法院自由判断”。[②] 从上述规定中可以看出，我国近代的晚清时期、南京临时政府时期、北洋政府时期、国民党政府时期，对证据证明力的判定均采用自由心证原则，区别仅在于立法是否明确规定“自由”二字。在我国

---

① 参见张晋藩主编：《中国民事诉讼史》，巴蜀书社 1999 年版，第 154 页。

② 林纪东等编撰：《新编六法参照法令判解全书》，台湾五南图书出版公司 1986 年版，第 676 页。

证据制度发展史上，这无疑是一重大进步，对现代证据制度的建立具有特别重要的助益。

第二，对某些证据的证明力判定予以规定。例如，《大清民事诉讼律(草案)》对证书的证明力判定作有如下规定：“（1）公证书推定为真，如有怀疑，得命公证书的作成名义人到审判衙门陈述其真伪；（2）外国的公证书如难断真伪，由领使馆出具证明者为真；（3）私证书由立证人证明为其真，这种证明一般需要私证书的作成名义人来陈述其为真；（4）证书如有瑕疵，由审判人员判断其真伪；（5）一方当事人故意毁坏证书，致使审判衙门不能判断其真伪的，得认定相对人关于该证书的主张为正当”。[①] 北洋政府时期，法官对人证证明力的判定需遵循如下规则：（1）证人具结后所作证言的证明力大于未具结证人所作证言的证明力；（2）与当事人关系密切的证人证言的证明力小于与当事人无密切关系的证人证言的证明力；（3）经法庭调查质证的证人证言的证明力高于未经法庭调查质证的证人证言的证明力；（4）证人陈述其感知事实的证言的证明力大于复述从他人处听来的描述。[②] 对书证证明力的判定，则需遵循原件证明力高于复制件证明力、书证证明力高于言词证明力的原则。国民党政府时期的判解指出，原则上，“人证之信用力，不足以抵物证”，“合伙之退伙人如已领回出资及分配之利益，并缴销合伙凭证，自得推定其与其他合伙人间已为清算”，“证人就其并未亲身见闻之事实而为之陈述不得采为有效之证言”。[③] 上述规定和做法，既是对证明力判定成功经验的提炼，又体现了对裁判者判定“自由”的约束。

第三，摒弃“口供至上”，禁止使用刑讯手段所获证据。近代诉讼中，口供已经降为一种普通证据，不再是“证据之王”；在证明力的大小比较上，口供的证明力不再必然大于其他证据。《大清刑事诉讼律（草案)》规定，被告不承认指控时，审判官需调查其他证据。若众证明白确凿，也可按律定拟。南京临时政府1912年3月2日颁布的《大总统令内务、司法两部通饬所属禁止刑讯文》规定，“鞫狱当视证据之充实与否，不当偏重口供”。北洋政府1922年颁布的《刑事诉讼条例》规定，“犯罪事实，应依证据认定之”。这一规定，昭示我国法律对证据裁判主义的正式确认，同时也是对“口供至上”主义的明确否定。在禁止使用刑讯手段所获证据上，经历了一个由模糊到逐渐明确的过程。清朝光绪三十四年，清政府颁诏禁止对流刑以下之罪刑

---

① 《大清民事诉讼律（草案)》第437—441条、第417条、第445条。

② 参见直隶高等审判厅编：《华洋诉讼判决录》，中国政法大学出版社1999年版，第32页。

③ 参见蔡墩铭主编：《民事程序法：立法理由、解决决议、令函释示、实践问题汇编》，台湾五南图书出版公司1988年版。

讯。清朝《各级审判庭试办章程》第30条明确规定，凡审判方法，由审判官相机为之，不加限制，但不得非法凌辱。南京临时政府颁布的《大总统令内务、司法两部通饬所属禁止刑讯文》规定，“不论行政司法官署及何种案件，一概不准刑讯”。北洋政府1914年颁行的《县知事审理诉讼暂行章程》第27条规定，“审判方法，由县知事或承审员相机为之，但不得非法凌辱”。上述规定，虽然明确禁止使用刑讯手段收集证据，但对使用刑讯手段收集的证据是否可以作为证据却未予明确，导致司法中对非法证据的处理处于模糊、随意状态。直至国民党政府时期，法律才明确规定对非法证据不予采纳。国民党政府1935年颁行的《刑事诉讼法》第98条规定，“被告之自白，非出于强暴、胁迫、利诱、诈欺及其他不正之方法且与事实相符者，得为证据”。这一规定的证据法意义，在于明确宣告非法收集的证据不得作为证据。我国近代摒弃“口供至上”，禁止使用刑讯手段所获证据的做法，是西方国家法律制度直接影响的结果，具有一定的时代进步意义，对现代证据制度的确立产生了一定影响。

### 三、现代刑事证据证明力判定

由于历史原因，现代我国大陆地区和港、澳、台地区的刑事证据证明力判定情况各有不同。

香港自1841年被英国殖民者占领后，基本上沿袭英国的法律制度，同时在发展中又融入一些中华法系的因素，逐渐形成属于英美法系但又具有自己特色的法律制度。在刑事证据证明力判定上，“香港与普通法其他区域一样，实行自由心证制度”，[①] 实践情况与英美法系国家大致相同。具有自己特色的法律规定主要有三：其一，文件的正本是最佳证据；其二，共同犯罪案件中，同案被告人一人或者数人在法庭上认罪且被定罪后作为控方证人所作的证言，具有证明力；其三，控方能够证明被告人认罪的书面供词系其自愿书写的，该供词具有证明力。

澳门自1845年沦为葡萄牙的殖民地后，基本上照搬葡萄牙的法律制度。葡萄牙的法律制度属于大陆法系，因而澳门的法律制度具有大陆法系的基本特征。在刑事证据证明力判定上，澳门实行自由心证制度，具体做法与大陆法系国家基本相同。具有自己特色的法律规定主要有二：其一，法官对证据的判定须以直接的方式进行，只有经法官以直接采证方式获取的证据才具有证明力；其二，鉴定性的文件具有完全的证明力。

---

① 刘玫著：《香港与内地刑事诉讼制度比较研究》，中国政法大学出版社2001年版，第307页。

我国台湾地区在法律渊源上基本上沿袭国民党政府确立的法律制度，且深受德国、日本的影响，具有显著的大陆法系特征。但是，自20世纪中叶始进行了一系列法制改革，大量吸纳了英美法系的内核。其中，重要标志之一即是对诉讼制度的修正。因此，台湾地区的诉讼制度，兼有大陆法系和英美法系的印迹，是两大法系的融合体或曰“改良式的当事人进行主义”。这一特点体现在刑事证据证明力判定上，主要有四：其一，证据的证明力由法院本于确信自由判断，但不得违背经验法则及论理法则。其二，在设有大量关于证据能力判定的证据规则的同时，也有少许限制法官判定证明力的“自由”的规定。例如，已经证实的自然科学知识具有当然的证明力，法官只能采信而不能另作评价或决定舍弃；证人个人意见或推测之词等无证明力者，不得作为判断之依据；被告的自白不得作为有罪判决的唯一证据，等等。其三，为限制法官判定的自由度，有罪判决书应在理由内记载认定犯罪事实所凭之证据以及认定的理由。其四，某些证据在一定条件下，法律规定推定其有证明力。例如，文书依程式和意旨可以认作公文书的，外国公文书经驻在该国的大使或领事证明的，私文书经本人或其代理人签名、盖章或按指印或有法院或公证人的认证的，均可推定为真。①

大陆地区证据制度的发展如同整个法律制度的发展一样，经历了一个艰难曲折的过程。新中国成立以后至“文革”前，在废除国民党旧法统、总结战争年代人民司法工作优良传统和新中国成立以来的实践经验的基础上，具有中国特色的证据制度的雏形已见端倪。1956 年 10 月，最高人民法院关于《各级人民法院刑、民事案件审判程序总结》，系统地归纳、提炼了调查证据的原则、方法和程序，初步勾画了新中国证据制度的轮廓。其后的 20 世纪 50 年代后期和“文革”十年期间，受极“左”思潮的干扰和林彪、“四人帮”的破坏，法制建设陷于瘫痪，已具雏形的证据制度遭到践踏，刑讯逼供、伪造证据、“文字狱”、“腹诽狱”、“言论狱”等封建证据制度的沉渣泛起，致使出现大批冤假错案。党的十一届三中全会拨乱反正后，民主和法制建设进入全面发展的新阶段。1979 年后相继制定的法院组织法、检察院组织法、刑事诉讼法、民事诉讼法、行政诉讼法等重要法律，逐步恢复并发展了具有中国特色的法律制度，而其后于 1991 年和 1996 年对民事诉讼法、刑事诉讼法的修正以及颁行的大量关于三大诉讼的法规、司法解释，又进一步完善了具有中国特色的法律制度。

从现行三大诉讼法及相关司法解释关于证据的收集、审查判断和运用的

① 参见台湾地区“民事诉讼法”第354—358条，载林纪东等编撰：《新编六法参照法令判解全书》，台湾五南图书出版公司1986年版，第409页。

规定来看，大陆地区的现代证据制度既承继了新民主主义革命时期的优良司法传统，又吸取了英美法系和大陆法系证据制度的精华，同时还提炼了新中国成立以来成功的证据收集、审查判断和运用的经验。这一特征，体现在刑事证据证明力判定上，主要有四：

其一，法律对证据的证明力以及证明力判定均未予以规定，实践中对证据的证明力实际是自由判定。现行刑事诉讼法对证据的证明力判定既没有规定“自由心证”，也没有规定如何判定，而是要求审判、检察、侦查人员必须依照法定程序收集证据，“对一切案件的判处都要重证据，重调查研究，不轻信口供”。

其二，司法解释对某些证据的证明力判定予以明确规定。例如，最高人民法院《关于执行〈中华人民共和国刑事诉讼法〉若干问题的解释》第53条第3款规定，“书证的副本、复制件，物证的照片、录像，只有经与原件、原物核实无误或者经鉴定证明真实的，才具有与原件、原物同等的证明力”。[①]

其三，法律对口供的证明力予以限制，禁止将口供作为有罪判决的唯一依据。《刑事诉讼法》第46条规定，“……只有被告人供述，没有其他证据的，不能认定被告人有罪和处以刑罚……”[②] 根据这一规定，口供对案件事实并不具有独立的、完全的证明力，它必须得到其他证据的补强，才足以证明案件事实。

其四，法官对证据证明力的判定须以直接的方式进行，即法官必须在庭审中亲自听取控辩双方的质证意见，才能对证据的证明力予以判定。《刑事诉讼法》第47条的规定，即是这一特点的体现，“证人证言必须在法庭上经过公诉人、被害人和被告人、辩护人双方讯问、质证，听取各方证人的证言并且经过查实以后，才能作为定案的依据……”[③]

## 第五节　我国大陆地区与两大法系国家的证明力判定比较

从法律渊源上看，我国大陆地区的法律制度既含传统中华法系的精华和新民主主义革命时期、社会主义现代化建设时期的司法经验结晶，具有社会主义特色；同时又有对英美法系、大陆法系及其他法系长处的大量借鉴。因此，我国大陆地区与英美法系、大陆法系国家的刑事证据证明力判定，既有

① 《刑事法律最新司法解释》，中国政法大学出版社1999年版，第113页。
② 沈德咏主编：《最新刑事法律适用手册》，中国民主法制出版社2004年版，第127页。
③ 沈德咏主编：《最新刑事法律适用手册》，中国民主法制出版社2004年版，第127页。

相同之处，又有一定差异。

## 一、刑事证据证明力判定上的相同之处

相同之处主要有：

（1）均以证据裁判为前提。未经法庭裁判的或者没有证据能力的材料，不得作为证明力判定的对象。

（2）证据证明力的有无、大小及判定方式均不由法律预先规定，实践中均由裁判者自由判定。

（3）法律对裁判者判定证据证明力的“自由度”均有一些限制，如限制自由判定自然科学证据的证明力等。

（4）裁判者对证据证明力的判定均须以其在庭审中亲自听取控辩双方质证意见的直接方式进行。

（5）均有一些判定证明力大小的证据规则，如关于书证的原件优于副本、复制件的证据规则等。

（6）均否认被告人的口供具有独立的、完全的证明力，均要求以其他证据补强才足以证明案件事实。

## 二、刑事证据证明力判定上的不同之处

不同之处主要有：

（1）立法和学理对“自由心证”的认同有所不同。尽管我国大陆地区和两大法系国家的诉讼实践对证明力的判定都属“自由心证”，但我国大陆地区的法律并无对证据证明力自由判定，也即“自由心证”的明确规定，证据法学界对是否采用“自由心证”也存在较大分歧；而大陆法系国家及英美法系的一些国家却以法律形式对“自由心证”予以确认，且英美法系国家和大陆法系国家的证据法学界对采用“自由心证”并无异议。

（2）判定对象的范围不同。我国大陆地区缺少关于证据能力判定的证据规则，裁判者进行证明力判定的对象是除非法收集的人证以外的其他所有证据；而英美法系国家设有大量的证据可采性规则，裁判者进行证明力判定的对象是经过可采性“过滤”后剩下的证据，且某些证据即便具有证据能力，但基于避免错误导向或偏见致使裁判者作出不正确判定，防止诉讼拖延或混淆争议等方面的考虑，法律仍规定将其予以排除。因此，在判定对象的范围上，我国大陆地区大于英美法系国家。此外，大陆法系国家判定对象的范围虽也大于英美法系国家，但由于其庭审前法官可以通过阅卷、预审对证据进行初步审查判断，其判定对象的范围也小于我国大陆地区。

（3）判定的主体不同。我国大陆地区证明力判定的主体包括独任法官、合议庭（包括审判员组成的合议庭和审判员与人民陪审员组成的合议庭）两种，且以合议庭为主；而英美法系国家证明力判定的主体主要是陪审团，陪审团判定证明力虽要听取法官的指示，但证明力有无及大小仍由其自由决定；大陆法系国家证明力判定的主体虽也包括独任法官、合议庭（包括职业法官组成的合议庭和职业法官与非职业法官组成的合议庭）两种，但以独任法官为主，且合议庭又以职业法官组成为主。

（4）判定方式对判定对象的要求不同。我国大陆地区对证明力的判定虽采用直接方式，但对证人证言、被害人陈述等人证证明力的判定可以通过庭审对书面证言、陈述质证的方式进行；而英美法系国家、大陆法系国家采用的直接方式须遵守直接言词原则，一般情况下，证人、被害人须在庭审中直接作证、陈述，裁判者才能对其证言、陈述的证明力予以判定。

（5）裁判者享有的判定"自由度"不同。在我国大陆地区，由于法律对如何判定证据的证明力未予规定、证据证明力判定的制约机制缺失、裁判者未达到"精英化"要求等，实践中裁判者在判定证据证明力上享有相当大的自由裁量权，对证据证明力的判定存在主观随意性；而英美法系国家、大陆法系国家则通过一些证明力判定的证据规则、判例以及要求以经验法则、论理法则为判定依据、采用直接言词审理原则、要求法官达到精英化、设立对证明力判定提出异议的上诉、再审程序等内外部制约机制将裁判者判定证据证明力的自由限制在一定范围之内。与我国大陆地区裁判者在证据证明力判定上享有的"自由度"相比较，两大法系国家裁判者所享有的证明力判定"自由度"要小得多。

# 第三章　刑事证据证明力判定的原则
# ——“自由心证”

现代世界各国及地区对刑事证据证明力判定大多采用自由心证原则，这是不争的事实。但是，它仅是一种实然。对是否应然，也即对现代刑事诉讼中应否采用自由心证原则，仍然存在分歧。尤其是在我国，非但法律未予确认，学界存在争议，实践以“实事求是”代之，而且实践部门要求制定证据证明力判定的证据规则的呼声愈来愈强烈。更应注意的是，在一些国家及地区，亦已出现自由心证和法定证据相趋近、相融合的发展趋势。[①] 因此，对自由心证原则进行检讨、反思，乃是刑事证据证明力判定问题研究的重要内容。

## 第一节　“自由心证”解读

何谓“自由心证”？众说纷纭。世界各国及地区不仅法条表述不一，而且法学术语的内涵和外延亦不尽相同。为构建共同的研讨语境，有必要厘清其词源和内涵。

### 一、“自由心证”词源考辨

一般认为，“自由心证”作为法学术语，源于并存在于大陆法系国家（法语为“system de preuves ou del’ intime conviction”，德语为“Prinzip der freien beweiswuedi gung”），[②] 清末由大陆法系国家引入我国。但是，在具体引进途径上，学术界存在分歧。例如，有学者认为，“汉字的‘自由心证’一词，最早为明治维新的日本法学者从法语的‘intime conviction’译出。该术语

① 参见樊崇义主编：《刑事诉讼法学研究综述与评价》，中国政法大学出版社 1991 年版，第 202 页。

② 参见沈德咏、宋随军主编：《刑事证据制度与理论》（上），人民法院出版社 2006 年版，第 341 页。

导入我国当为清末修订法律、编撰刑事民事诉讼法典之中”；[①] 而有学者则认为，所谓“自由心证”，就是“法国所称‘自然的证明’或‘自由判断’，德国所称‘自由证明’，意大利所称‘合理的确信’，以及英美两国所称陪审团认定事实，依据法官容许的证据资料，获致相信的心意运作（Operation of the Mind）。只是我国法律所称‘自由心证’或‘自由判断’，是从德国用语”。称之为“自由”，是针对法定证据制度对法官斟酌衡量证据认定事实的束缚、限制而言；[②] 有学者还认为，“自由心证”与“内心确信”同属一种含义，“心证”本身在法、德、俄几种文字中均表达了内心确信的含义，“自由心证”的通常理解也含有法官以其内心确信自由判断证据之意，所以二者应属同一概念，[③] 等等。此外，有学者还将“自由心证”与“内心确信”加以区别，认为“内心确信证据制度主要是指前苏联及东欧国家所适用的一种证据制度”，“它与自由心证证据制度的最大区别在于，以社会主义的法律意识和‘社会主义良心’取代资产阶级法律意识和良心”。[④]

那么，在法学术语意义层面上，“自由心证”能否与“自然的证明”、“自由证明”、“自由判断”、“合理的确信”、“获致相信的心意运作”、“内心确信”等概念等同使用呢？笔者认为似有不能。从“自由心证”产生的历史背景和各国法律的规定及各国法学界的论述看，“自由心证”的内容，应当包括自由判断和内心确信两个方面，“前者主要是指法官能够不受事先确立的规则拘束而自由判断证据的证明力，后者是指判断证据认定事实应当达到内心确信的证明程度”。[⑤] 因此，“自然的证明”、“自由证明”、“自由判断”或者“合理的确信”、“获致相信的心意运作”、“内心确信”，都只能是“自由心证”的一部分，而不能与之完全等同。二者之间，是一种包容与被包容的关系，而不是截然不同的关系。

在实践和研究中，“自由心证”一词有多种指称。“它是一种判断的学说，也是一种判断的方法，若形之法律，则成为一种制度、法制。”[⑥] 具体而言，包括以下几种情况：其一，指称抽象的诉讼制度中证据判定方式所具有的某种特点。在这种情况下，“自由心证”被用以描述某一特定的诉讼制度，

---

① 参见沈德咏、宋随军主编：《刑事证据制度与理论》（上），人民法院出版社 2006 年版，第 341 页。

② 参见周叔厚著：《证据法论》，台湾三民书局 2000 年版，第 319 页。

③ 参见毕玉谦著：《民事证据法及其程序功能》，法律出版社 1997 年版，第 92 页。

④ 卞建林主编：《证据法学》，中国政法大学出版社 2000 年版，第 39～40 页。

⑤ 何家弘、龙宗智：《证据改革的基本思路》，载《证据学论坛》（第 1 卷），中国检察出版社 2000 年版，第 121 页。

⑥ 陈浩然著：《证据学原理》，上海华东理工大学出版社 2002 年版，第 171 页。

意指诉讼制度的性质、特点。其二，指称在特定的诉讼法体系下存在的诉讼制度。在这种情况下，“自由心证”往往可以指代具体的诉讼制度。其三，指称裁判者在证据证明力判定上所依据的法则或标准。在这种情况下，“自由心证”往往是指指导某种或者某类诉讼行为的原则。其四，学者在论及英美法系国家证据证明力判定时所称“自由心证主义”，虽也是对其证据证明力判定方式的描述，但往往却是指称历史进程中存在的一种系统的理论和主张。本书所谓“自由心证”，系指第三种情况。

应当注意的是，日本学者将法语“intime conviction”译为“自由心证”，在很大程度上是受了佛法的影响。日本学者佐伯千仞对此曾经作过如下解释："中国唐诗中有‘花空觉性了，月尽知心证’、‘燃灯坐虚室，心证红莲喻’的用法，凡此皆是禅僧坐禅的结果，达到将诸多疑团扫除而领悟之境界。明治时期的立法机关者，将裁判官依证据为事实之认定，比喻理解成佛家理解真理、真实时内心应抱持的态度，并觉知这种感慨。那些立法者将‘intime conviction’当成‘真诚的心证’，即表示保持内心空白而接触证据之结果，达到怀有有罪确信之语义。”① 可见，汉语中的“自由心证”一词与法语“intime conviction”一词在词义上并不完全相同，前者融入了佛法的内容，具有较为浓厚的比喻色彩。

还应注意的是，在大陆法系，“自由心证制度”是在“法定证据制度”的废墟上建立起来的。“自由心证”中裁判者所享有的证明力判定“自由”，是相对于“法定证据”对裁判者在证明力判定上的“限制”而言的。因此，大陆法系国家对“自由心证”一词的理解一般不会产生歧义。但在我国，由于历来不存在法定证据制度，证据的证明力实际上一直由裁判者自由判定，人们对“自由心证”一词的理解有时存在分歧。而且，在汉语中，“自由心证”亦易令人产生“绝对自由”或者说可无根据而恣意判定的误解。“自由心证在习用中文的常人看来，望文生义，可能立即发生有‘随心所欲’，或‘高下随心’的轻率之感。”② 正因为此，我国台湾地区学者李学灯指出，将法语“intime conviction”一词译为“自由心证”是“雅而非信”，带有过多的主观色彩。对自由心证的误解以及由此产生的擅断问题，在台湾地区颇为突出。“多年以来，不独为一般人所误解，且在实践上亦流于草率擅断，以致仅凭臆想推测，或违背日常生活上之经验法则或伦理法则者，屡见不鲜。此

---

① 转引自叶志飞：《刑事诉讼自由心证主义之研究》，台湾“国立”政治大学2001年硕士论文（未刊），第27页。

② 李学灯著：《证据法比较研究》，台湾五南图书出版公司1992年版，第701～716页。

于历来判牍反复纠正之情形，可以见之。”① 而在我国内地，亦存在同样的情况。

## 二、“自由心证”含义分析

自由心证原则是当今世界各国普遍确立的一项诉讼基本原则，其核心内容可以“自由心证”一语涵盖。尽管各国自由心证原则的具体表述并不完全一样，但自由心证的核心内容却是固定不变的。现代自由心证原则中的“自由心证”的基本含义，一般是指对证据的证明力及其判定，法律不作预先规定，而由裁判者基于经验法则和伦理法则自由判断，并根据其形成的内心确信认定案件事实。

在我国法学界，对自由心证是否包括证据能力判定的内容，一直存在争议。赞成者认为，自由心证的基本含义，一般是“指一切证据证明力的大小以及证据的取舍和运用，法律不预先规定，而是由法官根据自己的良心、理性自由判断，并根据其形成的内心确信认定案件事实”。② 它不仅指证据证明力判定，而且还包括证据能力判定的内容，即对证据可以由裁判者自由取舍，而不论其涉及证明力还是证据能力。因为，司法证明的基本模式包括“法定证明”和“自由证明”两种，两种模式都是在“运用证据证明案件事实”这一广泛的意义上使用的概念，既包括证据的审查判断或证明力问题，也包括证据的可采性或证据能力问题。反对者认为，自由心证的基本含义，一般是“指法律对证据的证明力不作预先规定而由法官在审理案件中加以自由判断”。自由心证中的自由判断对象，是证据的证明力而非证据能力。因为，自由心证所称的“自由证明”不是与“严格证明”相对的“自由证明”。后者指证明标准和程度；前者特指证据证明力的自由判断，所涉及的问题是“某一证据能不能证明某一事实，以及整个证据体系能够证明或不能证明一定的事实，是交由法官自由判断，还是设定诸项规则限制法官自由判断”。③ 证据的可采性问题，也即证据能力的判定问题，不属于“自由证明”的范畴。

笔者认为，自由心证的判定对象只是证明力而不包括证据能力。因为，首先，自由心证是作为法定证据的对立物而产生的，而法定证据的内容主要是关于证据证明力的判定，如将被告人的口供作为最完全的证据，将书面证

---

① 李学灯著：《证据法比较研究》，台湾五南图书出版公司 1992 年版，第 404 ~ 405 页。

② 卞建林主编：《证据法学》，中国政法大学出版社 2000 年版，第 32 页。

③ 参见何家弘、龙宗智：《证据制度改革的基本思路》，载《证据学论坛》（第 1 卷），中国检察出版社 2000 年版，第 121 ~ 123 页。

据和亲自勘验者、具有专门知识的人所作的证词以及两个典型证人的证言作为完全的证据，完全证据的证明力大于非完全证据的证明力；规定男人的证言、学者的证言、显贵者的证言、僧侣的证言分别优于妇女的证言、非学者的证言、普通人的证言、世俗人的证言；要求某类案件，如强奸案件，必须具备几种证据方能认定案件事实等。从针对性上看，自由心证显然意在解脱证明力的法定束缚、赋予裁判者判定证明力的自由。“与法定证据原则在证明价值上事先设定具有法律效力的不同等级相区别，自由心证主义原则上视各种证据的价值在法律上平等，具体的价值高低由审判主体进行能动的自由判断。”① 其次，证据能力的判定，主要涉及证据的可采性问题。它属于法律问题，主要通过一系列证据规则或法律规定加以调整。它同证据与待证事实之间的逻辑或证明关系无关。某种有关联性的证据是否可采，完全取决于证据法是否允许法庭采纳。“质言之，关联性之判断，有赖于人的生活经验与逻辑，而可采性之取舍，完全取决于证据法的预先规则。”“一般而言，普通法严格依照法律来解决证据的排除和采纳问题，而尽量避免过多适用法官的自由裁量权。”② 法官在证据能力的判定上必须依据法律的规定进行，不能依据理性和良心自由取舍。再次，按照诉讼证明原理，裁判者对证据能力的判定先于对证明力的判定，只有具备证据能力的证据才能成为裁判者判定的资料。“惟审判官对于证据之价值予以认定之前，务须对于证据之能力先予以判断，盖在未对证据能力予以判断之前，即判断其证明力，一旦被认为有证明力之证据，嗣后被判断为无证据能力，即以前对证据证明力所为之判断，必属徒然，且增加纷扰。”③ 此外，传统上，大陆法系的证据法多倾向于证据能力裁量主义，而英美证据法则多倾向于证据能力法定主义。但是，大陆法系的两种程序禁止中，绝对禁止采用证据能力法定主义，在此情况下，证据能力不是自由心证中自由判定的对象；而相对禁止虽然采用证据能力裁量主义，但由于在进入证据审查程序前另设有证据裁定程序以排除无证据能力的证据资料，“‘证据能力的概念就从证据作为事实认定根据的法律资格转化为能够在公开审判的庭审阶段出示和获得法官审查的法律资格’，由静态的证据能力规定转而兼顾动态的程序约束”，④ 从而有别于传统的证据能力裁量主义，已经趋近英美法系的证据能力法定主义。而且，大陆法系的不少国家自

① 王亚新：《刑事诉讼中发现案件真相与抑制主观随意性的问题》，载《比较法研究》1993年第2期。

② 王亚新：《刑事诉讼中发现案件真相与抑制主观随意性的问题》，载《比较法研究》1993年第2期。

③ 蔡墩铭著：《审判心理学》，台湾水牛出版社1986年版，第666页。

④ 郭志媛著：《刑事证据可采性研究》，中国人民公安大学出版社2004年版，第88页。

第二次世界大战以来，通过立法确立了大量的可采性规则。这些规则，也促进了其对证据能力的判定由裁量主义向法定主义的靠拢。综上所述，在自由心证制度下，“……证据能力应依法律加以形式之限制，不许法院自由判断”;[①]“裁判官所自由判断者，乃证据之证明力，并非证据能力”。[②]

现代自由心证原则中的“自由心证”的含义，包括以下两个方面。

（一）证据的证明力由裁判者自由判定

证据的证明力由裁判者自由判定，这是自由心证的核心。“……各个采用自由心证主义国家的法律，都在证明力评价上实行极为彻底的自由评价原则，因而，相对于证据能力属于诉讼中的法律问题，可以说证明力的评价属于事实领域的问题。法律尽可能地将法定证据主义的影响排除在证明力的评价领域之外，正是因为如此，证明力的评价被称为自由心证主义的核心。”[③]

概括各国法律的有关规定和法学理论的有关观点，自由心证的核心意义，可作如下具体表述：在刑事诉讼中，对证据证明力的有无、大小及其判定，法律不作预先规定，而由裁判者依据经验法则和逻辑法则自由判定。

对自由心证的核心意义，在理解上需要明确以下几点：

第一，自由判定须以证据裁判为前提。证据裁判原则在现代证据法原则中居于基础性地位，包括自由心证原则在内的其他原则都必须以其为前提，在其基础之上发生作用。在自由心证与证据裁判的关系上，“……证明力之判断，必先有证据在，不得以理想推测之词，为其判决之基础。此项证据，固指具有证据能力，并经合法调查者而言”。具体而言，“一、无证据，即无心证；二、自由心证，乃选择证据中之证据，并非证据外之证据；三、自由心证，系判断证明力之心理要素，并非证据裁判主义之例外；四、由有证据能力之证据，形成心证，并非以自由心证，判断证据能力，亦不许以自由心证，创造证据能力；五、自由心证，系由调查证据而形成，既不得以自由心证缩小调查之范围，亦不许证据未经合法调查，而形成自由心证；六、无关连性之证据，既无从形成自由心证，亦不许以心证使证据与事实相关连……”[④] 概言之，对证明力的自由判定，不仅必须以证据的存在为前提，而且证据还须具有证据资格并经法庭调查。未进入诉讼程序的证据或者未经

---

① 陈朴生著：《刑事证据法》，台湾三民书局1979年版，第250页。

② 陈朴生：《刑事证据法序说》，载刁荣华主编：《比较刑事证据法各论》，台湾汉林出版社1984年版，第25～26页。

③ ［日］中野贞一郎、松浦馨、铃木正裕编：《新民事诉讼法讲义》，［日］有斐阁1998年版，第288页。

④ 陈朴生著：《刑事证据法》，台湾三民书局1979年版，第554～555页。

法庭调查的证据，不得作为自由判定的对象。而且，依此类推，“当事人自认的事实或者其他毋庸证明的事实，不属于自由心证的范围”。①

第二，自由判定须以证明力平等为条件。自由心证原则与“证据价值平等原则”密不可分。“证据价值平等原则”的基本含义，是指各种证据的证明力（证据价值）在法律上一律平等。详言之，法律不预先设置证据证明力的高低，而视各种证据的证明力在法律上平等。某一证据只要具有证据能力并经法庭调查，不论其为何性质、归何种类，都具有与其他证据平等的证明力。该项原则，正是自由判定的重要缘由。只有视各种证据的证明力在法律上平等，才不必以法律对证据的证明力及其判定予以规定，才可能由裁判者根据个案中的具体情况依据经验法则和逻辑法则对证据的证明力进行独立判定。对自由心证原则与证据价值平等原则的这种关系，我国台湾地区学者黄朝义作过较为精辟的具体阐述：“所谓的自由心证原则系指证据之采用并非全数系于特定的几种证据，而是对于各种证据作平等的处理，所以认定犯罪事实之时绝非必须对于直接证据给予特别的重视，法官即使采用足以信赖之间接证据以作为认定被告犯罪事实之根据亦可。因此，在此自由心证原则之意义下，裁判时应该采用何种证据之决定乃属法官之自由，甚至采用之证据其证明力应该给予何种程度承认之证据的价值判断亦属法官之自由。”②

第三，自由判定的证据的形式自由。法定证据原则要求，在某些情况下，证明某一事项需要何种证据形式，需以法律形式予以限制。例如，《俄罗斯帝国法规全书》第312条规定，对强奸罪的证明必须具备以下情况：切实证明确有强暴行为；证人证明被强奸人曾喊叫旁人来求助；她的身上，或被告人的身上，或者两个人的身上，显出血迹、青斑，或衣服被撕破，能够证明抗拒的情形；立刻或在当日提出报告。③ 而按照自由心证原则，法律一般不对证据形式加以限制，证明事实不以某一证据或某一、某些证据形式为必要，只要法官根据在案证据确信案件事实成立即可。例如，对强奸罪的证明，法律并不规定需要何种证据或证据的何种形式，某一资料只要与强奸事实有关联、具备证据能力且经法庭调查，即可作为证据，由法官根据案件的具体情况，依据经验法则和逻辑法则自由判定其证明力。

第四，自由判定的“自由”具有相对性。自由心证原则的“自由”，是相对于法定证据制度中法律对证据证明力判断的规制而言的。它不是也不可

① ［日］兼子一、竹下守夫著：《民事诉讼法》，白绿铉译，法律出版社1995年版，第107页。

② 黄朝义：《论证据与事实认定》，载《台、港、澳及海外法学》2000年第4期，第28页。

③ 参见［前苏联］安·扬·维辛斯基著：《苏维埃法律上的诉讼证据理论》，王之相译，法律出版社1957年版，第107页。

能是绝对的，因为一方面，从证明力判定属于人的理性思维或意志表达看，自由不是在于想象中的对于自然规律的独立，而是在于认识这些规律，并且在这种认识所给予的可能性之上，有计划地使得自然规律为着一定目的发生作用。据此，“意志的自由本质上是相对的，自由只能存在于一定的条件之中，自由的范围和程度是狭隘的，受到客观环境和对象的明显制约，意志的不自由则是绝对的，不自由的范围和程度是广泛的，人的认识与行为必然服从于客观规律和既有的认识能力”。① 另一方面，从证明力判定作为一种诉讼行为及其对判定结果的作用看，裁判者对证明力的判定，仍要受到来自内部和外部的诸多因素制约，如需遵守证明力判定的证据规则，需以经验法则、逻辑法则为依据等。立法者和公众不可能也不应该容忍裁判者恣意判断，“因为理性并不是人类行为的唯一决定因素，感性因素的影响是谁也无法摆脱的。如果在证明力判断问题上，赋予司法者绝对的自由，且不说自私的天性可能会导致枉法裁判，即使诉讼过程中一系列不经意的因素也会对人的判断产生潜移默化的影响”。②

（二）判断证据认定事实应当达到内心确信的证明程度

“心证”，即“内心确信”，是指裁判者通过对证据的审查判断所形成的在证明力判定和事实认定上的内心信念达到确信无疑的程度。它包括以下两方面的含义：其一，作为一种认识活动，“心证”是自由心证的结果表述，也即一种“自认为真”的心理状态或认定事实所达到的认识程度。其二，作为一种诉讼活动，“心证”是自由心证的法律要求，也即“自认为真”的“真”必须达到法律规定的证明标准，才可据以作出证明力判定和事实认定的结论。上述两方面中，前者属于事实问题，是裁判者通过对事实的评价认为已经达到证明标准的认识状态；后者属于法律问题，是裁判者根据法律规定的证明标准对其心证是否达到必要程度的证明评价。二者虽功能不同，但关系密不可分。

“心证”必须具有合理性。日本学者铃木茂嗣指出，“自由心证主义绝没有容许裁判官恣意判断的含义。相反，该原则要求的是根据经验法则而形成的合理心证（合理的心证主义）”。③ 陈朴生教授亦指出，“心证系指合理的心证，科学的心证，即裁判官应本其健全之理性而为合理之判断，并非容许裁

① 陈浩然著：《证据学原理》，华东理工大学出版社2002年版，第194页。

② 汪建成著：《理想与现实》，北京大学出版社2006年版，第86页。

③ ［日］铃木茂嗣：《刑事证据法的若干问题》，载［日］西原春夫主编：《日本刑事法的形成与特色》，李海东译，法律出版社/成文堂1997年联合出版，第182页。

判官任意擅断，亦非纯粹的自由裁量”。[①] 它由直觉或推理而形成，依经验法则和伦理法则而形成；但经验法则、伦理法则及心证本身不是证据，不得以其为根据作出裁判。由于心证事实与案件事实无法直接比照，判断心证事实是否为真或心证是否具有合理性，需要设置一种客观评价标准——证明标准。证明标准作为对于确定待证事实是否成立的必要的心证尺度，也即衡量心证是否为真的尺度，对于防止裁判者心证过程中的主观随意性和某些不良个人因素的影响，增强心证过程和心证结果的透明度，具有十分重要的作用。心证具有合理性，在客观上应当表现为心证过程正当。具体而言，裁判者心证的形成必须符合以下条件：第一，裁判者须持客观、公正立场；第二，裁判者须直接接触证据；第三，裁判者须在证据调查和辩论的基础上，按照经验法则和伦理法则合理地进行判断；第四，心证须从本案情况得出；第五，裁判者须酌全案证据、全案辩论意旨认定事实。

刑事诉讼中，“心证”作为一种有罪认定的主观认识状态和法律规定的证明标准，具有程度上的差别。“若法院就某事项怀一强固之观念，认为普通经验上确系如此者，则其心证强，若就某事项怀一薄弱之观念，认为普通经验大概如此者，则其心证弱。法院通常须有强固之心证，但有特别规定时，只有薄弱之心证已足。”[②] 在理论界，有一种观点认为，所谓“强固之心证”，一般是指刑事诉讼中“法官对特定的事实必须无疑义地认为其真实”，也即达到“高度盖然性”的要求。“所谓高度盖然性，一方面，指在公开的法庭上通过证据的提示和检验以及当事者双方的辩论、对质而逐渐形成的证据在量和质上的客观状态，以及这种客观状态所映照出来的要证事实的明白性、清晰性，另一方面，高度盖然性也指法官对这种客观状态的认识，即证据的客观状态作用于法官的心理过程而使其达到的确信境地”，[③] 它是裁判者认定案件实体事实的心证最低限度。而所谓“薄弱之心证”，在刑事诉讼中，一般是指程序性事实认定，如无令状之搜索、扣押、逮捕，拒绝作证、鉴定，检察官起诉书之要求，法官回避等程序性事项的裁判，所须达到的心证程度。对上述观点，笔者不敢苟同。笔者认为，裁判者认定案件实体事实的心证最低限度应为“排除合理怀疑”，而认定案件程序性事实的心证最低限度才应为“高度盖然性”。因为，“心证”程度上的差别，不仅体现在裁判者的主观认识状态上，而且体现在法律规定的证明标准上，是二者的有机统一。“排

---

① 陈朴生著：《刑事诉讼法实务》（增订版），台湾海天印刷厂有限公司 1981 年版，第 256 页。

② 石志泉著：《民事诉讼法释义》，台湾三民书局 1987 年版，第 287 页。

③ 王亚新：《刑事诉讼中发现案件真相与抑制主观随意性的问题》，载《比较法研究》1993 年第 2 期，第 133 页。

除合理怀疑”的证明标准强调证明必须达到“全面的证实、完全的确信或者一种道德上的确信”① 的程度，显然在证明程度的要求上较“高度盖然性”高。而按照法律规定及证明原理，犯罪成立必须达到最高的证明要求。因此，裁判者认定案件实体事实所需达到的心证最低限度，应当是“排除合理怀疑”。实际上，“在英美证据法上，控方对被告人犯罪的指控若得到法庭的确认，其证明必须达到‘排除合理怀疑’的程度。尽管‘排除合理怀疑’本身可能是一个抽象而含糊的标准，但是它仍然是英美证据法中最高的证明要求”。② 我国相关证据法律规定和审判实践经验强调，有罪认定必须在证据上确凿无疑、经得起实践和历史的检验。这一要求，显然与“排除合理怀疑”基本相同。由于“排除合理怀疑”在具体把握上更为容易，我国亦应将其作为证明力判定的“心证”主客观限度标准。

对“心证”的程度差别，不少国家以法律予以规定。例如，德国现行法律规定，“心证”具有三种尺度：其一，原则性证明尺度。这一尺度要求具有非常强的可能性或者说非常高的盖然性，适用于刑事、民事案件的证据证明力判定和案件事实的认定。其二，相信性证明尺度。这一尺度所要求的程度较原则性证明尺度低，是一种相对占优的盖然性要求，意在令人相信，主要适用于程序性问题的裁判。其三，显然性证明尺度。这一尺度要求的程度高于原则性证明尺度，在证明程度上的表现是“显而易见”的，多适用于刑事案件中重罪案件的证据证明力判定和案件事实认定。③ 而无论何种尺度，都是裁判者主观上“视其为真”的认识状态或者说“心证”的程度；又如，美国联邦宪法第五和第十四修正案规定，刑事诉讼中，检察官必须举证证明至通常一般人均无合理怀疑，即达到排除合理怀疑的程度始可。裁判者判定时若存在“合理怀疑”，则不能判决被告人有罪。由于“排除合理怀疑”是英美法系的刑事证明标准，同时普遍认为英美法系国家也采“自由心证原则”，因而“排除合理怀疑”实际就是关于心证程度的法律规定；再如，澳大利亚 1995 年《证据法》第 141 条规定，“（1）刑事诉讼的证明标准为按情理无可置疑的证明，证明起诉按情理无可置疑的，法院才得确认对被告的起诉成立；（2）刑事诉讼中，案件证明达到或然性权衡标准的，法院可以裁决对被告的起诉已得到证明”，④ 等等。

---

① 樊崇义等著：《刑事证据法原理与适用》，中国人民公安大学出版社 2003 年版，第 308 页。

② 卞建林主编：《刑事证明理论》，中国人民公安大学出版社 2004 年版，第 261 页。

③ 参见［德］汉斯·普维庭著：《现代证明责任问题》，吴越译，法律出版社 2000 年版，第 111～126 页。

④ 引自江伟主编：《中国证据法草案（建议稿）及立法理由书》，中国人民大学出版社 2004 年版，第 421 页。

在各国法学界，学者们也普遍认同“心证”程度的差别。例如，日本学者兼子一认为，“心证”所必要的确信程度不同于丝毫无疑义的自然科学的证明，只要人们在日常生活上不怀疑并且达到作为其基础的程度即可。① 德国学者埃克罗夫·马森以刻度盘来说明“心证”的不同程度：假定刻度盘的两端为0%—100%，将两端分为四个等级，则：1%—24%为非常不可能，26%—49%为不太可能，51%—74%为大致可能，75%—99%为非常可能。其中，0%为绝对不可能，50%为可能与不可能同等程度存在，100%为绝对肯定。非常可能以上，即可对证据证明力和案件事实作出认定。② 日本学者中岛弘达将“心证”程度分为四级：第一级为微弱的心证或不完全的心证，不能作出待证事实存在的判断；第二级为盖然的心证或大概的心证，在无反证的情况下，可以作出待证事实好像如此的结论；第三级为盖然的确实心证，可以推断待证事实的存在；第四级为必然的确实心证，可以作出待证事实必然如此的判断。③ 美国证据法学理论认为，证明标准因刑事案件和民事案件而有所不同，在程度上有高低差别。依据差别，可将证明的程度区分为九等。其中，第二等为在证明度上达95%的排除合理怀疑，是刑事案件被告人被判有罪的证明标准，每一刑事案件的每一事实都须被证明达到这一标准。英国大法官丹宁勋爵指出，“当然，根据我们的法律，刑事案件要比民事案件要求一种更高的证据标准。但这从属于条件，而不管在何种案件中，条件是没有一个绝对标准的。在刑事案件中，控告必须被证明是毋庸置疑的，不过即使在这个标准中可能也有几种证据的等级”，④ 等等。

需要指出，“内心确信”是大陆法系有罪心证的标准，学术界论及自由心证时所指心证标准亦多为“内心确信”。但是，英美法系有罪心证的标准却为“排除合理怀疑”。对何谓“排除合理怀疑”，英美法系国家的学者大多认为无须定义，因为“对‘合理怀疑’一词来说，没有比其本身更清楚的明确的定义了”。⑤ 试图进行界定的，较具代表性的观点为：（1）指那种根据普遍接受的人类常识和经验而被认为有合理的可能性或者或然性的怀疑；⑥

---

① ［日］兼子一、竹下守夫著：《民事诉讼法》，白绿铉译，法律出版社1995年版，第101页。

② 参见李国光主编：《民事诉讼程序改革报告》，法律出版社2003年版，第128~129页。

③ 参见李国光主编：《民事诉讼程序改革报告》，法律出版社2003年版，第130~131页。

④ ［英］丹宁：《法律的界碑》，刘庸安、张弘译，法律出版社1999年版，第222~223页。

⑤ ［美］乔恩·R.华尔兹著：《刑事证据大全》，何家弘等译，中国人民公安大学出版社2004年版，第313页。

⑥ Merve, Se, Morkel, D. v, Paizes, A. P. &, Skeen, A. St Q, Evidence, Juta & Co. Ltd. (1983) p. 423.

(2) 指证据必须使事实的真实性达到合理的和道德上的确定性的程度;[①] (3) 指一种令理性和判断满意的确定性;[②] (4) "指的是陪审员在对控告的事实缺乏道德上的确信、对有罪判决的可靠性没有把握时所存的心理状态",[③] 等等。我国学者的论述大多集中于何谓"合理怀疑"上。其中,台湾地区学者李学灯教授的如下见解尤具代表性:"……所谓合理之怀疑,必非以下各种的怀疑:非任意妄想的怀疑;非过于敏感机巧的怀疑;非仅凭臆测的怀疑;非吹毛求疵、强词夺理的怀疑;非于证言无征的怀疑;非故为被告解脱以逃避刑责的怀疑。如果属于以上各种的怀疑,即非通常有理性的人,所为合理的、公正诚实的怀疑"。[④] 从国内外学者的论述看,虽然"无论哪种说法其实都没有真正解决问题,实际上也不可能真正解决问题。……'合理的怀疑'到的什么,只能由事实裁判者自己去决定",[⑤] 但仍有两点共识:其一,"排除合理怀疑"不等于绝对确定,它仅要求满足某种盖然性。其二,"排除合理怀疑"在可以达到的认识范围内是一种最高的标准。而事实裁判者对怀疑的"合理"的把握,则应遵循诉讼合理主义,即"……在诉讼中需以合理的证据(具有关联性、合法性的证据),借助合理的判断(根据经验法则和论理法则作符合逻辑的推断),通过排除合理的怀疑(不是任意妄想的怀疑、过于敏感机巧的怀疑、臆测的怀疑、故意挑剔、强词夺理的怀疑、基于无凭证言的怀疑,以及故意为被告开脱罪责的怀疑),得出合理的结论(能够经受经验和逻辑的检验),并建立内心确信(这种确信需以理性为基础)。而这种合理性的核心(即合理之'理'),是经验和逻辑"。[⑥]

"排除合理怀疑"既然"既可以作为心证效果意义上的证明标准的表述,也可以作为心证标准的表述"。[⑦] 那么,它与"内心确信"是否为相同心证呢?有学者认为,"至少从语文含义上讲,确信与无合理怀疑是不同强度的心证,二者不能互释互换。确信的心证强度高于无合理怀疑的心证强度,确信的心证是无疑的心证,自然是无合理怀疑的心证;无合理怀疑的心证则不

---

① [美] 巴巴拉·J. 夏皮罗:《对英美"排除合理怀疑"主义之历史透视》,熊秋红译,载王敏远主编:《公法》第4卷,法律出版社2003年版,第64~65页。

② [美] 巴巴拉·J. 夏皮罗:《对英美"排除合理怀疑"主义之历史透视》,熊秋红译,载王敏远主编:《公法》第4卷,法律出版社2003年版,第64~65页。

③ 参见[英] J. W. 塞西尔·特纳著:《肯尼刑法原理》,王国庆等译,华夏出版社1989年版,第549页。

④ 李学灯著:《证据法比较研究》,台湾五南图书出版公司1992年版,第666~667页。

⑤ 何家弘主编:《外国证据法》,法律出版社2003年版,第205页。

⑥ 龙宗智著:《相对合理主义》,中国政法大学出版社2000年版,第429~430页。

⑦ 龙宗智:《试论我国刑事诉讼的证明标准》,载《法学研究》1996年第6期。

等于确信的心证，至于立法或判例是否将两者解释为同一是另一回事”。[①] 笔者认为，在文字意义上，“排除合理怀疑”的确难与“内心确信”互释互换。但是，二者措辞的不同，并不影响其实质的、内在的和实践效果的同一。这种同一表现在两方面：其一，二者要求达到的证明程度和心证程度相同。“排除合理怀疑”与“内心确信”都是从主体内心认识角度而非从外部客观依据对心证予以要求，都满足于某种盖然性，最终的证明度效果都相同，因而在基本内容上并无二致。区别仅在于，在表述心证标准或心证效果意义上的证明标准上，“内心确信”是从正面要求主体确信，而“排除合理怀疑”则是从反面要求主体确信。其二，二者相互依存。“内心确信”即意味着“排除合理怀疑”，因为存在“合理怀疑”即不可能确立内心确信。美国加利福尼亚州刑法典即将合理怀疑解释为未建立内心确信，称“它不仅是一个可能的怀疑，而是指该案的状态，在经过对所有的证据的总的比较和考虑之后，陪审员的心理处于这种状态，他们不能说他们感到对指控罪行的真实性得出永久的裁决已达到内心确信的程度”。英国学者塞西尔·特纳也将合理怀疑解释为缺乏道德上的确信、对可靠性没有把握。因此可以说，二者只是一个标准的两个方面，或两种操作性表述。

## 第二节 自由心证原则的历史发展

“证据是整个诉讼活动的基础和核心”，[②]“是使司法人员的主观认识同案件事实统一起来的桥梁和纽带”。[③] 因此，人类自有诉讼以来，证据即与诉讼密不可分。在证据运用的实践中，证据制度得以产生并得到不断发展。它作为一种法律制度，是法律规定的关于在诉讼中如何收集证据，如何审查判断证据，如何运用证据认定案情的规则体系。在这一规则体系中，自由心证原则占有极其重要的地位。它的历史发展，经历了一个由长期处于萌芽状态到在与法定证据制度斗争中确立，后逐渐得到发展完善的漫长过程。

### 一、自由心证原则的萌芽

考察世界各国的证据制度发展史，不难发现，自由心证原则在作为法定证据制度的对立物于18世纪末被欧洲大陆国家以法律形式确立之前，实际上在不少国家都以萌芽状态存在。即便是法定证据制度占据统治地位时期，自

---

① 参见汪建成著：《理想与现实》，北京大学出版社2006年版，第112页。

② 樊崇义主编：《证据法学》，法律出版社2001年版，第51页。

③ 汪建成著：《理想与现实》，北京大学出版社2006年版，第45页。

由心证原则的精神及影响仍时有体现。

（一）大陆法系罗马法和教会法中的自由心证

在大陆法系，自由心证原则的萌芽根植于罗马法和教会法盛行时期。

古罗马时期诉讼制度的历史沿革大体分为法定诉讼时期、程式诉讼时期和非常程序时期三个时期，[①] 先后出现过民众会议诉讼程序、查问所程序和特别审理程序三种程序。在此时期，审理案件的政务官、法官和承审员（民选法官）对证据的证明力都有权自主判断，对事实的认定都以形成主观确信为标准。根据其时的法律规定，承审员在法定诉讼时期的善意诉讼中享有一定的自由斟酌的权力，在程式诉讼时期的善意诉讼中对于当事人的争执需根据全部事实依其自由心证而作出判决，但其判决不得超过裁判官“书状”上指示的范围。[②] 承审员对证据的取舍依据自由心证，不受任何法令判例的拘束。“起诉者有收集和提出证据的责任，审查人员则审查证据及作出有罪无罪的判断。当时对证据的评价没有法律规则的限制。”[③] 而在非常诉讼时期，虽然已经出现法定证据的证据评价方式，如当事人的自认被认为是最有力的证据、物证书证的效力大于言词证据、债务人非以书面证据不得以证言推翻有书契债权的效力等，但裁判者的自由心证在证明力判定上仍然起着主要的、关键的作用。

对古罗马时期的自由心证，罗马帝国时期哈德良皇帝的如下批复有所涉及：“你们（裁判官、行省总督）最好能够确定证人的诚实信用程度，他们的身份，他们的尊严，他们的名声，谁似乎闪烁其词，是否自相矛盾或显然地据以实答。”[④] 这一对证人证言证明力判断的要求，为后世提供了罗马法时期存在自由心证的佐证素材。现代学者们普遍认为，“罗马法曾实施自由评价证据制”，[⑤] 民众会议诉讼程序、查问所程序两种程序包含的自由评价证据、不受外部拘束以及强调为发现真实而形成确信等内容，都是近现代自由心证原则的重要历史渊源。日本学者指出，罗马法中已经考虑到为了真实发现的确信的形成以及立证手续的主观面，确实有相当的感觉当时之自由心证是以确信形成为主轴，而判断者精神的独立及从外部拘束的解放在刑事诉讼法史上具有重大意义。[⑥]

---

① 参见周枏著：《罗马法原论》（下册），商务印书馆 2001 年版，第 926 页。

② 参见周枏、吴文翰、谢邦宇编写：《罗马法》，群众出版社 1991 年版，第 333 页。

③ ［前苏联］安·扬·维辛斯基著：《苏维埃法律上的诉讼证据理论》，王之相译，法律出版社 1957 年版，第 107 页。

④ 参见江平、米健著：《罗马法基础》，中国政法大学出版社 1987 年版，第 372 页。

⑤ 参见何勤华、李秀清主编：《外国法制史》，复旦大学出版社 2002 年版，第 53 页。

⑥ 参见沈达明编著：《英美证据法》，中信出版社 1996 年版，第 283 页。

作为欧洲三大法律传统之一的教会法，是欧洲封建法律的重要组成部分。在教会法中，自由心证原则是其重要内容。主要体现在以下三个方面：第一，教会法中具有关于自由心证的具体规定，如按照12世纪实行的“昭著罪行控诉程序”，对犯有众所周知罪行的被告人，无须目击者的证言，只要众人相信该人有罪即可定罪。第二，教会法的实施中产生自由心证的要求。这些要求主要包括：（1）法官必须依据良心和理性询问当事人；（2）法官必须发自内心地确信自己作出的判决；（3）多余的、无关的、含糊和不确定的证据应被视为没有证明力或证明力极小而予以阻止。第三，教会法关于司法调查的原则中蕴涵自由心证的因素。教会法学倡导以理性和良心来抵制日耳曼法中的形式主义和魔法巫术，教会法中含有强调司法调查的理性和良心以及对案件真实的追求。

此外，欧洲大陆中世纪前期的诉讼制度中也蕴涵着自由心证原则的精神。在这一时期，集权的君主国尚未建立，各地封建诸侯割据。这些封建主法庭审理案件，没有国家法律规定予以规范，裁判者只能按照自己的良心、理性或封建主的旨意以判定证据的证明力、认定事实并作出裁判。因此，裁判者享有判定证据证明力的自由。史载亦表明，在当时的诉讼中，证人证言的证明力亦需裁判者运用自由心证加以判断。[①]

### （二）英美法系弹劾式诉讼和陪审制下的自由心证

在英美法系，自由心证萌芽的出现与其弹劾式诉讼和陪审制密切相关。

11世纪以前，英国同欧洲大陆一样，都受罗马法和教会法的影响。其后，欧洲大陆和英国的审判实践开始分道扬镳。前者实行所谓“纠问式”诉讼制度，后者则形成以陪审制为核心的“对抗式”诉讼制度。在证据证明力判定上，当时的英国既有一些神示证据制度的内容，又存在一定程度的自由心证。1066年诺曼底人征服英国后，承诺尊重当地古老的习惯法，不改变当时法院（郡或百户法院）适用的诉讼程序和法律规则，自由心证得以保留并有所发展。“诺曼底人征服英国以后，虽然建立了中央集权制，但是其证据制度却没有迈入法定证据制度的门槛，而是直接过渡到了自由心证制度。”[②]从被诺曼底人征服至资产阶级革命时期，在英国，古老的弹劾式诉讼形式，即私人起诉启动诉讼、诉讼进展取决于当事人对抗的“控诉式”一直保留下来。同时，令状制度盛行，成为当时诉讼的主要特点。在弹劾式诉讼中，裁判者处于消极的仲裁地位，不进行专门的调查，不主动收集证据，而是“坐

---

① 参见叶志飞：《刑事诉讼自由心证之研究》，台湾“国立”政治大学2001年硕士论文（未刊），2001年，第36页。

② 陈一云主编：《证据法学》（第2版），中国人民大学出版社2000年版，第36页。

堂听案”后根据双方当事人提出的证据和辩论的情况作出裁判。对证据证明力及其判断，法律并不予以规定而由裁判者自由裁量。而在令状制度下，判决作出之前，没有谁能预测案件的结果如何，会适用什么法律规则（如果有规则的话），会确认什么权利：法官的感觉（和无所不在的陪审员的裁决）比之任何恰当的“法律”考虑都更加重要。[①] 换言之，由于具体案件情况的复杂多样性，法律不可能预先规定各类案件的处理办法，而只能由裁判者根据其“听案”后的感觉（也即心证）自由裁量。

13 世纪—14 世纪，英国逐渐建立了陪审制度。陪审制度的存在，既为弹劾式诉讼得以保留提供了重要的条件，又为自由心证的存在提供了必要的空间。在陪审制度下，陪审员为非法律人士，人数众多，且大多来自平民，对法律一般不甚了解。如果法律对证据的判断和取舍作出明确规定，陪审员很难理解和适用。针对这种情况，为适应陪审制度的需要，英国法律对证据资格作了一系列限制规定，而对证据的证明力基本不设限制，留给陪审员自由判断。“陪审制度的建立给英国证据制度的发展提出了两方面的要求：一方面，任何证据的证明力要由陪审团自由地判断，法律不能预先规定证据的优劣、作用的大小；另一方面，由于长期实行陪审制度，为了便于职业法官对不熟悉法律的非职业法官（即陪审官）进行指导，又必须通过判例积累形成一系列的证据规则。”[②] 按照当时的法律规定，陪审团在裁决事实问题时，不受法律和法官的约束，而由其自由裁决。“陪审团的审判是国家的审判，亦即人民的审判。……陪审团不仅决定事实，而且要判断被告人所指控违反的法律是否符合正义，而且，它也要对证据进行判断——证据的可采性、证明力均由陪审团自由判断，而不能由政府加以限制。”[③] 1219 年英王在其签署给巡回法院的法令中明确向陪审团表示，“……臭名昭著的刑事罪犯必须只能监禁，被指控中等程度犯罪的被告人由于不太可能再犯，所以只需要让他们宣誓弃绝（自我驱逐）就可以了，更轻微的被指控者则在其忠诚宣誓维护和平后予以释放。我们将给予你们凭自己的判断力和良心对前述命令进行斟酌处理（自由裁量）的权力”。[④] 亨利二世时期的法律规定，治安法官必须从被告人的邻居中选择 12 个合法的居民宣誓：他们将按照自己的良心，查明案件

① 参见［法］勒内·达维著：《英国法与法国法：一种实质性比较》，潘华仿等译，清华大学出版社 2002 年版，第 9 页。

② 陈一云主编：《证据法学》（第 2 版），中国人民大学出版社 2000 年版，第 37 页。

③ Lysander Spooner, An Essay On The Trial By Jury, 1852, p. 7. 转引自易延友：《陪审团审判与对抗式诉讼》，中国政法大学 2002 年博士论文（未刊），第 42 页。

④ 转引自易延友：《陪审团审判与对抗式诉讼》，中国政法大学 2002 年博士论文（未刊），第 23 页。

事实。[①]

受英国法的影响，美国以及曾经是英美殖民地的国家（地区）在同期的证据证明力的判定上亦有自由心证的萌芽。以美国为例，表现有三：其一，“美国继受英国诉讼制度，由当事人进行诉讼，在事实的证明责任上，亦由当事人负担”。[②] 而由当事人进行的诉讼，在性质上归属于弹劾式诉讼。如前所述，弹劾式诉讼必然要求自由心证。其二，在执行的法律上，“直到1974年美国国会通过的联邦证据法于1975年1月2日公布以后，才有成文的证据法典。在此以前，是承袭英国传统普通法的证据规则”。[③] 英国的证据规则一般是关于证据能力及其判定的规范，而不涉及证据的证明力及其判定。实践中，对证据的证明力基本由裁判者自由判定。显然，承袭英国证据规则的美国，其实践中自然沿袭英国的做法，由裁判者自由判定证据的证明力。其三，英国的陪审制度是同期美国证据制度发展的基础，在美国的诉讼活动中得到大力推行。而陪审制度必然给证据制度提出如下要求：任何证据的证明力由陪审团自由判断，法律不能预先规定证据的优劣和作用的大小。

### （三）中华法系的“五听”断案与自由心证

在中华法系，自由心证原则的萌芽显形于“五听”断案制度。

中华法系是指发源于夏朝、解体于清代，以唐律为杰出代表，以礼法结合为根本特征，以延续两千余年的封建法律为主体，影响及于日本、朝鲜、越南等东亚诸国的法律系统。它与印度法系、伊斯兰法系（又称阿拉伯法系）、大陆法系（又称罗马法系、民法法系）、英美法系（又称英吉利法系、海洋法系、普通法系）并为人类历史上最著名的五大法系，以其博大精深、源远流长而著称。

中华法系的古代时期，一直实行“五听”证据判断制度。该制度的重要特征之一，在于对证据的审查判断采自由心证。对此，学界已达成共识。“古代采自由心证主义，可无疑义。”[④] 从《周礼·小司寇》对“以五声听狱讼”的诠释看，“五听”包括三个方面的含义：一是“听狱讼”，即裁判者要直接听取当事人意见，弄清讼争事实和问题；二是“听五辞（五声）”，即通过对当事人的言辞、面色表情、呼吸、听觉、眼光神态等外在表现和内在心理活动的观察，判断其陈述的真伪；三是“求民情”，即对“听讼”的情况

---

① Lysander Spooner, An Essay On The Trial By Jury, 1852, p. 87, 89, 90. 转引自易延友：《陪审团审判与对抗式诉讼》，中国政法大学2002年博士论文（未刊），第43页。

② 周叔厚著：《证据法论》，台湾三民书局2000年版，第31页。

③ 周叔厚著：《证据法论》，台湾三民书局2000年版，第31~32页。

④ 徐朝阳著：《中国古代诉讼法》，商务印书馆1927年版，第32页。

进行综合，探求实情以作出裁判。可见，西周时，证据的证明力由裁判者自由判断。裁判者通过“师听五辞”获得关于案件事实的确实心证，自由地判断证据和认定事实。西周这种证据判断方式，为后代承袭并逐渐发展成为一种与西方自由心证制度相似的证据制度。它的特点主要有二：第一，以“五听”为判断证据真伪及证明力的重要方式。裁判者在审理过程中，要“先备五听之理，尽求情之意”，“凡讯狱，必先尽听其言而书之”；要“听狱之两辞”，而不得轻信“单辞”；要“察辞于差”，对当事人的陈述进行比较辨析，看其是否存在矛盾。采用“五听”方式审查判断证据的目的，主要在于帮助裁判者形成证明力判定和事实认定上的心证。裁判者对证据的证据能力和证明力，享有自由判断的权力。第二，证据裁判与“五听”相结合。对此，史籍中有不少经典表述。《吕刑》载，“无简不听”，“五辞简孚，正于五刑”，即凡未经核实的材料，不得作为定案的依据；裁判者据“五辞”形成事实的确实心证后即可不受当事人陈述的拘束，而自由判断案件事实并按照五刑的规定作出裁判。北朝的苏绰在其所著《论断狱》中指出，裁判者应当“精心悉意，推究根源。先之以五听，参之以证验，妙覩情状，穷鉴隐状”。[①] 元法典《至元新格》载，“诸鞫问罪囚，必先参照原发事头，详审本人辞理，研究合用佐证，追究可信显迹”。

中华法系的“五听”断证方式，在指导裁判者正确判断证据证明力方面发挥了重要的作用。它所蕴涵的自由心证因素，远多于英美法系、大陆法系同期的自由心证因素。就古典自由心证原则而言，如果说后者是萌芽，前者即已趋成小树。究其原因，主要在于中华法系从未存在过严格的、系统的法定证据制度，裁判者一直享有较大的自由裁量权。尤其是在封建社会，现代自由心证的雏形甚至已现端倪。具体表现，一是证据及其证明力基本由裁判者自由判定；二是“五听”与证据裁判的结合制度化；三是产生了一系列运用自由心证的具体判断模式，如察色判断、闻声判断、言辞判断、情理判断、事理判断等；四是制定了一些对裁判者自由心证的自由度予以限制的规范，如以“据众证定罪”对证人证言的证明力判定予以限制、要求对某些事实的证明只能使用书证等；五是建立严格的职官制度、庭审对质制度、责任追究制度等对裁判者行使自由判断证据的权力予以必要的保障，同时对其判断的“自由度”予以必要的限制。

---

① （北朝）苏绰：《论断狱》，载高潮、马建石主编：《中国历代法学文选》，法律出版社 1983 年版，第 389 页。

## 二、自由心证原则的确立

古代世界各国自由心证的萌芽在法定证据制度实行时期，程度不等地受到扼杀。但是，自由心证的因素并未就此销声匿迹，而是在一定范围内得以沿袭并对近代的证据制度产生深远的影响。尤其是在英美法系和中华法系，自由心证原则在实践中的贯彻，实际并未受到根本的或者说实质的影响。正因为如此，自由心证原则在世界各国的正式确立呈现出多样性和复杂性。

### （一）自由心证原则在大陆法系的确立

自由心证原则最早确立于法国，是法国大革命的重大成果。作为一项重要的诉讼原则，它是以否定法定证据制度的面目而问世的。1790 年 12 月 26 日，法国著名法学家杜波尔向宪法会议提出革新草案，建议废除法定证据制度、书面程序及其形式证据，并将法官的内心确信作为诉讼的基础，建立自由心证制度。这一提议遭到少数议员的反对，从而引发了一场激烈的辩论。反对者分为两类：一类持积极法定证据制度的观点。这类人认为，如果取消法定证据制度，裁判活动势必陷入法官专断的泥潭。其中，蒲鲁昂的观点具有一定代表性：“不可以任凭审判人员自由感觉来判断证据，因为如果法官不能把盖然性同类似真实性，类似真实性同真实，证实同确信，确信同显著性区分开来，就不可能决定被告人是有罪还是无罪”，“可以决定被告人命运的，只有在两个不变点中选定，即判定有罪和宣告无罪中来选定。决定这种问题不可带有危害社会利益和危害无罪人安全的一种可能性”。[①] 另一类持消极法定证据制度的见解。这类人主张，虽然审判者的内心确信在有罪判决中具有重要作用，但有罪判决仍须依据法定证据。其中，罗伯斯庇尔的论述具有一定代表性：“要把法定证据所具有的信任同法官的内心确信所获得的信任结合起来”；“如果说法律应该要求具备一定种类和一定程度的证据，法官没有这种证据就不能定罪，那么还不能因此便得出结论说，只要有了这种证据就必定要判罪。在这种证据之上还必须加上法官的个人信念……必须用法官的知识和个人信念来补充法律一般预见不能包括的东西”，“我得出一个结论，如果没有法定证据，法官不能够判罪；我还得出另一个结论，如果法官的个人信念与这种虚构的证据发生矛盾，他也不应当判罪”。[②] 支持者多从当时资产阶级倡导的“理性”、“自由”、“良心”等出发，抨击法定证据制度

---

① ［法］郝利：《刑事诉讼法》，转引自［前苏联］安・扬・维辛斯基著：《苏维埃法律上的证据理论》，王之相译，法律出版社 1957 年版，第 160 页。

② ［法］郝利：《刑事诉讼法》，转引自［前苏联］安・扬・维辛斯基著：《苏维埃法律上的证据理论》，王之相译，法律出版社 1957 年版，第 161 页。

的荒诞，论证确立内心确信的必要。杜波尔指出：“当事实成为法院研究对象的时候，全部的注意应当集中在判明真实的一点上。是不是有过这个事实——问题就在这里。认识这一点的手段是什么呢？这种手段有两种：预先规定出来，什么样的证据是可以用来认识真实的，不论法官的确信如何，强使法官根据这种证据去做裁判，把这些作为固定不变的尺度加以采用；或是把那些用来认识真实情况的一切资料都精密地收集起来并在法官面前阐明，而听凭法官去理解和进行内心判断。第一种手段——法定证据，第二种手段——道德证据。我可以肯定地说，法定证据制度——它的本身就是一种荒诞的方法，是对被告人，对社会，都有危险的方法。”① 通过激烈的争辩，宪法会议于1791年1月18日通过杜波尔提出的草案，并于同年9月29日发布训令宣告：法官必须以自己的自由心证作为裁判的唯一根据。1792年，国民众会通过的由梅尔林·德·杜埃起草的《犯罪与刑罚》第372条，重述了这一原则。1808年的《法兰西刑事诉讼法典》对该原则予以确认，并进而对自由心证原则作出如下经典表述：“法律不要求陪审官报告他们建立确信的方法；法律不给他们预定一些规则，使他们必须按照这些规则来决定证据是不是完全和充分；法律所规定的是要他们集中精神，在自己良心的深处探求，对于所提出的反对被告人的证据和被告人的辩护手段在自己的理性里发生了什么印象。法律不向他们说：‘你们不要把没有由某种笔录、某种文件、多少证人或多少罪证……所决定的证据，认为是充分证实。’法律只是向他们提出一个能够概括他们职务上的全部尺度的问题：‘你们是真诚地确信吗？’”至此，自由心证原则在法国正式确立。此后，随着拿破仑军事势力的扩张和法国殖民活动的拓展及拿破仑诸法典的传播，更由于其本身更符合人类理性思维规律和诉讼规律的先进性，自由心证原则很快为欧洲各国所接受。“至18世纪末，19世纪初，在拿破仑统治下的法国，始予整修，将此种算数计算法的证据规则废除，欧洲其余各国及采用法国法的拉丁美洲各国，亦随之废除算数计算法的法定证据规则，改由法官自由听证，自由衡量，不加以法律上的限制……”② 1865年《意大利刑事诉讼法典》、1877年《德国刑事诉讼法典》、1890年《日本刑事诉讼法》、1892年《俄罗斯刑事诉讼条例》先后对自由心证原则予以确认。此后，比利时、荷兰、西班牙、奥地利、瑞士等国也先后采用了自由心证原则，自由心证原则在大陆法系的证据制度中占据了重要地位。

---

① ［法］郝利：《刑事诉讼法》，转引自［前苏联］安·扬·维辛斯基著：《苏维埃法律上的证据理论》，王之相译，法律出版社1957年版，第161页。

② 周叔厚著：《证据法论》，台湾三民书局2000年版，第29页。

自由心证原则在大陆法系得以确立的原因，主要有五：

第一，法定证据制度的“荒诞”性决定了它必然被自由心证原则取代的命运。法定证据制度所确定的证明模式，有助于司法裁决的规范性、可预见性和权威性，同时也具有防止裁判者主观擅断、滥用司法权的作用。但是，它的非科学性和封建性也是显而易见的。首先，“法定证据制度将审理某些案件中运用证据的局部经验，当做一切案件收集、判断证据的普遍规律；把某些证据形式上的特征，作为评价所有这些证据证明力的标准；并把这些内容规定在法律中，要求法官在审理案件中机械地执行”，① 从而导致两方面的重大缺陷：其一，严重背离诉讼规律，有违认识论的基本法则。司法实践中，证据审查判断的情况是极为复杂多样的，无论法律规定多少证据规则，都不可能穷尽一切问题。试图用定量的数学方法解决属于定性领域中的审查判断证据问题，许多情况下是难以发现案件的客观真实的。其二，否定裁判者的主观能动性，限制裁判者的合理裁量权。在法定证据制度下，裁判者不能根据案件的具体情况加以判断，而只能根据法律规定，对证据的证明力进行数学计算，按照计算结果认定案件事实。裁判者由此被套上形式主义的枷锁，成为一台简单的“计算器”，难以发挥其认识问题和解决问题的主观方面的能力。其次，法定证据制度是和刑讯逼供相联系的。在法定证据制度下，被告人的口供被视为良好的1/2 的证明。为获取这种最佳证据，司法人员往往不惜采用刑讯逼供手段。“实际上，当时的法律就这样告诉司法官员：如果你手中的证据已经构成了半个证明，那么你就应该使用刑讯来获得口供，即另外半个证明。”② 因此，法定证据制度必然导致野蛮、落后的刑讯逼供现象的盛行。法定证据制度的上述“荒诞”性，致使实践中发生不少冤假错案，同时对嫌疑人的身心和尊严造成极大伤害，因而遭到人们愈来愈猛烈的抨击。随着资产阶级意识形态的深入灌输和民主制度的逐渐确立，法定证据制度与时代要求的矛盾日趋尖锐，并最终达到“水火不相容”而需进行诉讼制度改革的地步。在此背景下，较其先进的自由心证原则取而代之，也就成为历史之必然。

第二，资本主义时代的主流思想观念为自由心证原则的确立提供了强有力的思想理论基础支持。18 世纪，欧洲大陆资产阶级革命期间和取得胜利并建立资本主义制度后，资产阶级思想家提出的理论主张，对司法制度的变革产生了重大影响。“宗教、自然观、国家制度，一切都受到了最无情的批判；一切都必须在理性的法庭面前为自己的存在作辩护或者放弃存在的权利。思

① 刘金友主编：《证据法学》，中国政法大学出版社 2001 年版，第 22 页。

② 沈德咏主编：《刑事证据制度与理论》（上），人民法院出版社 2006 年版，第 72 页。

维着的理性成了衡量一切的唯一尺度。”表现在自由心证原则的确立上，主要有二：其一，资产阶级思想家认为，理性是人获得真知的唯一途径。人人具有与生俱来的理性能力。只要排除了偏见和权威的影响，积极运用自己的理性能力，任何人都可以获得真知。而且，“人人知道法律的制定是为了保证每一个人自由发挥自己的才能，而不是束缚他的才能，法律的力量仅限于禁止每一个人损害别人的权利，而不禁止他行使自己的权利”。[①] 按照上述观点，裁判者只要排除不良影响，充分运用理性能力，就能获得判断证据的“真知”；法律应当保证而不是束缚裁判者自由发挥判断证据的才能。而法定证据制度基于对裁判者的不信任和对人的理性的轻视，要求裁判者机械地按照法律预先的规定来判断证据，显然与上述观念相悖，是对裁判者主观能动性的否定和人的理性的压抑。因此，资产阶级思想家的“自由”、“理性”主张直接反映在证据制度领域中，必然是要求废除法定证据制度，确立自由心证原则。其二，资产阶级思想家主张“法律面前人人平等”，认为“在权利方面，人们生来是而且始终是自由平等的”，[②]“统治者是法律的臣仆，他的全部权力都建立于法律之上。同时，由于他享受着法律的一切好处，他若强制他人遵守法律，他自己就得更加严格地遵守法律”，“所以，一个管理完善的政府，根据任何理由，也不准许有人不遵守法律。对于有助于国家的人应该奖以荣誉，但决不奖以特权”。[③] 按照上述观点，人证（包括证人证言、被告人供述、被害人陈述等）的证明力不应以陈述者的身份和社会地位的高低而区别大小，而应由裁判者根据案件的实际状况加以判定。而法定证据制度关于地位和性别不同的人所作陈述发生矛盾时，在性别上男性优于女性、地位高的人优于地位低的人、某些特殊的人优于一般人的规定，则与“法律面前人人平等”的原则根本对立。因此，争取和实现“法律面前人人平等”，在证据制度领域必然要求废除法定证据制度，确立自由心证原则。

第三，资本主义制度的建立所引发的诉讼制度变革有力地促进和保障了自由心证原则的确立。表现在以下三个方面：其一，“资产阶级革命胜利后，欧洲大陆各国都对原有的纠问式诉讼形式进行了彻底的改造，取而代之的是混合式诉讼形式”。[④] 在这种形式下，法官独揽的从侦查、起诉到审判的权力

---

① ［法］罗伯斯庇尔著：《革命法制和审判》，转引自法学教材编辑部编写：《西方法律思想史》，北京大学出版社1983年版，第270页。

② 《法国人权宣言》，转引自法学教材编辑部编写：《西方法律思想史》，北京大学出版社1983年版，第251页。

③ ［法］卢梭著：《论经济政治学》，转引自法学教材编辑部编写：《西方法律思想史》，北京大学出版社1983年版，第249页。

④ 汪建成著：《理想与现实》，北京大学出版社2006年版，第56页。

被分解；直接言词审理取代了书面程序审理；被告人由诉讼客体变为享有诉讼权利的主体；刑讯逼供得到有效扼制，等等。这些变化，使法定证据制度失去重要支柱，自由心证原则得到切实的制度构架支撑。其二，资本主义国家“三权分立”制度的确立，排除了立法对司法的限制和行政对司法的干扰，从而满足了司法独立的要求，使裁判者自由裁量的权力得到了切实保障。而裁判者享有真正的自由裁量权，才可能依据其内心确信对各种证据的证明力进行自由判断。其三，陪审制度的建立，有力地促进了自由心证原则的产生。在陪审制度下，陪审员人数众多且对法律知之甚少，在理解法律规定的证据证明力判定规则上存在很大困难。只有赋予他们根据案件的实际情况自由判定的权力，他们才可能真正行使其对事实问题的裁量权。而只有陪审员真正不再是“陪而不审”，陪审制度才能得以存在和延续。陈朴生亦认为，陪审制是自由心证原则产生的重要因素之一。他指出，大陆法系原采法定证据主义，“迨法兰西革命后，改采陪审裁判，鉴于以法律规定证据之价值，有一定之证据，即得为一定事实之认定，即所谓形式的法定证据主义，于发现实体的真实上较为困难，使裁判流于形式，且适用之证据法则琐细，亦非陪审裁判之所宜，乃排斥法定证据主义，取自由心证主义而代之，许由陪审员依其心证自由判断证据之价值”。①

第四，科学技术的发展以实证的方式证明裁判者具有通过自由心证发现案件真实的认识能力。法定证据制度的重要成因之一，在于因人类科学知识的不足而对人类认识能力的怀疑和蔑视。这一成因在证据制度领域表现为：法定证据制度所确立的证据规则，缺少经验科学的分析，经受不起严格的验证。摧毁法定证据制度这一理论屏障，有赖于科学技术的发展。在欧洲大陆，经过14世纪—16世纪技术创新实践的铺垫，科学革命在17世纪完全展开并逐步在天文、生理、物理、数学等领域取得重大发展。至18世纪，自然科学取得更为丰硕的成果。“18世纪综合了过去历史上一直是零散地、偶然地出现的成果，并且揭示了它们的必然性和它们的内部联系。无数杂乱的认识资料得到清理，它们有了头绪，有了分类，彼此间有了因果联系；知识变成了科学，各门科学都接近于完成，即一方面和哲学，另一方面和实践结合起来。18世纪以前根本没有科学；对自然的认识只是在18世纪（某些部门或者早几年）才取得了科学的形式。”② 与之相应，社会科学的革命也如火如荼。欧洲古老的有关权威和合法性的架构不可逆转地被法国革命摧毁；知识纪元上的启蒙鼎盛期出现，其核心特征在于对一切精神和知识权威、基督教信仰的

---

① 陈朴生著：《刑事证据法》，台湾三民书局1979年版，第547页。

② 《马克思恩格斯全集》（第1卷），人民出版社1995年版，第656～657页。

地位以及基督教所深刻影响的文明的拒斥。[①] 任何人都具备人类共有的认识能力并且可以通过理性努力而获得真知的观念得到普及，于是它不可避免地构成了评断司法事实裁决体系的组成部分。[②] 因此，建立在对人类认识能力质疑和对法官不信任基础之上的法定证据制度，不可避免地受到批判并最终为体现认识论上的人类普遍认知能力原则的自由心证原则所取代。这一历史性转变，是“证据法革命”的一项重要成果。“科学发展和人类认识水平的提高给诉讼制度带来的影响之一就是所谓的‘证据法的革命’。物理学、化学、医学、生物学的发达带动了法医学、弹道学等与证据的科学鉴定直接关联的学科进步，在中世纪并不十分重要的物证一跃成为诉讼中发现真相最有力的武器之一。在这种情况下，传统的法定证据制度中区别证据价值高低的标准失去了意义：间接证据的证明力未必比直接证据低，而复数证人的证言也不一定比单个证人的证言可靠，诸如此类新的经验在诉讼实践中日益为人们所认识。将不同证据的价值加以绝对化并设定统一的基准，以法律规则的方式强制法官执行的法定证据原则开始丧失其存立的基础。人们认识到，证据价值只能在具体的案件中根据个别的情况去确定”，而“自由心证原则关于任何证据的价值在法律上都是平等的、证据的具体价值最终应由法官加以具体确定的法理，就是立足于这种认识之上的。科技进步带来的‘证据法革命’可以说正是法定证据原则衰亡、自由心证原则出现的历史客观条件”。[③]

第五，英美法系的证据制度对自由心证原则在大陆法系的确立起到了一定的促进作用。这种作用主要表现在三个方面：其一，古代英美法系自由心证的萌芽并未因法定证据制度的棒喝而夭折，而是一直顽强地存活并逐步成长。16世纪初，非但自由心证的做法得到沿袭，而且在立法和理论中已经明确提及自由心证原则。例如，17世纪英国资产阶级革命时期，平均主义者在1649年的《人民约法》纲领中，就明确提出自由心证原则，并反映在审判活动中。英美法系在证据证明力判定上的自由心证做法及经验，为大陆法系确立自由心证原则提供了很好的借鉴。其二，英美法系的陪审制度被引入欧洲大陆后，虽然发生了较大变异，但陪审制度中要求确立自由心证的因素并未消失。从自由心证原则产生的渊源看，它实际深受陪审制度的影响，是大陆法系模仿英国法律制度的产物。陪审制度对大陆法系自由心证原则确立的影

---

① 参见［爱尔兰］J. M. 凯利著：《西方法律思想简史》，王笑红译，法律出版社2002年版，第198、241页。

② 参见［英］乔纳森·科恩著：《证明的自由》，何家弘译，载《外国法译评》1997年第3期，第6~7页。

③ 王亚新著：《社会变革中的民事诉讼》，中国法制出版社2001年版，第306~307页。

响，诚如英国学者 R. C. 范·卡内冈所指出的那样，当欧洲大陆采用纠问式程序和法定证据制度时，英国却通过弹劾式诉讼和陪审制度保留了自由心证；而“当大陆的制度因专制及缺乏民众参与而遭到批评和反对时，陪审又被视为是抵御非正义的堡垒和与自由民相称的一种制度，于是它被引进或重新引进这片许多世纪以前就与它有着许多渊源的大陆的土地”，① 于是自由心证也伴随它重返欧洲大陆。其三，法国著名资产阶级启蒙思想家大多曾留学英国或在英国生活过，深受英国政治学说和司法制度的影响。伏尔泰、孟德斯鸠等人即对英国法律格外推崇，主张法国予以仿效。法国大革命初，启蒙思想家们对法定证据制度进行猛烈抨击，明确提出确立自由心证原则。他们对自由心证原则的描述，实际是以英国的陪审制为蓝本。换言之，大陆法系资产阶级启蒙思想家主张确立自由心证，在很大程度上是受英国自由心证精神和经验的启迪。而他们所起到的启蒙作用，对自由心证原则的确立是必不可少的。

（二）自由心证原则在英美法系的确立

前面已经论及，17 世纪以前，英美法系的证据制度虽然曾经受到法定证据制度的一定影响，但自由心证仍占据主要地位。“当时，无论是判例法还是国王发布的法令，都没有就司法证明的方法和手段作出任何限制性规定，如何证明案件事实，根据什么去证明案件事实，这都属于司法者的自由裁量权。每一个法官和每一位陪审员都可以根据案件的具体情况和本人的知识认定案件事实并作出裁判。”②

17 世纪初，随着资产阶级革命的胜利，现代意义的陪审制度逐步确立。由于陪审制度既天然地与法定证据制度格格不入，又是自由心证原则确立的肥沃土壤；③“在陪审制下，虽然有很多种类的证据被排除在审判之外，但是每一种被采用的证据的证明价值却不是固定的，而要根据具体案件的情况留待陪审团评断”；④ 到 17 世纪中叶，陪审法院舍弃了“事实的数量规则”，从而也就顺理成章地采用了自由心证主义。至此，具有英美法系特色的自由心证原则正式确立。

自由心证原则的英美法系特色，主要表现在以下几个方面：其一，对自由心证原则的证据评价方式，英美法系不像大陆法系那样以实定法的形式加

---

① ［英］R. C. 范·卡内冈著：《英国普通法的诞生》，李红梅译，中国政法大学出版社 2003 年版，第 108 页。

② 沈德咏、宋随军主编：《刑事证据制度与理论》（上），人民法院出版社 2006 年版，第 47 页。

③ 参见张卫平主编：《外国民事证据制度研究》，清华大学出版社 2003 年版，第 398 页。

④ 何家弘：《司法证明方式和证据规则的历史沿革》，载《外国法译评》1999 年第 4 期。

以确认，而是采用非实定法的形式，即对证据的证明力及其判定，法律基本上不予规定，而由裁判者自由判定。至于英美法系国家制定的大量证据规则，主要是关于证据可采性的规定，也即关于证据能力及其判定的规定，不能将它们与法定证明力及其判定混淆。其二，陪审团赖以认定事实的证据的范围不由自己选择，而是由法官根据法律决定。这即所谓“容许规则”，指“由法官选择证据，交由陪审团衡量证据的证明价值”。这种规则，“只是法官选择容许证据的方式，不是如何衡量证明价值的规则”。“至于英美陪审员衡量证据，或不用陪审员而由法官独自审判时的衡量证据，则与罗马法系统下的证据衡量方法相同，亦以生活经验情理为准。”① 其三，陪审团认定事实必须达到法定的证明标准也即内心确信程度。“在英美法系中，刑事案件和民事案件对内心确信程度的要求不一：刑事案件应达到超过合理怀疑的高度盖然性，而民事案件则要求占优势的盖然性。”② 这一点，与大陆法系有别。“……大陆法系对刑事案件和民事案件均需要高度盖然性，即达到排除一切怀疑，接近必然发生的程度。”③

自由心证原则的英美法系特色形成的原因，主要在于陪审制度的变化。早期陪审制度下存在的自由心证，强调裁判者依据良心自由裁量，而不受证据规则（实际上极少）制约和法官指示约束。之后，当陪审团逐步完成从证人到裁判者的身份转变，确立审查判断证据的原则和规则即成为必要。因为，陪审员为非法律人士，缺少判定证据所应有的法律知识、鉴别能力和专业训练，智力和修养也参差不齐，将证据问题交由他们决定存在先天不足，需以法律规定和法官指示予以弥补。“在刑事诉讼对抗式诉讼下，权力的典型分离是中立的法官负责解决法律和刑罚问题，没有受过法律专业教育的外行人的团体负责事实和定罪问题。这种权力的分离导致了普通法证据规则的产生，这些规则包括传闻、关联性以及排除规则，还有内心确信原则或者证据自由评价原则。”正是由于陪审制度的变化，英美法系早期的自由心证才逐步发生了如下变化：在证据能力判定上受证据规则的制约；在判定对象的范围上由法官根据法律决定；在证明力判定上受法官指示的影响。

需要指出，英美法系国家的法律并未明确将“自由心证”规定为证据法的一项法律原则，英美法系国家的学者们也很少提及“自由心证原则”。但是，英美法系国家在证据证明力判定上一直实行自由心证却是不争的事实。是否法定或者是否论及，并不影响这一事实的成立。而且，也不妨碍其他法

---

① 周叔厚著：《证据法论》，台湾三民书局2000年版，第33页。

② 参见《英国大百科全书》（第15版），Evidence。

③ 参见上海社会科学院法学研究所编译：《诉讼法》，知识出版社1981年版，第213页。

系国家将其证据证明力评价原则确定为“自由心证原则”，以便实践统一和研究方便。何况，“从总证据评价方式所具有的某种或某一组特点的描述性概念”上理解，“英美法系中的‘证明的自由’的学术术语也可以被认为是这种意义上的‘自由心证’”。[①] 当然，“鉴于英美法系国家的自由心证制度具有自己的特点，从总体上可以称之为：采证上的法定证据制度，证据判断上的自由心证主义”。[②]

（三）自由心证原则在中国

自由心证原则在中国的确立较为复杂，经历了一个由近代基本确立到现代大陆地区未确立、港澳台地区确立的演变过程。

1. 自由心证原则在近代中国的确立

中国古代受欧洲法定证据制度的影响较小，在证据判断上一直采用“以五声听狱讼”的具有古代中国特色的自由心证方式。因此，自由心证原则所包含的内容，中国人并不感到陌生和好奇。随着西方法律观念和法律制度的引进，近代中国顺理成章地接受了自由心证原则。

19 世纪，欧洲大陆各国相继确立自由心证原则后，自由心证原则经日本传入中国。1876 年，日本司法省发布通知，要求“依证据断罪时仅凭法官之理念”。1890 年，日本制定的刑事诉讼法正式确认自由心证原则。受其影响，清末修律时采纳了自由心证原则。从 1907 年起，由沈家本、俞廉三主持，日本法学家松冈正义协助，以德、日诉讼法为主要参考，于 1910 年制定了《大清刑事诉讼律（草案）》和《大清民事诉讼律（草案）》。《大清刑事诉讼律（草案）》第 326 条第 2 款规定，“证据之证明力任推事自由判断”。立法理由指出，“第二项采用自由心证主义。按法定证据主义与发现真实不合，各国通例仍采用自由心证。本律亦拟仿效之”。《大清民事诉讼律（草案）》第 339 条规定，“审判衙门应斟酌辩论意旨及证据调查结果，以自由心证判断事实上之真伪，但法律有特别规定者不在此限。得心证之理由，应记明于判决”。立法理由分三段：第一，指明该法以自由心证为原则。“谨按自由心证主义，其利益在能合乎实际之审判。故本案用为原则，而设本条，明示审判衙门得根据辩论之意旨及调查证据之结果，以自己所生之确信判断事项之真伪。”第二，辅以法定证据作例外。“自由心证主义若复无限制，恐使审判官流于专横。故本案以法定证据主义为例外。例如，公证证书，若未遇反证，应推定其为真实，审判官不得漫然判断为不真。此第一项但书之所以设也。”第三，裁判理由之说明。“审判官判断事实真伪之理由应记明于判决，以免

① 参见张卫平主编：《外国民事证据制度研究》，清华大学出版社 2003 年版，第 401～402 页。

② 樊崇义主编：《刑事诉讼法学研究综述与评价》，中国政法大学出版社 1991 年版，第 200 页。

有不负责任之判断。此第二项之所以设也。"[①] 虽然上述法案由于清王朝的覆灭而未及颁行，但其关于自由心证原则的规定却为南京临时政府、北洋政府和国民党政府的法律所继承。1912 年 2 月，南京临时政府法部将该两部法律草案"发并各司法衙门参考暂行援用"。北洋政府 1922 年颁行的《刑事诉讼条例》第 305 条、第 306 条规定，"犯罪事实，应依证据认定之"，而"证据，由法院判断之"。国民党政府 1945 年颁行的《刑事诉讼法》第 269 条规定，"证据的证明力，由法院自由判断之"。

2. 自由心证原则在现代中国的演变

自由心证原则在近代中国确立后，由于历史、政治的原因，至现代已演变为三种情况：其一，大陆地区虽然在实践中对证据的证明力实行自由判定，但法律对自由心证原则没有明确规定，学界对是否存在自由心证原则和应否确立自由心证原则长期存在争议。其二，香港、澳门因受英国法、葡萄牙法的影响而在殖民时期实行自由心证原则，且各自带有明显的英国法、葡萄牙法色彩。回归成为特别行政区后，仍然保留了自由心证原则。其三，国民党政府退避台湾地区后，台湾地区沿用国民党政府的"六法全书"及有关法律。因此，台湾地区一直实行自由心证原则。但是，在对自由心证原则的规定上，近年来的法律有所变化。2003 年 1 月 14 日通过的"刑事诉讼法部分条文修正案"在原有规定的基础上，采用了"确信"一词，并说明不得违背经验法则和论理法则，同时规定证据能力以规范作为心证的证据，因而更加合理和精确。

上述演变的第一种情况，与自由心证原则在现代中国的大陆地区曾经由苏联引入，在一定范围内传播并对学界产生较大影响，后因两国关系发生变化和中国大陆地区 20 世纪 60 年代极"左"思潮泛滥、"文革"十年对法制造成严重破坏而淡出等因素存在一定的关联。

"十月革命"胜利后，苏维埃法律制度批判性地继承了沙俄时期实行的自由心证原则。1917 年 11 月 24 日，苏维埃政府颁布《关于法院的第 1 号法令》，宣布废除一切反动的司法制度和法律，以"革命的信念"和"革命的法律意识"为审判依据。之后，苏维埃政府又于 1918 年 3 月 17 日和 11 月 30 日先后颁布《关于法院的第 2 号法令》和《苏联人民法院条例》，规定："人民法院审理一切案件，……即以社会主义法律意识为依据"，"在证据方面，法院不受任何形式上理由的限制并由自己决定根据案件取舍某一证据"。1922 年颁行的《苏俄刑事诉讼法典》规定，法院不受任何形式证据的拘束，

① 参见吴宏耀、魏晓娜主编：《诉讼证明原理》，法律出版社 2002 年版，第 183 页。

法院可以斟酌案件的情况采取某些证据，对于案内一切证据所作的判断，一概由审判员根据建立在综合考虑案件一切情况的基础上的内心确信来进行。① 至此，一种含有自由心证原则内容的内心确信制度在苏联得以建立。之后，随着苏共与中共关系的亲密发展，在新民主主义革命时期和新中国建立后相当长一段时间内，苏联法律对中国革命政权的法律产生了重大影响。其中，内心确信制度所含的法律观念、法律精神等，在中国大陆地区学界广为传播。尤其是20世纪中期，中国大陆地区大学法律专业所学的内容即包括苏联的内心确信制度。而且，不少学者引介、论述苏联的内心确信制度亦取得了较为显著的学术成果。

当然，由于众所周知的历史原因，苏联法律对中国大陆地区的影响自20世纪60年代后期逐渐减弱。与之相应，内心确信制度亦逐渐淡出新中国学界的视野，成为一段历史素材。但是，这是一大误区。笔者认为，苏联的内心确信制度是值得关注并应予以借鉴的。首先，它赋予办案人员独立的司法裁量权，为办案人员充分发挥其主观能动性提供了保障。“根据内心确信自由地评定证据的前提是对证据进行评定的人员不受其他个人和机关所作结论的限制”；“法院在评定证据时既不受起诉书中所作的结论的限制，也不受控诉人或者辩护人在法庭上所发表意见的限制，不受上级法院评定的限制”。② 其次，它要求主客观因素相结合，科学地揭示了作为证据评定结果的内心确信与收集到的案件证据之间的联系。“审判员的内心确信由主、客观两方面的因素形成。客观因素即证据是形成内心确信的根据和基础，主观因素是指审判人员的社会生活经验、业务能力、世界观、法律意识。内心确信的形成是主、客观因素相互作用的结果。”③ “法律关于内心确信必须根据‘对全部案情的总合所进行的考察’的指示表明它强调下述基本原则：即内心确信不能脱离被评定的证据的客观本质，不能脱离各个证据之间以及证据与属于证明对象的情况之间确实存在的客观联系”，法律对作出证据评定的条件和表现这种评定的诉讼形式的规定，保障在作出对案件的评定结论中使主观和客观一致起来。“作为客观因素的各种证据是客观存在的，但其必须借助于审判员的主观领悟才能被认识。因此不能将二者对立起来。”④ 再次，它强调法律意识在证据评定中的重要作用，要求以辩证唯物主义为指导，因而具有先进

---

① 参见樊崇义著：《刑事诉讼法学研究综述与评价》，中国政法大学出版社1991年版，第198页。

② ［前苏联］H. B. 蒂里切夫等编著：《苏维埃刑事诉讼》，张仲麟等译，法律出版社1984年版，第150、151页。

③ 卞建林主编：《证据法学》，中国政法大学出版社2000年版，第40页。

④ 樊崇义主编：《刑事诉讼法学研究综述与评价》，中国政法大学出版社1991年版，第199页。

性和科学性。司法人员的法律意识，包括“他们了解诉讼的任务和目的，了解为了达到这些目的而赋予调查人员、侦查员、检察长和审判员的责任，相信反映认识真理的客观规律性的法律必须加以遵守，相信对案件进行侦查和法庭调查的时候，不许先入为主地对待刑事被告人，不许片面地、只从有罪的观点对案情进行调查，不许用强迫提供口供以及其他不能容许的手段和方法取得证据”。“法律意识对于保证准确、坚定地执行调整判明事实真相活动的法律具有重要意义。侦查员和审判员的法律意识应当保证对案件的个别情况以及对全部已被判明的情况进行客观的评定。”①

**三、自由心证的发展——从绝对自由到相对自由**

在自由心证原则的萌芽时期，法律对裁判者收集和使用证据一般没有限制性规定，而是交由裁判者自由进行。诉讼中，裁判者可以根据自己个人的知识、经验、兴趣、好恶来采信证据和认定事实。他（他们）所享有的判定证据的自由是绝对的：既可以自由地采用某种收集证据、举证、质证的方式方法，又可以对证据能力进行自由判断以决定取舍和对证据的证明力进行自由判断以确定证据是否具有证明力以及证明力的大小；同时还不受法律和任何机构、个人意见的限制。

在自由心证原则确立的初期，裁判者仍享有取舍和使用证据的绝对自由。从自由心证原则确立的法律经典表述——法国 1808 年《刑事诉讼法典》第 342 条的规定看，法律对陪审官判定证据不规定证据是否完全、充分的证据规则，不要求陪审官报告他们建立确信的方法，也不要求证据必须具备多少、哪些才被看做可以充分证实案件事实；“法律只是向他们提出一个能够概括他们职务上的全部尺度的问题：‘你们是真诚地确信吗?’”可见，在当时的法国，裁判者收集和使用证据是不受限制的，享有绝对自由的证据裁量权。而从同时期采用自由心证原则国家的法律规定看，法律对裁判者收集和使用证据同样没有限制性规定，裁判者同样享有取舍和使用证据的绝对自由。例如，1877 年《德国刑事诉讼法》第 260 条规定，“法院应根据从全部法庭审理中所得出的自由心证来确定调查证据的结果”；1892 年《俄罗斯刑事诉讼条例》第 119 条规定，“治安法官应根据建立在综合考虑法庭审理时所揭露的情况基础上的内心确信，来裁判受审人有无罪过的问题”，等等。

自由心证原则确立初期裁判者享有证据裁量的绝对自由，除受陪审团自由评价证据原则的影响外，在很大程度上还与当时启蒙思想家关于认识绝对

---

① ［前苏联］H. B. 蒂里切夫等编著：《苏维埃刑事诉讼》，张仲麟等译，法律出版社 1984 年版，第 151 页。

性的唯理论有关。资产阶级革命时期，启蒙思想家笛卡儿开创的唯理论哲学认为，每个人都有能力自己完成对事实的认知，而不必依赖于某个人或某个机构的权威；通过理性可以得到绝对确定的知识，而不是只能达到盖然性的程度。唯理论哲学对欧洲大陆国家的法律产生了重大影响。“依赖成文法典的大陆法系展现了一个独特的心理观点，而这个观点则系奠基于一个承继启蒙运动相信单一一致性且完全绝对性的信念。”① 具体体现在自由心证原则上，即是赋予裁判者裁量证据的绝对自由。当时的“自由心证原则被理解为非常极端的形式，它不仅要让司法者从法律‘锁链’中获得分析证据价值的自由，而且还要从规范事实认定结论的所有可以超越个体主观意志而确定的标准中获得这种自由。只要裁判者内心确信事实已被证明，就可以作出判决”。②

绝对自由的自由心证原则很快在司法实践中遭受挫折。由于裁判者在证据的收集和使用上不受任何限制，裁判者的证据判断自由被推向绝对化，裁判者主观擅断导致的判决错误便屡屡出现；更有甚者认为，裁判者滥用裁判权力的现象又得以复生。应当说，绝对自由的自由心证原则较为成功地解决了发现真相的难题，但在如何抑制法官在审查判断证据中的主观随意性上，自由心证则陷入了困境。因此，自由心证原则确立不久，人们即从战胜法定证据制度的喜悦中冷静下来，将关注焦点又转向裁判者判定证据、认定事实的主观随意性问题上。“至少除了法国以及与其他文化紧密相连的几个国家以外，这种罗曼蒂克的观点并没有持续太久。一个相对来说不太扩张的自由心证概念出现了并开始传播。按照这一新的观点，自由证明被认为是只将事实认定者从有关证据价值分析的法律规则中解救出来。它不再意味着司法者获得了无视关于有效推定之超法律教条的许可证。”③ 于是，自由心证原则从绝对自由转向了相对自由。

这种变化，首先发生在德国。19 世纪后期，德国哲学家康德通过其著作《纯粹理性批判》、《实践理性批判》、《批判力批判》建立了著名的“批判哲学”体系。他对唯理论进行了批判，探讨了理性合理的范围和界限，指出判断主体的确信要有一定的外在根据为基础，有罪的判决所必需的确信不是来自于模糊的本能性真实感受，也不是来自于没有反思的综合直观，而应该产

① ［美］Clemont，Sherwin 著：《证明度——比较法之下之观点》，黄国昌译，载《法学丛刊》第 188 期，第 127 页。

② ［美］米尔健·R. 达玛斯卡著：《漂移的证据法》，李学军等译，中国政法大学出版社 2003 年版，第 28 页。

③ ［美］米尔健·R. 达玛斯卡著：《漂移的证据法》，李学军等译，中国政法大学出版社 2003 年版，第 28 ~29 页。

生于有根据的反思之中。受其思想影响，不少学者对绝对自由的自由心证原则进行了检讨和反思，主张陪审团的裁决应当建立在一定的根据之上。例如，杰尔克认为，“真实就是认识主体的确信和被认识客体的统一”；米特尔麦野指出，陪审员的主观认识如果没有充分的根据就无意义，全凭主观印象形成心证导致误判的可能性极大，证据法是英国陪审团心证合理性的重要保障，没有证据法的制约就会形成本质上不合理的、无明确根据的心证，① 等等。在德国学者的倡导下，自由心证原则的认识论基础发生了转换，即由强调主观的绝对理性转向强调主客体的一致性。这种转换，促进了自由心证原则由绝对自由向相对自由的转变。证据制度中，虽然强调证据价值的判断和案件事实的认定应当依靠自由心证，但规定法官个人纯粹的主观确信不足以作为判决的基础，对法官的主观确信必须进行若干限制以保证自由心证的客观性。

德国证据制度的上述变化，在世界范围内产生了重大影响。随着人类科学文明、民主法制的发展和受德国法学关于心证客观化理论影响的加深，各国对绝对自由的自由心证原则弊端的认识逐渐全面和深刻，纷纷接受了客观化的自由心证理论并在立法中予以确认。尤其是第二次世界大战后，各国都对法官形成内心确信设立了必要的限制性条件，使自由心证由绝对走向相对。例如，在德国，“联邦最高法院较新的判例则正确地强调，在形成确信时，应尽可能地着重在客观的事实上，以使得能对此确信具有考核、监督的功能，法官不应自始即太主观地形成确信，使自己陷于主观的窠臼，因此自由心证相对于其原本之性格是并不完全自由”。② 法律对自由心证原则的限制，主要有四：其一，自由心证需受科学法则、论理法则和经验法则的限制。例如，若特定的自然科学知识能够确定某一事实，法官即便无法理解，存有疑问，也应将其作为判决的依据。其二，进入心证范围的证据需受证据程序禁止规则的规范。所谓程序禁止，是指证据资料可否用以认定事实的条件，以直接审理主义为基本，它决定了法官自由心证的证据范围的大小。其三，心证的理由需在判决书中阐述，以便上诉审审查。其四，某些情况下不适用自由心证。例如，德国刑法第190条规定，侮辱罪是否成立，需要通过刑罚判决的真实性证明；德国刑事诉讼法第272条规定，审判程序的重要形式只能通过庭审笔录来证明，等等。在法国，法官形成内心确信所依据的证据必须是依法取得的；笔录存在特殊的证明力，除非以书证或者人证方式提出相反证言；“在制裁无政府主义宣传、挑动引起的盗窃、杀人、抢掠、放火犯罪时，如果声称自己受到煽动的人作出的申明并未得到能够证明其有罪的全部证据材

---

① 参见［日］庭山英雄著：《自由心证主义》，［日］学阳书房1983年版，第167～170页。

② ［德］克劳思·罗科信著：《刑事诉讼法》，吴丽琪译，法律出版社2003年版，第118页。

料的证实，不得只凭此种申明便作出有罪判决”；[①] 法官对其决定必须作出解释。在俄罗斯，自由心证需建立在案件已有全部证据总和的基础之上；法官自由心证需遵守法律、良知，尤其要遵守具体的证据评定规则，如对每一个证据均应从相关性、是否允许采信、是否真实的角度进行判定，对所有的证据总和应从是否足以解决刑事案件的角度进行评定等。在日本，刑事诉讼法制定了一系列保障裁判者形成心证合理性的措施，如以自白补强法则对自白的证明力予以限制，规定公审笔录具有绝对的效力、判定时应当遵循法律推定、允许上诉的裁判必须阐明裁判理由、下级法院不得对上诉审法官关于事实的判断自由心证等。在意大利，法官在对证据作出判断时应当说明所得出的结论和所采用的标准；自由心证必须遵循合理性原则，即应满足三方面的要求：一是事实的得出应有根据，不得根据存疑证据推断事实的存在；二是事实应该是客观的，它并不基于法官的认识而存在；三是得出事实的结论应当符合逻辑原则，即对事实必须进行证明，用已知的事实说明所要证明的事实存在。

综上所述，在自由心证原则的萌芽和确立初期，裁判者享有证明力判定上的绝对自由。自由心证原则确立后不久，即遭遇强大的心证自由客观化要求的冲击。其后至今，证明力的判定经历了一个由绝对自由到相对自由的转变过程。在此过程中，一方面，人们对赋予裁判者判定证据证明力自由的必要性和可能性的信念更加坚定，并从制度层面上对判定的自由予以充分保障；另一方面，人们也逐渐认识到裁判者在判定证据证明力上享有绝对自由所导致的弊端，从而制定相应措施对判定的自由予以必要的限制。上述两方面作用的结果，即是心证的“相对自由”。自由心证的这种演变，作为人类认识规律和诉讼规律的正确反映，对证据制度的发展产生了重大影响。可以说，“……近代证据制度发展的历史，就是一部自由心证由绝对走向相对的历史，就是一部自由心证由自由走向不自由的历史”。[②]

学理上，一般将绝对自由的自由心证原则和相对自由的自由心证原则分别称为传统（古典）自由心证原则和现代自由心证原则。在证据证明力判定上，传统自由心证原则和现代自由心证原则都主张法律预先不作规定而交由裁判者自由进行。二者的差异，主要集中在给予裁判者判定证明力绝对自由还是相对自由上。传统“自由心证制度的实质是保障法官、陪审员按照自己的理性、经验、良心判断证据、认定事实的自由，这种自由不受任何成文法

---

① See Christine Van Wyngaert, Criminal Procedure Systems in the European Community, Butterorths, 1993, pp. 118, 147, 22.

② 汪建成著：《理想与现实》，北京大学出版社 2006 年版，第 86 页。

的限制。我们把这种法官的心证不受任何评价的自由心证制度称为传统自由心证制度。……传统的自由心证主义者一般认为，法官的内心确信应是绝对自由、封闭，且不受检验的”。[①] 现代自由心证原则继承了传统自由心证原则赋予裁判者判定证据证明力自由的合理内核，同时对传统自由心证原则所主张的绝对自由予以了否定，较之传统自由心证原则，更加符合认识规律和诉讼规律，更加符合证据证明力判定的客观实际。

传统自由心证原则与现代自由心证原则的差异，具体表现在：第一，前者对裁判者判定证明力不作任何限制，后者则有一定限制，并设有心证形成的内外制约机制。第二，前者不论证据多少和是否充分，后者则主张实行证据裁判主义。第三，前者以主观上形成的内心确信为判断标准，后者在强调内心确信为判断标准的同时注重心证的客观基础，主张主客观标准的统一。第四，前者强调心证过程的秘密性，后者要求公开心证的过程、结果并阐明理由。此外，二者的区别还在于：前者在对裁判者享有判定证据证明力的自由上缺乏制度保障；后者除建立一整套制度保障体系外，还对自由的“相对性”进行技术层面上的“控制”。“自由心证原则的发展可以视为如何从立法、司法实践上将理念还原为技术问题，并形成具体的制度来保障理念原则的体现和发挥的问题解决过程。”[②]

自由心证原则由绝对走向相对是历史的必然。在证据证明力的判定上，人类始终面临追求客观真实与避免恣意裁判的两难抉择。法定证据制度以法律规定证据证明力的方式否定裁判者的自由判断权，在一定程度上保证了司法的确定性。“然而，这种确定性的代价却是法律认定事实相对于客观事实在大多数情况下的面目全非。”[③] 由于人类理性和智慧所蕴涵的无限的认识力使裁判者足以承担起证据证明力判定的任务，裁判者自由判断证据的证明力即为发现案件事实真相的必然选择和最佳途径。就此意义而言，传统自由心证赋予裁判者判定证据证明力的绝对自由，亦是具有一定合理性的。但是，作为司法过程中的一种认识活动，自由心证的“自由”不是绝对的。因为，人性所固有的弱点和个体认识能力的局限，也使裁判者自由判定证据证明力蕴藏着发生重大错误以致被滥用的危险。赋予裁判者判定证据证明力的绝对自由，与现代社会人们普遍认同的行为自由相对、意志自由相对的理论相悖，且为实践证明容易导致主观擅断和枉法裁判。可见，问题的关键是在追求客

---

① 李祖军著：《民事诉讼目的论》，法律出版社2000年版，第362页。

② 王亚新著：《社会变革中的民事诉讼》，中国政法大学出版社2001年版，第310页。

③ 汪建成、孙远：《自由心证新论》，载《证据学论坛》（第1卷），中国检察出版社2000年版，第360页。

观真实与避免恣意判断二者之间寻求平衡，以减缓二者的冲突。这种平衡的基点为“相对自由”，即既赋予裁判者判定证据证明力的自由，又通过规制这种自由发挥作用的界限和方式将其控制在合理的尺度内，使自由心证在人类理性的范围内运转，满足追求客观真实和避免恣意裁判两方面的要求。当然，实现这种平衡是相当困难的。在将来很长的时间内，如何为了发现真实而保证法官合理的裁量空间同时又抑制其随意性的内在矛盾，仍将与自由心证并存。

### 四、自由心证原则评价

人类历史上，司法中判定证据证明力的方式有三：神明裁判、法定证据和自由心证。神明裁判作为一种非理性的证据判定方式，是人类社会生产力发展水平极端落后和人类认识能力极度低下的产物。它试图通过超自然的力量来判断证据的真伪和证据证明力的大小，因而具有极大的荒谬性。随着人类社会生产力的发展的和人类社会的进步及人类认识水平的提高，它被淘汰即成为历史必然。而法定证据和自由心证作为同样围绕证据证明力判定而设置的证据判定方式，则由于二者均具有一定的合理性而使人类面临艰难抉择。因此，评价自由心证原则需与评价法定证据制度相结合。

首先，作为法定证据制度的直接对立面，自由心证原则具有巨大的历史进步意义。主要表现在：第一，自由心证原则对于变革旧的司法制度起到了关键作用。自由心证原则的确立，否定了法定证据制度的形而上学的形式主义，废除了刑讯逼供的证明方法，确定了举证责任由控方承担的原则，由此促进了诉讼制度向着民主、科学、文明方向的变革。第二，自由心证原则体现了先进的人道主义精神和法制原则。它抛弃了法定证据制度的封建特权，使被告人获得了辩护权，并确立了当事人诉讼平等的原则，从而使公民的基本权利在法律上得到尊重，符合程序正义和实体正义的要求。第三，自由心证原则使裁判者摆脱了法定证据制度下的理性束缚。它赋予裁判者自由判定证据证明力的权力，充分保障裁判者主观能动性的发挥，使其有可能按照自己的理性和良心对证据的证明力进行自由判断，从而为发现案件事实真相提供了可能性。第四，自由心证原则促进了科学、合理证据制度的建立。它所蕴涵的尊重人类理性、强调认识能力、追求民主文明等内核，体现着时代的要求和人类的智慧，因而具有极强的生命力，推动着证据科学的发展和证据制度的进步。

其次，作为一项指导证据证明力判定的技术规范和思想准则，自由心证原则具有重要的现实存在价值。法定证据虽然有利于防止裁判者的擅断和保证司法的统一，但却存在不能适应发现案件事实需要的致命缺陷。这一致命缺陷导致的实践问题，主要有二：其一，虽然被告人的罪过完全成立并为人们完全确信，但因没有法定的完善的证据，裁判者只好把显然犯罪的嫌疑人当做程度轻重不同的嫌疑人而无罪释放。其二，虽然被告人未实施犯罪行为，但因具有法定的完善的证据证明其构成犯罪，裁判者不能根据结合案件实际得出的主观认识作出裁判，而只能违心地对无罪的人定罪处罚。而自由心证虽然具有可能导致裁判者主观擅断和司法不统一的缺陷，但其有利于发现案件事实真相的优点却是其他证明力判定方式所远远不及的。它可以使裁判者根据证据的具体情况认定案情，符合人类认识的本性，因而更有利于发现真实。由于“自由心证制度正是在有限的证据基础上发现几乎是绝对真实的最有效的途径”，① 而发现真实又是诉讼的重要目的和任务，自由心证原则的存在即为必要。而且，尤为重要的是，自由心证发展至现代，已经演变为相对自由的自由心证原则。在现代自由心证原则中，裁判者判定证据证明力的自由已经受到合理限制，其主观擅断的可能性由此减小。随着科学证据制度的发展，人类对“心证”自由“相对性”的把握将更加合理，自由心证可能导致主观擅断的问题亦将逐渐淡化。

## 第三节　现代“自由心证”的保障和制约机制

现代“自由心证”本身蕴涵保障和制约两个方面的因素。一方面，裁判者判定证据证明力的“自由”和“心证”的合理性必须得到保障，否则将名不副实和缺乏可接受性，且难以发现案件真相；另一方面，裁判者判定证据证明力的“自由”必须受到制约，否则将逾越尺度，可能导致恣意裁判。保障和制约两种力量作用的结果，致使自由心证呈现为徘徊于自由与不自由之间的一种状态——“相对自由”。其中，对“相对”的把握，有赖于保障和制约两种机制的合理设置。

### 一、现代“自由心证”的保障机制

“自由心证”是裁判者的一种认识活动和诉讼行为。因此，裁判者判定证据证明力的自由，包括认识自由和行为自由两个方面。与之相应，对裁判者自由判定证据证明力的保障，包括认识自由的保障和行为自由的保障。二者之间，往往互相交织、互为一体。

---

① 汪建成著：《理想与现实》，北京大学出版社2006年版，第58页。

此外，“自由心证主义之真正意义，指承认其合理性”。[①] 这种合理性，既包括“自由”的合理性，也包括“心证”的合理性。“自由”合理性的保障，包括裁判者认识和行为两方面“自由”的保障；而“心证”合理性的保障，则主要集中于心证结果的可重复性和心证形成的正当性上。由此，“自由”的保障和“心证”的保障存在一定重合；而且，在某种意义上，对“自由”和“心证”合理性的保障，也是一种制约。截然的划分，既无必要，又不可能。

刑事诉讼中，裁判者判定证据证明力的“自由”和“心证”合理性的保障机制，主要有：

(一) 司法独立

司法独立包括司法权独立、司法机关独立和司法者独立三方面的内容。其中，司法者独立又包括职务独立、身份独立和内心独立。职务独立要求司法者独立裁判，不受他人的指示或命令；身份独立要求除法律另有规定外，司法者的身份、职务未经其同意不得被任意改变；内心独立要求司法者保持理性、中立，裁判时不得夹带个人兴趣、爱好等主观因素。诉讼中，裁判者作为司法者的一员，其对证据证明力的自由心证，须以其职务、身份、内心的独立为前提。否则，其心证难免在外力作用下受到扭曲。

司法独立与自由心证的联系是多方面的。其中，自由心证与裁判者独立二者之间，表现为一种直接的联系。在这种直接联系中，司法独立既是自由心证的必然要求，又是自由心证的制度保障，对自由心证的实体正确性和程序正当性具有重要的意义。

首先，自由心证作为一种判断活动，始终离不开裁判者主观上的理性思维。而裁判者主观上的理性思维只能出于本意，才能与其所获的全部案件信息有机结合，并进而得出符合客观实际的结论。“只有实现司法独立，杜绝外来的任何第三人意志的干扰，裁判者才有一个独立的认识事物的空间，才能提高形成心证的准确性。”[②] 其次，裁判者之外的其他任何人都无法像裁判者那样对案件所有证据材料和事实有一个全面的了解，他（他们）仅凭对案件事实一鳞半爪的了解所作的结论难免偏颇。而且，他（他们）还可能受到非理性因素的影响或代表某种利益。“任何一种对法官施加的外在压力，无非是要法官在认定事实或适用法律方面确立一种预决的结论，这种结论要么来自于一种预断、偏见，要么来自于一种非理性的预测，但它们都违反了程

① 陈朴生著：《刑事证据法》，台湾三民书局1979年版，第560页。

② 张卫平主编：《外国民事证据制度研究》，清华大学出版社2003年版，第417页。

序理性原则的要求，不符合认识活动的客观要求和规律。”[①] 而实现司法独立，则能帮助裁判者免受外界的不良干扰和影响。最后，由于法律将判定证据证明力的自由赋予裁判者，裁判者在自由行使其判定权时所作的结论在实质上是否正确即已不是唯一重要的因素。司法独立实际上强化了自由心证结论的权威，在某种程度上为抵御社会的责难提供了盾牌。诚如美国学者波斯纳所言，“司法决定的权威性是因为它们来自一个政治上被认可的源泉，而不是一些被社会赋予了认识上的完全信任的个人都同意这些决定是正确的”。[②]

（二）职业资质

所谓职业资质，是指从事某种职业的人员需要具备的资格和素质。裁判者具有很高的职业资质，是作为复杂认识活动和诉讼行为的自由心证的必然要求。裁判者只有达到职业资质的要求，才能合理地把握心证的自由度和整合多元的利益与价值，从而作出符合客观实际的结论。

职业资质之所以是裁判者自由心证的重要保障，主要在于：自由心证发展至今，对证据的证明力已经由常人可以进行的自然理性判定演变为专家才能进行的技术理性判定。非经严格的专门训练的法律人员，都不具有自由心证所要求的特殊的技术理性。正如美国学者埃尔曼指出的那样，“早期法律秩序通常能在没有通过适当训练而获得实体法规与诉讼程序知识的专家们的情况下得以维持；但是，在现代社会中，随着社会日趋复杂化，法律规范也变得愈来愈具有抽象性和普遍性，因为只有这样它们才能协调组成社会的各种集团的利益与价值，由于同样的原因，解决纠纷或对其可能的解决方式提出建议的工作变得更为困难，更需要专门的训练”。[③] 因此，裁判者只有具备很高的职业资质，才能保障其正确地进行自由心证。

裁判者职业资质的内容，现代世界各国的规定大同小异。1985 年 8 月召开的第 7 届联合国预防犯罪和罪犯待遇大会通过的《关于司法机关独立的基本原则》规定：“获甄选担任司法职位的人应是受过适当训练或在法律方面具有一定资历的正直、有能力的人。”从此规定看，裁判者的职业资质包括三方面的内容：其一，专业资质，即具备法律专业知识，受过法律专业训练。其二，道德资质，即有良好的品德修养，为人正直。其三，综合资质，即有较强的实际工作能力和实际工作经验。目前，不少国家都在执行这一规定。

---

① 张卫平主编：《外国民事证据制度研究》，清华大学出版社 2003 年版，第 425 页。

② ［美］波斯纳著：《法理学问题》，苏力译，中国政法大学出版社 1994 年版，第 105 页。

③ ［美］H. W. 伯尔曼著：《比较法律文化》，贺卫方、高鸿均译，三联书店 1990 年版，第 104 页。

例如，专业资质和综合资质方面，在日本，成为法官必须先经过两次国家统一考试，然后再参加面试。通过考试者进入司法培训中心进行为期一年的培训，合格者方可成为法官；在德国，所有的专职法官必须完成大学法学院的所有课程以及随后的职业培训课程，而且在完成这两类课程后均需通过由州组织的统一考试；在英国，除治安法官以外的所有法官都只能从参加全国四个法学会的律师中任命，刑事法院的法官必须有不少于7年的出庭律师经历，高等法院的法官必须具有10年以上出庭律师经历或者具有2年以上高等法院法官的任职经历，等等。道德资质方面，1983年6月召开的世界司法独立会议通过的《司法独立世界宣言》的如下规定具有广泛代表性：每一位法官均应自主地依据对于事实之判断及法律之了解，公平地决定所系属之事务，不受任何方面及任何理由直接或间接的限制、影响、诱导、压力、恐吓或干涉。

（三）直接审理

直接审理作为一种相对于间接审理而言的审理方式，是指裁判者采用与当事人直接见面的方式进行审理。广义的直接审理，主要包括以下三方面的内容：其一，直接审理。裁判者必须在法庭审理中亲自直接审查证据，亲自听取当事人双方的意见，在此基础上才能作出裁判。其二，集中审理。法庭审判必须持续而集中地进行，一般不得间断，裁判者不得中途更换。其三，言词审理。法庭的审判活动须以言词陈述的方式进行，未经法庭以言词方式提出和调查的证据一般不得作为裁判的根据。

直接审理旨在排除裁判者与原始形式的证据之间的隔阂和中介物。[①] 证据只有以最原始的形式在法庭上提交和展示，裁判者“才能与原始的证据产生直接的联系，从而对各项证据的证明力作出客观的判断和确定”。[②] 换言之，只有通过直接审理，裁判者才能直接接触最原始形式的证据并与之发生直接的联系，其正确心证的形成才有前提和保障。

直接审理对自由心证的保障作用，主要表现在：

第一，裁判者的心证活动是一种基于感性认知的活动。这一特点，决定了裁判者对某一物证或人证要形成正确的心证，必须直接接触和感受作为心证对象的证据材料。否则，难以保证心证的科学性和合理性。采用直接审理的方式，可以保证裁判者直接面对证据材料和当事人，客观判断证据的证明力，从而获得正确的感性认知并进而根据经验法则和论理法则进行分析，最终形成科学、合理的心证。

第二，法庭审理是否集中，事关裁判者心证的形成。法庭审判如果中断，

---

① 参见陈瑞华著：《刑事审判原理论》，北京大学出版社1998年版，第189页。

② 参见陈瑞华著：《刑事审判原理论》，北京大学出版社1998年版，第190页。

裁判者在法庭上对证据所产生的直观和鲜明的印象就会日渐减弱甚至消失，裁判者与证据之间的直接联系就会遭到割裂或中断；而裁判者如果中途被更换，后来参加庭审的裁判者则难以全面了解已经完成的审判活动，对已调查完毕的证据也无法产生直接的印象。在上述两种情况下，裁判者都难以形成正确的心证。采用集中审理的方式，裁判者自始至终参加审判，能够对证据形成连贯的、全面的直接印象，从而为其形成正确的心证提供了有力保障。

第三，口头陈述的生动性、直接性，给予裁判者一种原生的直接印象，并为裁判者提供了询问当事人以把握其真实意思的机会。因此，言词审理可以保障裁判者直接感知作为言词证据载体的口头陈述，并结合直接感知的印象和言词证据的内容，自由判断言词证据的证明力以形成内心确信。诚如我国台湾地区学者林山田教授所言，采用言词审理的方式，“……可使负责审理的法官，一方面，听取言词陈述并且能够察言观色，而得以获取正确之心证，形成确信；另一方面，法官若遇有疑问，即可再加以讯问或命其与其他共同被告或证人口头对质，除可免却误解外，并可使诉讼程序迅速进行”。①

（四）居中裁判

居中裁判也即裁判者中立，是指裁判者对诉讼当事人双方均要保持形式上和实质上的中立，公平地对待双方当事人，对双方当事人的权宜给予平等的对待。美国著名法学家戈尔登指出，“纠纷解决者不应有支持或反对某一方的偏见”，法官中立应当包括三方面的要求：一是任何人不能作为有关自己案件的法官；二是冲突的解决结果中不含有解决者个人的利益；三是冲突的解决者不应有对当事人一方的好恶偏见。②

实践表明，裁判者在偏见引领下所形成的心证的正确性是缺乏保障的。而克服偏见的措施，即在于让裁判者对案件的结果不存任何偏私，恪守中立，不偏不倚。居中裁判作为措施之一，能够帮助裁判者摆脱个人因素和外部因素的困扰，保证裁判者真正自由地判定证据的证明力并形成正确的心证。

首先，居中裁判所要求的回避，为裁判者抵御外界利益干扰和防止内心产生偏见提供了牢固的屏障。回避作为现代诉讼的一项重要制度，是指司法人员如与案件或案件的当事人有某种利害关系或其他特殊关系，可能影响案件公正处理，即不得参加对该案的诉讼活动。它可以帮助裁判者在诉讼中远离利益和私情，始终居于中立地位，保持不偏不倚的心态，相对超脱地、客观地从事诉讼活动，自由地判定证据的证明力并形成内心确信。

其次，居中裁判所要求的预断排除，可以从制度层面上减少裁判者产生

① 林山田：《论刑事程序原则》，载《台大法学论丛》第28卷第2期。

② 参见［美］戈尔登著：《法律哲学》，齐海滨译，三联书店1987年版，第240页。

预断的可能，因而能够有效地排除利益对裁判者的诱惑和防止裁判者在诉讼前产生偏见。现代世界各国都设有预断排除机制，并都规定在庭前审查制度中。尽管做法各异，但其设置的原理却是相同的，即现代心理学所持的下述观点：纠正一种已经确立的看法往往比确立这种看法更为困难。根据这一原理，裁判者在进行诉讼活动前对案情应当一无所知，以保证他（他们）不致形成对案件的任何看法。如果裁判者在诉讼前即已知晓案情，他（他们）对事实的认定即会产生预断。而这种预断往往就是对案件结果先前的预期，容易使裁判者为偏见、利益所困扰，从而丧失客观和中立的立场。居中裁判要求排除预断，即可防止各种力量和因素对裁判者的心证产生事前影响，从而保证裁判者心证的公平性和公正性。

（五）合议制度

“从历史上看，合议有过两重含义：a）同一个职务由多人担任，或者若干职务处于相互间直接权限的竞争之中，相互间有否决权……b）合议的意志形成：只有通过若干人的合作，才能使一项命令合法产生，或者采取多数表决的原则……”① 而在现代社会，法庭审理范围内的合议，是指多个裁判者共同参与案件审理，集体商量、讨论案件的处理问题。② 根据组成人员性质的不同，合议可以分为陪审合议（英美法系的陪审制）、混合合议（大陆法系的参审制）和职业合议（合议庭成员均为职业法官）三种类型。

合议制度为裁判者提供了公正、合理地判定证据证明力的环境，使其心证的客观性得到有力保证。因为，数名法官一起能够比一个法官更全面和更可靠地对案情作出评价。单个法官缺少共同讨论和监督的合作同事。合议庭的讨论、监督和团体合作为裁判的正确性提供了更高的保障。而且，由于“无论法官怎么样，他们总是人，明智的立法者绝不把法官当做抽象的或铁面无私的人物，因为法官作为私人的存在是与他们的社会存在完全混合在一起的。明智的立法者知道，再没有人比法官更需要进行仔细监督的了，因为权势的自豪是最容易触发人的弱点的东西”，③ 裁判者之间的互相制约，也可以从心证形成所需的基础性方面对人的弱点和私人利益等形成钳制，从而保障裁判者心证形成的正当性。

在合议制审理中，左右证明力判定和案件最终处理的主观意志，来自合议庭所有成员或大多数成员的集体心证。它以裁判者个体自由判定证据证明力所形成的心证为基础，以合议庭所有成员或大多数成员心证的不谋而合为

① ［德］马克斯·韦伯著：《经济与社会》（上卷），林荣远译，商务印书馆1998年版，第310页。

② 参见左卫民、汤火箭、吴卫军著：《合议制度研究》，法律出版社2001年版，第11页。

③ ［法］罗伯斯庇尔著：《革命法制和审判》，赵涵舆译，商务印书馆1965年版，第30～31页。

标志，表现为个性与共性的统一。而最终表现形式为非个性的整体意志，则保障了裁判者心证合理性的可接受性。“……合议法庭的设置恰恰也是以其判决的非个性为基础的。在非个性中，一方面是其缘由：在合议庭的不记名多数中，法官隐于法庭之后，他们的判决与共同履行职责的官员的偶然个性无关，但始终具有他们的职务所赋予他们的尊严。在非个性中，另一方面是内容：除了多数努力想拒绝的东西，个性中不是总和，而只是予以表明、参与的心理能量的平均，人们以珍贵的中庸之道将这种个性的特点的窒息归于合议庭，又可视为一种优点。”①

## 二、现代“自由心证”的制约机制

“自由心证”在充分发挥裁判者主观能动性的同时，也有三方面潜在的风险：其一，人的主观思维带有个人感性因素，这是任何人都无法摆脱的人性弱点。诉讼中，裁判者对事实的判定也概莫能外，难免会受其感性因素的影响。而受感性因素影响所形成的心证，极有可能缺乏正确性和合理性。其二，人总是生活在一定的社会关系中，总是实践着的、活生生的、现实的人，他（她）必然会与社会发生各种各样的关系并受制其中。裁判者作为社会的人，在与社会发生关系时难免面临利益的诱惑或权势的强制，存在以权谋私、枉法裁判的可能。其三，任何权力都具有腐化的倾向，“一切有权力的人都容易滥用权力，这是亘古不易的一条经验。有权力的人们使用权力一直到遇有界限的地方才休止”。② 裁判权和裁判者也不例外，同样存在腐化和滥用权力的可能。为防止风险的发生，即须对裁判者判定证据证明力的自由予以必要的制约。这种制约，表现为外在和内在两种形式。

### （一）现代“自由心证”的内在制约机制

现代“自由心证”的内在制约，着眼于证据证明力判定活动本身，是对裁判者判定证据证明力自由的边际和限度的规制。主要包括：

1. 经验法则与逻辑法则

经验法则和逻辑法则作为心证形成的客观基础和依据，是证据证明力判定的最基本的要求。我国台湾地区学者周叔厚指出，“……依自由心证为判断时，其主观上的判断（推论）不合客观上的生活经验法则，即为推测事实，不得作为认定事实的基础”。依经验法则所作的判断为推理，违背经验法则的判断为推测。逻辑法则是刑事上必须遵守之法则，自由心证应合于

① ［德］拉德布鲁赫著：《法学导论》，米健、米林译，中国大百科全书出版社1997年版，第180页。

② ［德］H. 科殷著：《法哲学》，林荣远译，华夏出版社2002年版，第162页。

“论理上之法则”或“本于推理作用为认定犯罪事实之基础”。[①] 我国台湾地区学者蔡墩铭亦指出，非依经验法则和逻辑法则所作判断，乃是一种非法判断。“虽法律对证明力之有无及其程度委由审判官自由判断，唯此非谓审判官可依其恣意而对证据予以评价，亦即其在判断时，仍须遵守论理法则与经验法则，苟有违反，仍非合法之证明力判断。”[②]

在社会生活中，经验法则一般是指人类以经验归纳抽象后所获得的关于事物属性以及事物之间常态联系的一般性知识、经验和常识，而在诉讼证明意义上则是指根据已知事实推导未知事实时能够作为前提的任何一般知识、经验和常识。

经验法则对自由心证的制约作用，主要体现在以下两方面：

其一，从证明力判定的基础和依据上约束裁判者的心证。证据有无证明力，由裁判者基于自己的生活经验、一般知识以及对人类行为与动机的了解，合乎理性地评估事实可能存在或不存在，[③] 也就使裁判者的自由心证受到限制，而不至于随心所欲。换言之，以普通人所具有的常识和逻辑为标准来评价裁判者心证的正确性和合理性，这种评价实际上即构成对自由心证的限制。在经验法则对自由心证的具体制约上，德国学者普维庭的看法颇有见地。他指出，经验法则可以分为生活规律、经验基本原则、简单经验规则和纯粹偏见四类。其中，只有前三类才具有作为认识大前提的资格，才能够对心证产生合理的约束作用。[④] 将普维庭的见解与现代自由心证的原理相结合，不难看出：第一，生活规律是一般属于已经得到数学上的证明，或者符合逻辑，或者不可能有例外的经验的自然、思维和检验的法则，其逻辑结构为：如果A，那么B。它对心证的形成具有直接制约的重要作用：没有生活规律，心证即不可能形成。而且，在许多情形下，它甚至排除自由心证的必要。“当用自然科学的知识可确定一事实时，此时法官的心证即无适用的余地。”[⑤] 第二，经验基本原则具有很高的盖然性，尽管它并不能完全排除例外情形的存在。一般而言，经验基本原则更多来自于生活经验，而且，尽管存在例外的情形但不影响主干。其逻辑结构是：如果A，那么大多数情况下B。在无有力反证的情况下，经验基本原则可以作为判定依据，对心证的形成予以制约。而且，由于数量众多，它对心证形成的制约作用亦较为重大。第三，简单经

---

① 参见周叔厚著：《证据法论》，台湾三民书局2000年版，第363~365页。

② 蔡墩铭著：《审判心理学》，台湾水牛出版社1986年版，第678页。

③ 参见周叔厚著：《证据法论》，台湾三民书局2000年版，第30页。

④ 参见［德］汉斯·普维庭著：《现代证明责任问题》，吴越译，法律出版社2000年版，第155页。

⑤ ［德］克劳斯·罗科信著：《刑事诉讼法》，吴丽琪译，法律出版社2003年版，第121页。

验规则具有较低的盖然性，它仅仅是一种认识的辅助性工具，而不能独立地帮助人们形成确定性的认识。其逻辑结构为：如果 A，则有时 B。尽管如此，它仍然对心证的形成具有一定的制约作用。尤其是在缺乏其他经验法则时，较之无依据的随意擅断，它的辅助作用更为必要。

其二，提供评判心证过程和结果正确性、合理性的客观依据以助社会监督和法律监督。从社会监督上看，“……证据判断行为既系社会行为之一种，则社会对证据证明力评价之一般趋向，自亦对于审判官之判断有所影响”。[①] 裁判者心证形成的过程和结果是否正确、合理，检验的标准之一是体现一般人或一定范围内的人所共有知识的经验法则。社会公众与裁判者在证据证明力判定上所持的依据相同，心证活动才具有可检验性，心证活动的过程和结果的正确性、合理性才可能为社会所接受。具体而言，一方面，社会公众以经验法则对裁判者依据经验法则所为的心证活动进行检验，裁判者必然“有所顾忌”而不敢随意判定或“有所限制”而不能随意判定；另一方面，裁判者以经验法则为心证的依据，可以使其心证活动具有客观性，为社会普通人所理解和认同，从而提高心证结果的可预测性和可接受性。从司法监督上看，经验法则亦是二审、再审检验一审裁判、生效裁判心证是否正确、合理的依据之一。而且，一审、终审的裁判者对经验法则的选择还需符合其他裁判者的一般认识，也即需以“其他裁判者对此一般如何理解”的方式加以甄别。二审、再审对一审、终审心证的这种制约，较之社会监督更为直接、具体。

逻辑法则亦称论理法则，是“人们能够得以进行正确思考所必须依据的法则，相当于数学及逻辑上的法则。逻辑法则主要包括同一律、排他律以及矛盾律等，其主要作用是提供了以经验法则为根据从既知事实推导出未知事实的逻辑推理工具”。[②] 它对自由心证的制约作用主要体现在推理上，即对裁判者的心证提出符合逻辑的要求，以从形式上保障推理过程的正确性。因此，逻辑法则的作用主要是形式性和补充性的，体现在对认识结果的准确性的保障和检验上。“一般推理过程往往依靠思维中内在的逻辑，逻辑法则主要起的是事后的检验作用。与经验法则相比，这种作用更具有形式性、辅助性的性质。”[③]

自由心证作为一种从已知事实推断未知事实的推理活动，理所当然地应当受到逻辑法则的制约。在以直接证据与间接证据相结合形成的证据体系或以间接证据形成的证据体系定案的情况下，自由心证亦存在演绎法中三段论

---

① 蔡墩铭著：《审判心理学》，台湾水牛出版社 1986 年版，第 678 页。

② 张卫平主编：《外国民事证据制度》，清华大学出版社 2003 年版，第 414 页。

③ 王亚新著：《社会变革中的民事诉讼》，中国法制出版社 2001 年版，第 322 页。

式的思维推理过程，即以经验为大前提，证据事实（已知事实）存在为小前提，推导得出案件事实（未知事实）是否存在的结论。由于作为大前提的经验法则具有或然性，这种思维推理本身并不具有大前提必然蕴涵结论的逻辑确定性关系，实质上仅是一个不完全的归纳推理。构成推理前提的内容和归纳的结果，仅仅是盖然性的。因此，逻辑法则虽然在诉讼中被广泛运用，但其对自由心证的制约作用却较小且较间接。详言之，一方面，逻辑法则对自由心证的制约作用往往以经验法则为前提，表现出间接性。前提为真，按照逻辑法则得出的结论即可能为真；前提是假，按照逻辑法则得出的结论即只能为假。另一方面，构成归纳结果或推理前提的内容仅是一种具有一定程度的可能性，裁判者按照逻辑法则进行心证所得的结果因而也只能是一种“盖然性”而非确定性。因此，逻辑法则对心证正确结论的作出并不具有实质性的影响，而只能是对心证结论正确性、合理性的保障和检验。

2. 证明标准

证明标准与自由心证的结果——内心确信的关系极为密切。前者指法律规定的运用证据证明待证事实所要达到的程度；后者指裁判者自由判定证据证明力所达到的心理状态。二者的关系表现为：证明标准是判定内心确信的客观尺度，内心确信应当达到法律规定的证明标准。内心确信属于事实问题，是裁判者通过对事实的评价认为已经达到了证明标准的认识状态；证明标准属于法律问题，是法律规定的检验内心确信是否达到必要程度的客观标准。①

诉讼中，裁判者作出裁判的前提，在于其心证事实符合案件事实。由于心证事实与案件事实无法直接比照，判断心证事实是否为真或心证是否具有合理性，即需设置一种客观评价标准。这种评价标准，即是证明标准。它作为衡量心证是否为真和心证是否具有合理性的尺度，对裁判者的自由心证构成制约。具体表现在：一方面，裁判者只有以证明标准为尺度，才能衡量全案证据是否充分、事实是否已被证明、心证结论是否符合客观实际；另一方面，“当裁判者宣称其内心状态已经达到证明标准的要求时，在客观意义上，该案件是否真的达到了证明标准的要求……构成了对裁判者的有效约束。由此，证明标准问题开始从主观走向客观，并具备了可调控的性质”。② 就此意义而言，内心确信是裁判者适用证明标准进行衡量的结果，而证明标准则是制约裁判者内心确信的手段。正如德国学者普维庭指出的那样：诉讼中，何时可以认为心证已经成立，亦即法官何时克服真伪不明的状态，取决于法律规定的具体尺度——证明标准。如果说自由心证（证明尺度）仅仅限于检测

① 参见［德］汉斯·普维庭著：《现代证明责任问题》，吴越译，法律出版社2000年版，第90页。

② 吴宏耀、魏晓娜著：《诉讼证明原理》，法律出版社2002年版，第206页。

证明是否成功，那么证明标准（证明尺度）则衡量何时证明成功；同时，证明标准也决定对某个具体内容的法官心证，它决定着法官必须凭什么才算得到心证。①

刑事诉讼中，对不同证明对象所采用的证明标准和掌握证明标准的宽严是有所区别的。刑事诉讼中不同的诉讼阶段，适应不同的证明要求可适用不同的标准；影响定罪量刑的主要事实与其他非主要事实可适用不同标准。同时还需注意，罪行的严重程度不同，掌握证明标准的宽严也应有所区别。与之相应，不同的证明标准和掌握证明标准的宽严不同，对自由心证的制约也有所不同。证明标准越高、掌握越严，对自由心证的制约越大；证明标准越低、掌握越宽，对自由心证的制约越小。诚如我国台湾地区学者石志泉指出的那样，裁判者若就某一事项以较高的证明标准衡量，则其心证强；若就某一事项以较低的证明标准衡量，则其心证弱。通常情况下，裁判者应当形成较强的心证；但有特别规定时，形成较弱的心证已足。②

3. 证据规则

广义上的证据规则，是指规定证据收集、证据运用和证据判断的法律准则。根据调整对象和模式的不同，证据规则可以分为规范证据能力的规则和规范证据证明力的规则。前者限制进入心证视野的证据范围，后者约束裁判者的心证自由，都构成对自由心证的制约。“在承认法官（陪审团）对证据价值凭理性和良知进行评判的制度下，证据规则实际上是法律约束法官广泛裁量权的最后防线。”③ 现代自由心证与传统自由心证的区别之一，即在于法官自由裁量证据的行为受到法律规则尤其是证据规则的制约。

规范证据能力的证据规则对自由心证的制约，主要表现在对心证对象范围的限制上。“为防止陪审先入为主，或受社会舆论之影响，或误用推理之经验法则，或迷于被告之社会的地位或经历，或惑于被告之巧辩，致有偏见或涉及感情或专断之弊，乃就可以使用为证据范围加以限制，即就证据之许容性设其严格的规则，以保障证据之证明力。”④ 这种限制的合理性，体现为发现案件客观真实与遏制违法收集证据二者的平衡。诉讼中，一方面，为发现案件事实真相，必然要求将所有证据材料作为裁判者心证的对象。所有证据材料都成为心证的对象，裁判者即能全面了解案情，进而使其心证结果符

① 参见［德］汉斯·普维庭著：《现代证明责任问题》，吴越译，法律出版社2000年版，第90~91页。

② 参见石志泉著：《民事诉讼法释义》，台湾三民书局1987年版，第287页。

③ 宋英辉、吴宏耀：《外国证据规则的立法及发展》，载《人民检察》2001年第3期，第60页。

④ 陈朴生著：《刑事证据法》，台湾三民书局1979年版，第249页。

合或接近案件真实。“因此，在证据能力上的无限制就成为自由心证的必然要求”；[①] 另一方面，为保障人权、维护正当程序和提高诉讼效率，必然要求将没有关联性的证据材料、采用严重非法手段收集的证据材料排除在心证的对象之外。因此，对心证对象的范围予以必要的限制亦是现代自由心证的必然要求。正是这种证据能力上的无限制要求和有限制要求相冲突所达到的平衡，才使得心证对象被控制在合理的范围内，从而使心证的“自由”具有相对合理性。

规范证据证明力的证据规则对自由心证的制约，主要表现在两方面：其一，裁判者进行自由心证时，基于职业道德的要求和自身判定的需要，必然要依据法律规定的证据规则来判定证据的证明力。“……如果法律本身已规定得十分详尽而明确，直接适用法律规则就可以认定案件的事实或解决纠纷，法官就不得以所谓行使‘自由裁量权’来对抗规则的适用……如果对规则的适用并不能得出唯一正确的答案，法官只能在法律规定的可能性下进行选择。”[②] 在这种情况下，裁判者的心证自由显然受到根本性的制约。其二，“……证据规则的‘制约性功能’，意味着受诉讼裁判影响的当事人及负有监督法官审理的特定机关对于法院在庭审过程中或裁判结果中违反证据规则的行为或结论得以提出异议并有效地加以变更。由于现代证据规则往往都是排除性规则，当事人或上诉审法院如果发现法官在心证形成过程或心证结果中有违反证据规则之事项，一般能够比较容易地通过行使异议权或审判监督权来纠正法官的心证错误”。[③]

应当指出，除证据规则外，法律对证明力判定还有一些关于自由心证原则的例外规定。例如，对被告人沉默的评价，许多国家的法律都规定裁判者不得自由评价，而须受法律的约束。如此规定的理由在于，“法律赋予被告缄默的权利，便是赋予被告‘开启’或‘关闭’以被告陈述之证据方法的主动权利，被告固然得以保持缄默而‘关闭’此种证据方法，使法官无法从‘被告自白’此一证据方法获得任何资讯内容；但是，倘若被告依其自由意思选择陈述，则是‘开启’此种证据方法，同时也‘开启’法院自由评价其证明力的路径”。[④] 再如，许多国家的法律规定，他罪判决已对本案实体事项予以确定的，产生实体确定效力，裁判者不得自由评价。德国刑法第 390 条规定，对侮辱罪，如果被指控的犯罪事实已经有罪生效判决的确定，审理该

---

① 张卫平主编：《外国民事证据制度研究》，清华大学出版社 2003 年版，第 420 页。

② 程春华主编：《民事证据法专论》，厦门大学出版社 2002 年版，第 245 页。

③ 程春华主编：《民事证据法专论》，厦门大学出版社 2002 年版，第 274 页。

④ 林钰雄著：《严格证明与刑事证据》，台湾学林文化事业有限公司 2002 年版，第 134 页。

侮辱案的法院须受该生效判决的约束，而不得自由评价，等等。

（二）现代“自由心证”的外在制约机制

现代“自由心证”的外在制约机制，着眼于证据证明力判定活动外部，是关于裁判者证据证明力判定活动的程序性、条件性规制。主要包括：

1. 证据裁判

证据裁判原则是一项关于依据证据认定事实的诉讼原则。它的基本含义包括三方面：第一，认定事实必须依据证据，其他任何东西都不是认定事实的根据；第二，证据必须以具有证据能力为前提，不具有证据能力的证据材料不得作为裁判的依据；第三，证据必须在法庭上出示，并经质证、认证，方可作为裁判的依据。①

诉讼中，证据裁判是自由心证的必要前提和基础，对自由心证起着至关重要的制约作用。主要表现在：首先，无证据即无心证。自由心证原则作为一项证据证明力判定的原则，与证据的存在与否有着根本联系。没有证据，该项原则即因没有判定对象而失去存在意义。“……证据之证明力，虽许法院本其自由心证而为判断；但证明力之判断，以有证据之存在为前提。苟本无证据，自无依其心证自由判断其证明力，而为认定犯罪事实之依据。”② 其次，证据裁判的结果对自由心证的进行具有直接的影响。“证据裁判主义不仅要求法官必须依证据而为事实之认定，而且对于一定之证据限制法官为自由心证，如无证据能力、未经合法调查、显与事理有违或与认定事实不符之证据，不得作为自由心证之证据。”③ 而这些“一定之证据”被裁判予以排除，必然影响心证对象的范围大小，并进而可能对心证的结果产生影响。最后，证据裁判提供了检验自由心证是否合法、合理的程序标准。证据是案件事实发生后遗留下来的事实的片段，裁判者对案件事实的重构只能依据这些片段。臆想、猜测或依据其他任何形式的材料所作的认定，都属于空口无凭，都不可能保证认定的正确性。只有依据证据认定事实，才能保证认定的事实符合或接近案件真实，才能为社会所检验和接受。

值得注意的是，在具体案件中，证据裁判对自由心证结果的影响大小，并不一定且并不需要与在案证据的数量多少成正比。正确心证的作出，凭借的是证据的质量而非证据的数量。实践中，存在裁判者进行心证以数量占优的证据为依据的现象。这种现象虽较普遍，且看似合情合理，但实际潜伏着较大风险。因为，在有罪证据与无罪证据两种不同性质的证据并存的情况下，

---

① 参见［日］田口守一著：《刑事诉讼法》，刘笛等译，法律出版社2000年版，第217页。

② 陈朴生著：《刑事证据法》，台湾三民书局1979年版，第14页。

③ 蔡墩铭著：《刑事诉讼法论》（修订版），台湾五南图书出版公司1993年版，第428页。

数量较少的证据并不一定就不能证明案件事实。当数量较少的证据与案件事实的关联性较之数量较多的证据更为密切时，前者的证明力显然大于后者的证明力，应当成为心证的依据。诚如我国台湾地区学者蔡墩铭所言，“无论其为有罪证据或无罪证据，其予审判官印象最深者，当为其所含之数量，例如有罪证据为十，无罪证据为五，则多数之审判官不免认定被告有罪。……此从审判官形成心证之经过以观，属于普遍之现象。……然而以证据之数量决定有罪或无罪最不可缺之条件，为所提出证据必须属于同一性质，倘双方所提出之证据不同其性质，则仅以证据之多寡，而为心证形成之依据，则其所形成之心证，易生问题。证据愈多，对于心证形成之妥当性虽愈加提高，惟倘对于证据之性质不加考虑，一味相信证据之数量，则此种心证之不正确性，显而易见”。①

此外，还需注意两方面的问题：一是证据裁判对自由心证的制约，并不意味着裁判者心证的任何内容都可在控辩双方收集的证据中找到根据。众所周知的事实、生效裁判确认的事实、法官履职中知晓的事实、法律和法规的内容、控辩双方不存异议的程序事实、法律规定的推定事实等，都可以直接作为心证的材料，而无须控辩双方举证。二是法官的私知不得作为其心证的根据。所谓法官私知，是指法官在诉讼外所获得的关于具体事实的认识。这种认识并不必然具有客观性和普遍性，而且与司法中立的要求也有所不符，因而不能用以制约心证。“盖因仅在就具体的事实根据私知以下裁判之情形，始有害于裁判之客观性与公平性。而经验法则之存在为抽象的事实，乃客观、普遍之知识，故无此等弊害。因此，关于经验法则，纵属法院在诉讼外获知者，亦可不等当事人之主张或请求（毋宁谓法院有于诉讼外积极的探知经验法则之义务），而予以援用。”②

2. 上诉制度

上诉制度所确立的上诉审立法模式，包括复审、续审和事后审三种。三种模式下，法官都可能对初审认定的事实进行审查。在涉及事实审查的上诉审中，上诉审法官对初审法官关于证据判断和事实认定的过程和结果的审查，实际上是一种检验。这种检验以维持原判、直接改判、发回重审为载体，因而对初审法官的自由心证具有重要制约作用。

上诉制度对自由心证的制约作用，主要表现为对初审法官在认定事实时产生一种观念上的制约或者说间接性的制约。初审中，由于主客观方面的原因，法官的心证过程和结果可能存在错误。正如美国学者保罗·卡林顿所言，

---

① 蔡墩铭著：《刑事诉讼法论》（修订版），台湾五南图书出版公司1993年版，第680～681页。

② 蔡墩铭著：《刑事诉讼法论》（修订版），台湾五南图书出版公司1993年版，第680～681页。

"负责作出初审决定的法官，……他有限的视野及其有限的反思机会，使之难以和他的同事成功地契合运作。个人见解的自鸣得意和争出风头也是格外的障碍；即便是那些勤勉敬业、富有自律性的法官，也不时会因其自我偏见的介入而陷入困境之中。审理法官对于个人之间的日常诉讼处在独一无二的权威位置，他的妄自尊大也会给其司法工作带来职业上的损害"。① 而纠正初审错误的上诉制度的设置，客观上是以一种事后监督的方式对初审法官形成威慑，使其不敢和不愿主观擅断和枉法裁判。同时，上诉审改判所确立的原则、规则和对某些具体问题的认识、做法，也对初审法官的自由心证具有一定的制约作用。一般情况下，初审法官在其个人意志与上诉审意见不一时，都会服从于上诉审。尤为重要的是，上诉审的止纷、纠错、监督、造法功能是通过裁判形式发挥的。因此，上诉制度对自由心证的制约具有法律性、制度性和权威性。

需要指出，在功能上与上诉制度类似的再审制度，也对自由心证具有一定的制约作用。它通过撤销或者变更生效的裁判，能够对前面审判环节的法官形成威慑和压力，促使其正确行使裁判权力，尽量预防和降低偏差，克服偏私和擅断，控制或者减少心证的随意性，确保心证结果的正确性。但是，与上诉制度相比较，它对自由心证的制约作用更为间接。而且，因再审启动较难，法官对再审推翻其生效裁判的顾忌并不大，其心证受再审制度的约束也较小。

3. 心证公开

心证的过程不仅是认识的过程，而且是诉讼的过程。在此过程中，涉及的问题包括判断的依据、适用的法律、正当的程序等客观要素。公开这些客观要素，一方面，可以控制和引导裁判者有理由、有根据地进行心证活动，从而有效地防止其主观擅断，保障其心证过程和结果的合理性；另一方面，可以为社会提供检验心证是否合理的标准和途径，从而有利于社会监督，保证裁判者的心证过程和结果具有可接受性。

传统自由心证除公开心证结果外，对心证的过程和理由不予公开，致使审判活动具有一定的秘密性和神秘性。这一特点，与自由心证确立时人们关于解除理性禁锢、保障法官心证自由的强烈要求密切相关，因而在当时具有一定的合理性。但是，它却存在不利于裁判者自我约束和不利于社会进行有效监督的重大缺陷。现代自由心证摒弃了传统自由心证的秘密性和神秘性，主张实行具有公开性的自由心证，即一种具有开放性质的心证和公开的心证，

---

① 转引自汤维建著：《美国民事司法制度与民事纠纷程序》，中国法制出版社 2001 年版，第 510 页。

包括心证条件的开放、心证过程的开放、心证结果的公开及心证结果监管机制及其监管结果的公开,[①] 由此促进了公开审判原则在诉讼中的具体落实,为当事人明白裁判的依据和法理提供了必要途径,有助于社会对裁判者的心证活动进行有效监督。

心证公开对自由心证的具体制约作用,主要表现在以下两方面:第一,心证过程公开,可以限制裁判者随意左右诉讼进程,保证诉讼参与人适时进行监督,实现诉讼程序的正当性。心证的过程,是从证据的提出到对证据的调查、辩论,再到对证据的采信并用以证明、认定案件事实的过程。在此过程中,程序的正义以及心证活动的合法性、合理性,应当以“看得见的形式”实现。否则,难以避免裁判者由于主客观的原因而导致的程序违法、悖理和失当。公开心证过程,将裁判者的心证活动置于社会监督之下,必然会对裁判者产生警戒作用,限制其诉讼行为的随意性。第二,心证结果和理由公开,实际上意味着公开描述裁判者判断证据证明力、认定案件事实的心理活动。“它一方面是自由心证这种抽象活动的外在表现,为当事人以及全社会的评价提供了直接的对象;另一方面又是对司法者自由心证的正当性的有效制约和有力辩护。”[②] 诉讼中,心证理由的公开主要借助裁判文书形式。在裁判文书中公开心证理由的机理,主要在于:一方面,具有正当性的判决应当为公众所接受,“而公众对于司法的信任至关重要。缺乏公众信任的司法体系,无法有效行使自己的基本职能。如果无法维持公众对司法体系的高度信任,则会出现人们忽视司法判决,藐视司法体系的恶果。而法官对公众恪尽职责最基本的方式,就是公开判决的推理过程”。另一方面,“在大多数情况下,对作出判决原因的理性阐述会反映出法官公正与否。当然,也可能有不够客观的法官通过公开非真实的原因而隐藏其对案件的偏见。但在事实全面且可供审查的情况下,为判决提供虚假推理会受到诸多限制”。[③] 这种限制,既可使裁判者基于对后果的担心而不敢、不愿滥用自由心证权利,又可使社会对裁判者心证活动的监督真正落到实处。

需要指出,公开心证的理由,应当限于公开裁判者心证理由的理性部分。对裁判者心证理由的非理性部分,不宜强求公开。理由在于:公开心证的理由从根源上讲是现代理性主义的要求。这一要求针对的对象是理性,内容为

---

① 参见叶自强:《从传统自由心证到现代自由心证》,载《诉讼法论丛》(第3卷),法律出版社1999年版,第386页。

② 汪建成著:《理想与现实》,北京大学出版社2006年版,第95页。

③ 参见[澳]斯贝格尔曼著:《人权、法治与判决书推理》,载《人民法院报》2000年1月1日。

"对观点、意见或结论提供证据"。[①] 而心证的形成并非纯粹的理性过程，其间夹杂着非理性因素的作用。因此，对心证中的非理性因素不能一概要求提供依据、详述理由。否则，即是要求用理性的方法表达非理性的内容，与现代理性主义的要求相悖。此外，从诉讼效率和裁判实际看，一概要求公开心证的非理性因素，也缺乏必要性和可行性。"……实际上，审判官心证系由整个调查证据过程所形成，而其形成过程难以用文字表达之情形，并不罕见……"[②]《日本刑事诉讼法》第 335 条第 1 款规定，"在作有罪的宣告时，应当指明构成犯罪的理由、证据目录及适用的法令"，其根据即在于"在自由心证主义下说明心证形成过程实有相当的困难及法官负担减轻"。[③] 当然，不宜强求公开并非一律不予公开，能够公开的也应尽量公开。而且，在证据的公开上，除对少数案情简单、罪行较轻、被告人认罪的案件可以证据目录的形式公开外，对其他案件仍应公开证据的种类、内容及其对案件事实的证明作用。

## 第四节　我国大陆地区应否实行现代自由心证原则的思考

前面已经提及，作为一种证据证明力判定方式，自由心证在我国诉讼中一直存在。但是，作为一项法律原则，自由心证在我国的命运却较为坎坷：清末修律，才正式引入；至近代国民党政府时期，始以法律形式正式确立；在现代，大陆地区的法律制度中难觅踪影，只有在港澳台地区依然存在。

尤其令人费解的是，虽然大陆地区实践中实行的是自由心证，而且裁判者心证的自由度远大于其他国家和地区，但大陆地区的法律和法学却并不承认现代自由心证原则。这种"只做不说"的现象，是否意味着对现代自由心证原则的默认？倘若不是，如何解释实践中的做法？倘若是，为何不以法律形式予以确认？凡此种种，委实值得思考。

### 一、刑事证据证明力判定的立法、司法现状

从立法上看，现代我国大陆地区的法律没有关于自由心证的明文规定。

① 张世铨：《理性的命运》，载《自然辩证法研究》1990 年第 1 期。转引自龙宗智著：《刑事审判制度研究》，中国政法大学出版社 2001 年版，第 422 页。

② 笔者在审判实践中深感如是。实践中，有时存在直觉的、感性的判断。对这种判断，要公开理由的确勉为其难。黄东熊著：《刑事诉讼法论》，台湾三民书局 2002 年版，第 477 ~ 478 页。

③ ［日］松本时夫、土本武司编：《条解刑事诉讼法》（增补版），第 719 ~ 720 页。转引自叶自飞著：《刑事诉讼自由心证主义之研究》，台湾"国立"政治大学 2001 年硕士论文（未刊），第 165 页。

但是，在司法解释和省级司法机关的规范性文件中，却可以见到体现现代自由心证原则要求的规定。例如，2002年4月最高人民法院颁行的《关于民事诉讼证据的若干规定》第64条规定：“审判人员应当依照法定程序，全面、客观地审核证据，依据法律的规定，遵循法官职业道德，运用逻辑推理和日常生活经验，对证据有无证明力和证明力大小独立进行判断，并公开判断的理由和结果。”这一规定，与现代自由心证原则的典型表述基本一致，可谓司法解释对现代自由心证原则的确认。再如，2005年4月四川省高级人民法院、四川省人民检察院、四川省公安厅颁行的《关于规范刑事证据工作的若干意见（试行）》第34条第1款规定，“人民法院根据已有证据，确信证明被告人有罪已经达到事实清楚，证据确实、充分程度的，应当作出判决”。这一规定，强调法官判定证据证明力形成的内心确信必须达到事实清楚、证据确实充分的程度，也体现着现代自由心证原则的精神。

从司法上看，现代我国大陆地区的刑事、民事、行政诉讼中，由于法律对证明力判定并未加以规定，而是将对证据证明力的判定权实际上赋予裁判者，裁判者实际上普遍地实践着现代自由心证原则。正如学者们指出的那样：“我国目前的证据制度属于‘自由证明’类型，因为法律并未事先确定任何类别证据的证明力，而交由法官自由判断”。“……目前我国采用的证据制度基本上属于‘自由证明’的范畴，尽管我国法律中也有‘严禁刑讯逼供’和‘未经当事人同意私自录制的录音资料不得作为证据使用’等规定。由于我们多年来一直宣称我国采用的是‘实事求是的证据制度’，一直强调在运用证据时要坚持‘具体问题具体分析’的原则，因此我国的司法人员在运用证据认定案件事实时确实享有很大的自由裁量权，足以让外国的法官们羡慕。”①“实际上只要法律不对各种证据的证明力进行预先规定，法官就应有自由理性地对证据证明力加以判断的权力，诉讼中就贯彻着自由心证的原则。”②“我国民事审判的实际运作过程可以看到，我国法官享有极大的自由裁量权，可以说我国民事法官所奉行的是一种‘超自由心证主义’。”③“……我国法官司法审理中的自由心证做法处于一种‘只能作，不能说’的灰色暧昧的境地。”④“不论大陆学者如何解说，其判断证据方式是实事求是，讳言自由心证主义，但在审查分析比较各个证据后所为之事实判断，在不采法定

---

① 何家弘、龙宗智：《证据制度改革的基本思路》，载《证据学论坛》（第1卷），中国检察出版社2000年版，第126～127页。

② 卞建林主编：《刑事证明理论》，中国人民公安大学出版社2004年版，第282页。

③ 叶自强著：《民事证据研究》，法律出版社1999年版，第6页。

④ 张卫平主编：《民事证据制度研究》，清华大学出版社2004年版，第515页。

证据之情形下，仍须视各个法官之学识经验与智慧行之，最后仍落入自由心证主义之原则内，在非难自由心证之余，仍难免受自由心证主义之影响。”①笔者作为一名资深法官，亦深以为然。

上述证据证明力判定的立法、司法现状表明，现代自由心证在我国大陆地区已经在“实然”状态中存在，并且已为司法解释所确认。以法律形式确认现代自由心证原则，已经具有一定的基础。而促成由实践“实然”状态到立法“应然”状态的关键之一，在于能否厘清观念，统一认识并影响社会。否则，在自由心证上，立法将会因缺乏理论指导而迟迟不能表态，“只做不说”的现象将长期难以改变，“实然”化的操作将会继续缺乏法律上的依据。如此，不可不谓一大遗憾！

## 二、应否确认现代自由心证原则的争议及评析

20 世纪 50 年代始，大陆地区学界对应否确立现代自由心证原则展开了旷日持久的争论，并在 50 年代后期和 80 年代初期形成两次高潮。21 世纪初，持赞同意见者的研究更加深入和广泛，并对司法解释和司法实践产生了直接影响；而持反对意见者也对本方以前观点进行了某些修正，但变化不大且影响较小。目前，总体上看，在法学界和实务界，赞同确立现代自由心证原则的意见占主导地位；反对者多持折中态度，并不完全否定现代自由心证原则。

正反两方的观点及其依据，为研究现代自由心证原则提供了丰富的素材。从史料看，这些素材主要见于 20 世纪 50 年代后期、80 年代初期和 21 世纪初期的教学科研刊物上，观点为肯定和否定两种，理由阐述均较为充分。

肯定者的理由主要为：第一，审判员的内心确信是其对于证据事实和案件事实所下结论的正确性和可靠性的信念。这种信念的形成过程是审判员意识中反映和认定一定的客观存在的实际事物的过程。以审判员的内心确信（心证）来判断证据，是确定案件事实的重要保证。审判员只要能坚定地站在无产阶级立场上，以唯物主义观点、辩证的方法去判断证据，就能得出符合客观事实的正确结论。第二，论者所主张的内心确信原则，是建立在辩证唯物主义思想基础之上的。法官根据占有的充分证据材料，经过全面综合分析，从本质上找出事物之间的内在联系，在判明案件证据实质真实的前提下所形成的内心确信，是对客观事物的正确反映和认识，不存在任何主观唯心主义成分，也不存在任何主观随意性的因素。第三，贯彻落实司法机关独立

---

① 杨建华著：《大陆民事诉讼法比较与评析》，台湾五南图书出版公司 1992 年版，第 61 ~ 62 页。

行使职权的法律规定和要求，内心确信是诉讼制度上的保证之一。审判员对所承办案件的证据和事实的判断，如果不能形成内心确信，就会被动、犹豫，人云亦云，被假象所支配。因此，确立内心确信原则，是加强社会主义法制的现实需要。[①] 第四，“为了保证审判人员认定的事实与客观事实相符合，审判人员必须拥有自由判断的权力，这是近代以来法治国家刑事证据法的根本思想。在这种思想指导下，自由心证成为近现代各国共同奉行的基本原则”。[②] 第五，“自由心证原则的产生和存在并不需要以有法定证据制度传统为前提”；“自由心证原则并不违反辩证唯物主义认识论关于主客观相一致的原理，完全符合实事求是原则的精神”；“……明确采纳自由心证原则，并实事求是地规定一些合理的限制措施，应当成为完善我国刑事证据法和审判制度的一项重要内容”。[③] 第六，认为自由心证制度是“不可知论”的观点是对辩证唯物主义认识论的误读。“……辩证唯物主义的可知论是从人类整体上，在无止境的世代更迭中所具有的对客观世界的无限认识能力或所能实现的终极认识目标上来说的，而不是说我们的每一次具体的认识活动都能发现或达到绝对真理”，只要根据人类的经验法则，对事实做到高度盖然性的认识，这种认识就达到了法律应当予以认可的程度。[④]

否定者的理由主要有：第一，自由心证是资产阶级革命时期，相对于欧洲中世纪封建诉讼中的法定证据制度而产生的。我国从未有过法定证据制度，也没有建立西方资产阶级模式的国家政权。因此，我国不存在产生“自由心证”的历史条件，没有必要在诉讼上规定实行自由心证判断证据的原则。第二，自由心证只凭法官、陪审官的“良心”、“理智”和“灵感”，完全陷于主观唯心主义。虽然它也要求根据事实进行判断，但判断的结论都是不受客观实践的限制和检验的。因此，它与我国判断证据所坚持的辩证唯物主义的指导思想、原则不相符合，不能认识案件的客观事实。第三，“自由心证”是与法官、陪审官独立进行审判、只服从法律的制度相适应的，它与我国实行的法院独立进行审判的制度不相适应。第四，用自由心证来反对法定证据制度，是从一个极端走向另一个极端，是片面的，不符合诉讼中运用证据的规律。[⑤] 第五，自由心证是资产阶级法官的主观唯心主义世界观在判断证据问题上的反映；是以不可知论为哲学基础的；是主观主义审判作风的思想根

---

① 参见樊崇义主编：《刑事诉讼法学研究综述与评价》，中国政法大学出版社1991年版，第192页。

② 王洪俊主编：《中国审判理论研究》，重庆出版社1993年版，第191～196页。

③ 王洪俊主编：《中国审判理论研究》，重庆出版社1993年版，第191～196页。

④ 张卫平主编：《民事证据制度研究》，清华大学出版社2004年版，第511～512页。

⑤ 张卫平主编：《民事证据制度研究》，清华大学出版社2004年版，第190～191页。

源；它和其他资产阶级民主形式一样都是资产阶级专政的工具，是不可用的。[①] 第六，采取自由心证的裁量方式，可能导致当事人对这种方式办案不理解、不接受，当事人不清楚法官为什么不认定这份证据而认定那份证据，不明白该案为什么不赢，容易引起当事人上诉、申诉，影响社会稳定，增加诉讼成本。第七，法官行使自由心证的裁量权，不仅要求法官对法律条文全面的理解，还要具备较好的法学理论基础，才能使法律知识更好地运用到实际办案上，目前法官的整体素质还达不到这种程度。[②]

综观数十年的争议情况，不难发现：第一，20 世纪 50 年代后期和 80 年代初期的争议，主要集中在自由心证原则的阶级性上，即它是否为资产阶级的法律原则。显然，这是离题的。因为，作为一种关于证据证明力判定方式的原则和人类在发展过程中的共同智慧结晶，自由心证从来就不是，也不可能是哪一阶级的专利。前苏联和东欧社会主义国家适用自由心证原则，我国大陆地区的实践中采用自由心证方式，即是最有力的实证。第二，20 世纪 50 年代后期和 80 年代初期的争议，受所悉国外相关信息量较小的影响，无论是正方还是反方，都未对传统自由心证原则向现代自由心证原则的转变予以足够的关注，论述时都不自觉地将二者予以混淆，致使关于自由心证是否存在弊端的争议缺乏针对性、现实性和必要性。而实际上，自由心证原则确立后不久，即一直在向客观化发展，心证的“自由”就受到必要的制约。传统自由心证存在的弊端，在很大程度上已为现代自由心证原则所防止。第三，21 世纪初的争议，正反两方的分歧已经不在是否确认上。反方的意见已趋折中，主要是质疑采用自由心证原则的条件是否成熟，而非否定确认自由心证原则，如认为“目前法官的整体素质、执法水平与法官行使自由心证裁量权还有一定的距离”，[③] “不承认自由心证作为判断证据的原则，并不等于不承认司法人员在审查判断证据时确实有一个内心确信或者说信念的问题”[④] 等。“因此，根本不存在是否承认自由心证原则的问题，问题仅仅在于如何贯彻它。”[⑤] 第四，两种情况值得注意：一是仍有不少人将自由心证误读为由法官绝对自由的、无根据的判断，纠正这种错误的任务十分艰巨；二是“……当前理论中存在着一种危险的倾向。即主张将证据判断这一自由领域纳入到法

---

① 参见霍震：《“自由心证”不是我国判断证据的原则》，载西南政法大学图书馆编：《刑事诉讼证据论文选集》（1983 年），第 360 ~ 366 页。

② 参见毕玉谦主编：《司法审判动态与研究》（第 1 卷第 2 缉），法律出版社 2002 年版，第 19 页。

③ 毕玉谦主编：《司法审判动态与研究》（第 1 卷第 2 缉），法律出版社 2002 年版，第 19 页。

④ 樊崇义主编：《刑事诉讼法学研究综述与评价》，中国政法大学出版社 1991 年版，第 202 ~ 203 页。

⑤ 汪建成著：《理想与现实》，北京大学出版社 2006 年版，第 98 页。

律的范畴，有的提出设立证据规格，有的提出对证据的效力进行规定，有的提出某某类案件的最低指控证据标准等，这些主张忘记了自由心证的精神，而离法定证据的死胡同相距不远”。[①]

### 三、我国应否确认现代自由心证原则的思考

我国大陆地区在自由心证上“只做不说”的做法，存在重大弊端。首先，由于立法未确认现代自由心证原则，司法中对证据证明力判定采用自由心证方式即缺乏法律依据，制度上既没有也不可能建立严密、有效的合理制约心证“自由”的机制。其次，由于前一问题的存在，实践中实际上贯彻的是不同主体个人理解上的自由心证原则，裁判者在判定证据证明力上存在较大的恣意空间，可能导致错误裁判或枉法裁判。

对上述弊端，人们虽已有清醒认识，但在采取何种克服方式上却存在较大争议。有人主张，与其默认实践中的自由心证现状，不如以法律形式明确认可现代自由心证原则，从而保证自由心证“自由”的相对性；有人认为，我国大陆地区确认现代自由心证原则的条件尚不成熟，可暂不实行现代自由心证原则，而在实践中采取合理限制裁判者“自由”的措施；有人建议实行法定证据制度以抑制裁判者的主观随意性；有人提出建立以自由心证为主、法定证据为辅的制度以规范证明力判定，[②] 等等。

笔者赞同以法律形式确认现代自由心证原则，理由如下：

首先，现代自由心证原则符合诉讼活动认识规律的要求。一方面，在诉讼活动中，裁判者凭借经验和直觉的判断占有相当重要的地位。这种判断，往往无法预先制定规则予以规范，而需由裁判者根据案件具体情况灵活进行。对证据证明力的判定，尤其如是。“司法实践告诉我们，案件的具体情况常常以出人意料的方式发生，因此证据证明力的判断也难有一定之规。若企图以一个无所不包的规则体系完全摒弃被视为不可靠的人的判断，其结果往往事与愿违。……正如波斯纳所说：‘被调整的活动越具有流动性，它就越不可能完全为规则所控制。’规则先天具有的这一弱点，使它在丰富多彩的事实问题面前一筹莫展。”[③] 现代自由心证原则基于规则的弱点和判断的特点，要求裁判者根据案件的具体情况，通过自己的知识、经验、道德等去认识证据的证明力，符合人类认识的本性，有利于发现案件真相。另一方面，在唯

---

① 汪建成著：《理想与现实》，北京大学出版社 2006 年版，第 99 页。

② 参见毕玉谦主编：《司法审判动态与研究》（第 1 卷第 2 辑），法律出版社 2002 年版，第 6～35 页。

③ 江建成著．《理想与现实》，北京大学出版社 2006 年版，第 80～81 页。

物主义认识论看来，人的认识和它所反映的客观存在具有一致性，人能够在自己的思想、表象和概念中再现现实世界，即人的认识可以提供客观世界的正确图像，人具有认识客观世界的能力。人类具有共同的认识能力，不同的人对某一具体问题的判断可以作出大体一致的结论。这种理念，为自由心证提供了重要的理论依据。正是因为人具有认识客观世界的能力且这种能力为人们所共有，自由判断证据的证明力才成为可能和必要。具体而言，“在一切国家里，在一切立法制度下，罪证都是属于事实的范围；借以发现罪证的概念和推理是相同的”，① 诉讼中需要判定的证据都是一定的。基于共同的认识能力，人们在相同证据事实基础上作出的判断往往会不谋而合。尽管这种不谋而合也许无法用语言予以明确表述，但只需达成一种心领神会的默契，即会具有合理性和可接受性。可见，就人的认识能力而言，赋予裁判者判定证据证明力的自由，是完全必要而且可行的。此外，根据马克思主义的认识论，在认识活动中，主观的人的活动仍然是客观的，认识的客观内容通过人的活动表现出来，二者是辩证统一的。② 现代自由心证原则将证明力交由裁判者自由判定，充分发挥其主观能动性；同时要求判定必须以客观证据为基础，必须遵循经验法则和逻辑法则。它在证据证明力判定方式上强调主客观的结合，是完全符合马克思主义认识论的主客观统一原理的。

其次，现代自由心证原则是人类历史发展的必然。现代诉讼具有查明事实、保障权利、定纷止争等多重价值。多重价值发生冲突时，人们必然面临选择。从人类诉讼的历史发展看，在证据证明力判定问题上，法定证据制度虽能抑制裁判者的恣意裁判、保障司法的确定性，但却不利于发现案件客观真实；传统自由心证制度虽有利于发挥裁判者的主观能动性、发现案件客观真实，但却给裁判者留下了主观擅断的较大空间；二者各有利弊。选择的方向，在于寻求建立一种既能保障裁判者判定证据证明力自由的有效空间，又能制约其恣意擅断的合理机制。现代自由心证原则正是这种合理机制的充分体现。它既保障裁判者判定证据证明力的自由，又对这种自由予以必要的制约，从而既有利于发现案件客观真相，又能有效地抑制和防止裁判者的恣意裁判。历史表明，传统自由心证取代法定证据，现代自由心证取代传统自由心证，是人类诉讼发展的进步和必然，具有充分的正当理由。主要在于：现代自由心证原则既承认证据证明力判定过程的主观性并且尊重这种主观性，又承认诉讼中可能存在主观臆断并且主张以合理限制“自由”来抑制和防

---

① ［法］罗伯斯庇尔著：《革命法制和审判》，赵涵舆译，商务印刷馆 1965 年版，第 25 ~ 26 页。

② 参见李秀林、王于、李淮春主编：《辩证唯物主义和历史唯物主义原理》，中国人民大学出版社 1991 年版，第 184 ~ 198 页。

止，因而具有科学性和合理性。对此，英国学者乔纳森·科恩曾经有过如下一段精彩论述：“道德和政治上的理想倾向于证明的自由，因此，在实践中每个与该理想相背离的做法都必须有自己的正当理由。另一方面，主张对证据实行严格规制的观点在现代社会条件下也同样是一种不切实际的空想，因为根据现代知识可能构成对某一特定争议事实的可接受性证明或反证的证据材料，实在是种类繁多且非常复杂。在此，偏爱纯理想的观点也可以用来掩盖绝大多数论文中所具有的可操作性上的缺陷。也许只有一种一般性的道德和政治理念会偏爱对证明的规则，而自由证明则在各个领域和层面上都有其正当理由。”①

最后，确认现代自由心证原则的条件和基础已经具备。主要表现在：第一，现行法律规定的审判独立、法官职业化、证据裁判、证据补强、证明责任、控辩式诉讼模式、公开审判制度、回避制度、合议制度、上诉制度等，即是心证“自由”的保障和制约机制，为规范实践中实际存在的自由心证行为和立法确认现代自由心证原则提供了法律依据和法律基础。尤为重要的是，最高人民法院《关于民事诉讼证据的若干规定》第64条的规定，虽然并未直接使用“自由心证”一词，而且只是关于民事诉讼的一项司法解释，但它提出的要求与现代自由心证原则的表述基本一致而且已经在实践中得到贯彻，并对刑事诉讼、行政诉讼产生了较大影响。由上可见，立法确认现代自由心证原则并无法律体系上和司法实践上的障碍。第二，从司法实践看，裁判者实际普遍地实践着现代自由心证原则，积累了大量的相对自由判断证据证明力的经验。这一现实，既为立法确认现代自由心证原则提供了有力的实证，也为贯彻执行现代自由心证原则提供了坚实的现实基础。第三，经过多年的法官职业化教育和培训，法官的成分已经发生较大改变，整体素质已经大为提高，绝大多数法官已经具备自由心证所需的法律知识、逻辑思维、审判经验和社会阅历。心证主体的这种变化，无疑也是立法确认现代自由心证原则的一项佐证和依据。第四，随着诉讼证据理论研究的深入，法学界对现代自由心证原则的认识更加准确、全面。而是否确认现代自由心证原则的争议，也逐渐呈现出非根本性分歧和大同小异的态势。总体上看，确认已近共识，分歧仅在于文字表述上是否使用“自由心证”一词以及采用哪些措施来抑制、防止裁判者恣意裁判。法学界在确认现代自由心证原则上形成的确认共识，扫清了观念上的障碍，为立法确认现代自由心证原则提供了充分的理论依据，同时也为社会各个方面认同该项原则做好了理论准备。

---

① ［英］乔纳森·科恩：《证明的自由》，何家弘译，载《外国法译评》1997年第3期，第1页。

综上所述，我国以法律形式确认现代自由心证原则，具有重要的现实意义和历史意义。它使实践中普遍实施的自由心证行为名正言顺，真正具有了法律依据和法律地位，同时有利于建立一系列抑制和防止心证恣意的制约机制以结束司法实践中的“超自由心证”状态，实现保障心证自由和制约心证恣意的平衡；有利于促进证据制度乃至整个诉讼制度的完善，确保查清事实、保障权利、定纷止争等诉讼目的的实现；有利于提高法官的素质和地位，培养其分析判断证据的能力，促使其审慎认证、公正裁判。

从基本国情出发，结合司法实际，借鉴国外做法，我国法律对现代自由心证原则的规定，应当包括以下几方面的内容：第一，建立保障审判独立的有效机制，赋予心证主体——裁判者对证据证明力的自由判定权；第二，确立证据裁判原则，未经法定程序调查、没有证据能力的证据材料，不得作为认定案件事实的依据；第三，要求裁判者进行心证必须依据职业道德、经验法则和逻辑法则，心证结论的作出需以达到证明标准为前提；第四，采取公开心证过程、结果及心证形成原因的具体措施，除法律另有规定外，心证形成的原因须在裁判文书中叙明；第五，设置足够的心证形成前、形成中、形成后的保障和制约机制，既保障法官心证形成的自由，又制约法官心证行为的恣意。

# 第四章　刑事证据证明力判定的规则

刑事证据证明力判定虽大多涉及事实问题，原则上应由裁判者自由进行而一般无须法律、规则约束，但由于判定主体的人性弱点以及在判定活动过程中存在利益价值的冲突和证据、事实认定上的矛盾等，仍需设置一定的规则以防止裁判者主观臆断和保证判定的准确性。在这些规则中，绝大多数是关于证据能力的规则，作用在于限制裁判者自由判定证明力的判定对象范围，对证明力判定自由的限制具有间接性，从严格意义上讲，它们并非证明力判定的规则；① 少数是关于证明力的规则，内容为对某些特殊情况下的证明力不实行自由心证而由裁判者依照法律规定判定，它们对证明力判定自由的限制具有直接性。本书所言刑事证据证明力判定规则，即指后者而非前者。

## 第一节　刑事证据证明力判定规则与原则的差异

研讨刑事证据证明力判定的规则，难免涉及规则与原则的关系问题。其中，对规则与原则差异的研究尤为必要，有利于纠正理论界和实务界存在的将规则与原则混淆、混用的偏向，同时也有助于人们在规则与原则发生冲突时进行恰当选择或寻找适当平衡。

### 一、刑事证据证明力判定规则的概念及特征

在社会日常生活中，“规则”一般是指“规定出来供大家共同遵守的制

---

① 制约心证“自由”的因素是多种多样的，有内部的，也有外部的；有心证形成前的，也有心证形成中和形成后的，等等。并非凡是对心证“自由”具有制约作用的，都是证据证明力判定的规则。例如，合议、审判公开、回避、直接言词、集中审理、上诉等，都只是保障或制约心证“自由”的制度，而非证据证明力判定的规则。

度或章程”,[1]“……亦指共同遵守的办事章程”。[2] 而在法律领域，人们给规则所下的定义则有所不同。例如，《布莱克法律大辞典》解释，规则是指一种确定的标准、指南或者规范。[3]《牛津法律大辞典》解释，规则是“关于某些事项的法律规定的陈述，通常比学说或原则更加详细和具体”。它既可以由成文法规定，也可以由普通法规定。[4] 在我国，一般认为，法律规则是法的主要组成部分，它规定权利、义务及其法律后果，是司法活动中应当遵守的行为准则。

按照我国法理学上通行的理论，法律规则由假定、处理、制裁三部分构成。假定是指适用规则必须存在的一定情况；处理是规则本身的具体规定，主要规定应当做什么、可以做什么和禁止做什么，制裁则是指违反规定应当给予何种处罚。根据不同的标准，可以将法律规则分为强行性规则与任意性规则、授权性规则与义务性规则、调控性规则与构成性规则、确定性规则与非确定性规则、规范性规则与标准性规则。在国外，亦有人将法律规则分为形式规则（程序法规则）与实质规则（实体法规则）、次要规则与主要规则。例如，《牛津法律大辞典》对法律规则进行了如下划分：“规则有不同种类，确认性规则、实体法规则和程序法规则之间存在实质性的差别。确认性规则决定一项陈述是否是法律规定，或是道德规范，或是风俗习惯，或是其他非法律之物。实体法规则则陈述人的权利和义务。程序法规则规定履行权利和义务的手段及获取补偿的手段。”[5]

综上可知，刑事证据证明力判定规则是刑事法律的重要组成部分，它对刑事证据证明力判定活动予以规范，是司法机关和诉讼参与人必须遵守的行为准则。

刑事证据证明力判定规则作为一项法律规则，主要具有以下特征：

第一，刑事证据证明力判定规则是经验法则的反映。德国著名法学家马克斯·韦伯指出，分散的、具有特定意图的无数社会行动会趋向于某些常规范式。规则的基础就是社会行动中所具有的常规性，即人们反复作出类似的行动；规则能为人们的行动提供一种“导向”，即引导人们选择某一类行为

---

① 中国社会科学院语言研究所词典编辑室编：《现代汉语词典》，商务印书馆 1997 年版，第 474 页。

② 广东、广西、湖南、河南辞源修订组、商务印书馆编辑部编：《辞源》，商务印书馆 1991 年版，第 1552 页。

③ Black's Law Dictionary (fifth edition), West Publishing Co., 1979, p. 1195.

④ 参见《牛津法律大辞典》，光明日报出版社 1989 年版，第 790 页。

⑤ 参见《牛津法律大辞典》，光明日报出版社 1989 年版，第 790 页。

方式；规则中体现着一般化的社会心理（包括情感、传统和道德等）。[①] 刑事证据证明力判定规则的产生，完全印证了上述论断。各国普遍认同的证据补强规则、原始证据优先规则（最佳证据规则）等证明力判定规则，无一不是来源于人们在司法实践中经常运用的发现事实真相的经验法则，都经历了由个人行动到集体反复类似行动、再到总结、提炼出体现一般化社会认知的常规范式的过程。这些规则，"……若详细加以观察，其实不外乎，将法官于认定事实时通常所用之若干经验方法，加以定型化而变为法律而已"。[②] "……所谓的证据规则，就是经过实践检验，被立法者筛选、固定的经验。证据法的立法过程，实际上就是一个从经验到规则的过程。"[③] 正是因为反映了经验法则，刑事证据证明力判定规则才具有保证判定准确性和合理性的作用；同时，依据规则所进行的判定活动过程以及作出的判定结论才具有可接受性。

第二，刑事证据证明力判定规则具有强制的效力。这种效力"……是法律的形式理性所具有的基本含义之一：它要求司法活动遵循预先确定的一般性规则，并且以内在于规则体系的标准来审理案件，而不是根据个别案件的具体情况来'就事论事'"。[④] 诉讼中，刑事证据证明力判定规则具有约束力，裁判者判定时必须遵守，否则，其判定行为会构成违法，不能产生预期的法律效果。而这种约束力的直接作用，一是具体性的，即裁判者可以直接从规则中知道自己应当做什么、可以做什么和不能做什么；二是限制性的，即对某些情况下的证据证明力判定，由裁判者依照规则进行而不实行自由心证。刑事证据证明力判定规则具有强制效力的特征，使其与法庭或公共机关根据成文法授权制定的章程、法庭在诉讼或程序中所作的指令有所不同。区别主要在于：在强制效力的范围上，前者及于同类的所有案件，后者仅及于个案和个别情况。

第三，刑事证据证明力判定规则具有明显的程序性。主要表现在：就具体的判定规则而言，裁判者依照规则所作出的判定，往往决定着诉讼程序的运行，同时也为适用实体法提供了必要的事实要件。例如，单一的人证（被告人供述、被害人陈述、证人证言）如果得不到其他证据的补强，按照补强证据规则的要求，则该人证不能作为定案的依据。在此情况下，从程序上讲，

---

① 参见《韦伯：法律与价值》，上海人民出版社2001年版，第57页。

② 陈荣宗：《民事诉讼之立法主义与法律政策》，载《法学丛刊》第140期，转引自江伟：《证据法若干基本问题的法哲学分析》，载《中国法学》2002年第1期，第68页。

③ 范愉、徐继军：《从经验到规则》，转引自《证据学论坛》（第8卷），中国检察出版社2004年版，第573页。

④ 参见《韦伯：法律与价值》，上海人民出版社2001年版，第105页。

诉讼即将终止；而从实体上看，则可能判决被告人无罪。显然，诉讼终止这一结果，在具有明显程序意义的同时，也为实体处理提供了必要的事实依据。此外，刑事证据证明力判定规则的程序性质，还表现在规则的实施性内容上。一般说来，程序规则至少应当包括实体性和实施性两方面的内容。前者规定应当做什么、可以做什么和不能做什么，后者则规定如何实现前者的具体措施、方法、步骤等。从程序法的含义看，刑事证据证明力判定规则的实施性部分显然具有明显的程序性质。

第四，刑事证据证明力判定规则具有抽象性。这一特征，体现在标准性规则上。在法理学上，根据形式特征的不同，规则可以分为规范性（实体性）规则和标准性（实施性）规则。前者具有完整、明确的“假定”、“行为模式”和“后果模式”，可以被直接适用而无须解释或细化；后者仅仅提供一个抽象的判断标准，缺乏完整、明确的可操作的内容，具有一定的伸缩性，适用上需要根据具体情况加以解释或细化。前者如《美国联邦证据规则》规定的最佳证据规则，该项规则对原件的定义、提出要求、是否具有证据能力、与复制件的证明力大小比较以及公共记录、摘要的证据能力、证明力等都有明确规定，可以直接适用；后者如我国《刑事诉讼法》第46条规定的口供补强证据规则，该项规则仅规定只有被告人供述，没有其他证据补强的，不能认定被告人有罪和处以刑罚，而对需要哪些证据补强、如何补强、补强至何种程度方可作出判定则未作规定，适用上尚需解释和细化。刑事证据证明力判定的这种抽象特征，给裁判者解释、细化标准性规则留下了一定的自由裁量空间，同时也导致标准性规则与规范性规则在具体适用过程中存在较大差异。

## 二、刑事证据证明力判定规则与原则的差异

按照《牛津法律大辞典》的解释，法律原则和规则没有固定的或确切的意义和用法，都是指法律规范的种类，只是通常在对法律规范的表述范围和普遍性程度上有所不同。“‘原则’一般指对众多的较具体的简单陈述、法律适用进行论证、统一和解释，并作为更细一步的法律推理的权威前提的普遍性规范……‘规则’一般指比较专门和具体的规范，用来规定某种法律事实的特定法律后果。”① 可见，法律原则是法的“灵魂”，法律规则是法的“细胞”，二者不可分割，同时又在表述范围和普遍性程度上存在差异。

刑事证据证明力判定的规则和原则亦是法律原则和法律规则。它们作为

---

① 参见《牛津法律大辞典》，光明日报出版社1989年版，第533～534页。

刑事证据法律规范的基本要素，都因具有规范性这一法律的基本属性而成为裁判者判定行为的准绳和裁判文书的直接或间接依据，二者存在密切关系。同时，它们也存在以下主要差异：

第一，内在本质上的差异。在刑事证据法律的结构体系中，刑事证据证明力判定规则和原则的差异从本质上均源于它们在法的结构体系中的不同层次性。美国学者罗斯科·庞德指出，原则是指用来进行法律推理的权威性出发点，而规则则指的是以一个确定的、具体的法律后果赋予一个确定的、具体的事实状态的法律律令。[①] 可见，原则和规则在法律结构体系中存在层次的高低之分。刑事证据证明力判定的原则作为刑事诉讼“规范性的思想准则”，体现着正义、秩序、安全、自由等价值的内在要求。它在实现法律价值目标方面所提供的是一种“可操作的规范性法律原理”，作用在于以其宏观的指导性和较宽的调整范围对裁判者的判定行为进行调节和规范，因而在刑事证据法律结构体系中居于较高层次。而刑事证据证明力判定规则作为一种主要用以保障和体现刑事证据证明力判定原则的操作规程，它所蕴涵的法律价值要求和思想容量远远小于刑事证据证明力判定原则，因而在刑事证据法律结构体系中处于较低层次。

第二，适用效力上的差异。“一般认为法律原则比法律规则更普遍，而法律规则比法律原则更具体或特殊。”[②] 在刑事证据证明力判定规则和原则的适用上，原则对判定行为具有一般指导作用，但未为裁判者提供具体的行为模式，如果没有规则的保障，它自身难以发挥有效的规范作用，而且它虽在一定情况下必须为人们所考虑，但其自身并不一定能解决问题；规则则直接约束判定行为，为裁判者提供明确、具体的行为模式，具有较强的可操作性。正如美国学者德沃金所言，当规则和原则与个案发生关联时，它们各自的效力特征存在差异：就某一规则而言，或者完全适用于该案件（有效）、或者完全不适用该案件（无效），除此之外，别无他种情形的可能。就某一原则而言，即使该原则并未决定该案的判决结果，但是此原则仍然对于案件产生某种影响，而非处于无效的状态。[③] 总之，刑事证据证明力判定的规则与原则相比较，在适用上，原则的适用范围大于规则，规则产生的效力较原则具体。

第三，与例外关系的差异。刑事证据证明力判定的原则居于刑事证据法律规范体系的较高层次，它要对一般性和普遍性的关系予以协调，因而是有

---

① 转引自沈宗灵著：《现代西方法理学》，北京大学出版社 1992 年版，第 300～301 页。

② 参见《牛津法律大辞典》，光明日报出版社 1989 年版，第 717 页。

③ 参见陈景辉：《原则、自由裁量与依法裁判》，载《法学研究》2006 年第 5 期，第 122 页。

例外的。详言之，原则的内容和要求仅适用于一般情况，作为例外的特殊情况可适用与原则内容和要求完全相反的规则。而刑事证据证明力判定的规则处于刑事证据法律规范体系的较低层次，它确立了较为明确的权利、义务和责任，因而大多数没有适用的例外。德沃金曾经指出，从理论上讲，规则必须将全部例外列举出来，以便进行补充说明，补充越多，特定规则的表述就越准确。简言之，由于规则的所有例外都可列明，所以规则与相反的事例无法共存。然而，原则却是可以同与其相反的事例共存的，因为原则的内容如此宽泛，以至于即使将例外列举出来也不会使得原则的表述更为准确或更为完整。德沃金的这段论述，在指出规则与原则同其例外关系存在差异上确有独到见地，但也存在明显缺陷。实际上，由于原则可能成为规则的例外，并且原则的反例无法穷尽，规则的例外即难以穷尽，规则即有少数例外而非所有均无例外。当然，这里所说存在例外的少数规则，一般是指标准性规则而非规范性规则。

第四，解决冲突上的差异。刑事证据证明力判定的规则之间、原则之间发生冲突时，裁判者解决规则冲突和解决原则冲突的方式存在重大区别。“在若干个原则发生冲突时，人们必须根据具体情况对这些原则所体现的价值加以权衡，这种权衡的根据是居于这些相互冲突的原则之外的更一般、更核心的原则或更高层次的法律价值。相反，两个法律规则一旦发生冲突，决定其中一个有效另一个无效的根据一般是处于更高层次的法律原则。”① 在德沃金看来，由于确定程度的差异，规则之间的冲突会展现为逻辑悖论，此时必然是一个有效另一个无效。当原则之间矛盾时，并不会产生逻辑悖论，也并不会产生某一原则无效的结果。所以，如果两个相互冲突的规则对于同一案件均予以支持时，规则或者被改变、或者被废止；而原则之间的冲突，并不需要付出“某一原则无效”之类的代价。或者说，规则之间并不存在合乎逻辑法则的交叉情形，而原则之间的交叉却是符合逻辑法则要求的。②

## 第二节 刑事证据证明力判定规则与原则的冲突及协调

毫无疑问，“规则的适用在确定性方面确实能够给人比标准和原则更大的安全感，它有助于我们克服对于无序状态的恐惧。因此，规则无疑是目前最符合‘法定’理念要求的一种规范形式”。③ 这一点，正是我国近年来关于

① 陈瑞华著：《刑事审判原理论》，北京大学出版社1998年版，第123页。

② 参见陈景辉：《原则、自由裁量与依法裁判》，载《法学研究》2006年第5期，第122页。

③ 孙远著：《刑事证据能力导论》，人民法院出版社2007年版，第165页。

证据证明力判定规则的司法解释大量出台和司法实务界强烈要求制定更多证据证明力判定规则的重要原因之一。

然而，在刑事证据证明力判定规则的制定上，绝非“多多益善”；在具体适用上，也并非不分规则的具体情况而一概排斥刑事证据证明力判定原则的指导。因为，刑事证据证明力判定的规则与原则在立法要求和具体适用中存在较大冲突。这种冲突，事关裁判者心证“自由”空间的大小和现代自由心证原则适用范围的宽窄。如果规则设置过多或适用不当，势必难以实现保障心证自由以追求客观真实与制约心证自由以防止恣意裁判二者之间的平衡。

## 一、刑事证据证明力判定规则与原则的冲突

在人类诉讼史上，对证据证明力的判定先后出现过两种截然相反的做法，即法定证据和自由心证。实际上，法定证据制度的核心内容，即是关于证据证明力判定的规则，包括“公式化的证据证明力规则”、“形式化的证据证明力规则”、“等级化的证据证明力规则”和“野蛮化的证据证明力生成规则”。[①] 尽管法定证据制度早已被自由心证原则所取代，但由于该项制度具有抑制、防止裁判者恣意裁判的作用，别外，某些规则亦是司法经验的正确总结等合理性，它仍在一定范围内以一定的规模与自由心证原则并存。这种状况是现代自由心证原则的必然要求，具有存在的现实理由和充分依据。

由于各自的价值综合指向截然相反，并存于证明力判定中的判定规则和原则发生冲突或存在冲突的可能即在所难免。具体而言，刑事证据证明力判定规则与原则的冲突，表现在以下两个方面：

第一，立法要求上的冲突。人类历史上，对是否用法律规则来规范裁判行为，曾经长期存在争议，出现过“规则怀疑论”和“规则控制论”两种观点。前者以20世纪30年代美国现实主义法学家卢埃林为代表，他对“纸面上的法律规则”能指引法官进行判决表示怀疑，[②] 认为“法律确定性只是一个‘基本法律神话’……尤其是对现代社会来说，更不可能有一套包罗万象和永恒不移的规则。……法官的判决是从他的‘预感’出发的。法律规则固然是产生这种‘预感’的一个因素，但还有许多复杂的因素，即法官的特征、品性、偏见和习惯等，或泛称为法官的‘个性’。由于法官个性是司法的核心，法律就可能取决于碰巧负责处理某一具体案件的法官的个性”。[③] 后者在现代英美法系国家中具有一定影响，认为采用法律规则将增加法律确定

① 参见汪建成著：《理想与现实》，北京大学出版社2006年版，第52~54页。

② 参见《中国大百科全书》（法学卷），中国大百科全书出版社1980年版，第638页。

③ 参见《中国大百科全书》（法学卷），中国大百科全书出版社1980年版，第145页。

性，从而减少诉讼的数量，而且还能让每个法律诉讼都更短、更简单。美国著名法官理查德·A. 波斯纳指出，“现代法院钟情上诉审查标准反映出，在一个案件负担沉重的时代，置法官于规则控制之下的自然趋势。……这种新出现的强调‘规则控制’（的现象）……不仅可以从联邦司法活动的实质层面看到，而且可以从联邦司法活动的程序层面或制度层面看到……上诉法院、特别是最高法院有确立规则而不是标准的倾向”。①

“规则怀疑论”否认人的理性认识能力，认为人不可能制定出能够赶上社会生活发展变化、具有确定性的法律规则，因而在司法裁判上应当实行绝对裁量主义；“规则控制论”将人的理性认识能力绝对化，认为凭借人的理性完全可以建构一个完备的法律规则体系，因而在司法裁判上应当完全依照规则进行。显然，“规则怀疑论”和“规则控制论”都是片面的、极端的。人类具有理性但是理性有限，已是人们的共识。这一特征，“……决定了我们不可能通过建构一个完善的证据规则体系来约束裁判者的自由裁量权，然而裁判者的自由裁量权又不能不受约束”。② 正如波斯纳指出的那样，一方面，明确的规则是形式正义的要求——它有利于保障同样情况得到同样对待，并且又增强了法律结论的可预测性。但另一方面，规则的稳定性又使其在复杂多变的现实面前力不从心，而原则、标准则给予事实审理者——法官或陪审团——更多的裁量权，去对更多的事实进行发现、权衡和比较，从而推动实质正义的实现。③ 可见，在现代社会，设置规则和将规则控制在适度的范围内都是必要的。

既然如此，以法律形式确立适度的刑事证据证明力判定规则即成为必要。而如前文所述，证明力判定规则实际上又是法定证据制度未被淘汰的余留部分和根据司法实践需要的新增内容。这样一来，历史上互相对立的法定证据制度和自由心证原则之间的矛盾冲突也就自然延续至现代。现代自由心证原则包括两层含义：一是赋予裁判者对证据证明力的自由判定权，二是对裁判者的自由判定权给予必要的制约。第二层含义虽然具有制定限制证明力判定规则的要求，但从原则的重心看，第一层含义是最基本的要求，第二层含义是其配套的措施。因此，从根本上讲，现代自由心证原则对规则亦持排斥态度。它与传统自由心证原则在此处的区别，只不过是不完全排斥，而对规则

---

① 参见《中国大百科全书》（法学卷），中国大百科全书出版社 1980 年版，第 187、188、394 页。

② 史立梅著：《程序正义与刑事证据法》，中国人民公安大学出版社 2003 年版，第 121 页。

③ 参见［美］理查德·A. 波斯纳著：《法理学问题》，苏力译，中国政法大学出版社 1994 年版，第 57 页。

具有一定的容许性而已。另外，证据证明力判定规则的主旨之一，在于规范裁判者的判定行为，约束其依照规则判定而不得自由判定。显然，这与现代自由心证原则的最基本的要求是格格不入的。

第二，具体适用中的冲突。刑事证据证明力判定规则与原则在具体适用中的冲突，表现为规则类型中的标准性规则与原则的冲突。标准性规则仅仅为裁判者判定证据证明力提供抽象标准，而缺乏完整、明确的可操作内容，适用上仍需裁判者根据具体情况自由裁量。这样，在规则内部，抽象标准的约束要求即与自由裁量的自由要求发生冲突。这种冲突虽然发生在规则内部，但由于规则对自由裁量空间的预留是证据证明力判定原则要求的体现，因而也就是证明力判定规则与原则的冲突。换言之，刑事证据证明力判定规则与原则的冲突，表现为内含于规则中的证明力判定原则的自由精神与规则中另一部分关于约束裁判者判定行为的要求之间的冲突。

刑事证据证明力判定规则与原则在具体适用中的冲突，与学理上所说的规则加裁量权情形类似。所谓规则加裁量权，是指在适用于一般情况的确定性规则之后附加一个在特定情况下适用的比较抽象的标准或原则，从而为裁判者留出一定程度的裁量空间。二者都给裁判者留下自由裁量的空间，区别仅在于后者在留下自由裁量空间的同时，还为自由裁量行为的实施提供标准或原则。

刑事证据证明力判定规则与原则在具体适用中的冲突，较其在立法要求上的冲突轻缓，容易为人们所忽略。原因在于：裁判者执行规则的确定性部分后自由裁量或依据规则后附的标准、原则自由裁量，大多数情况下，前后行为及其结果之间并无相互影响。只有在自由裁量或依据标准、原则自由裁量的结果与规则确定性部分的执行发生矛盾时，裁判者才会予以关注，才会想法去解决冲突。但是，冲突无论重急还是轻缓，都会对裁判者产生一定影响，因而都不能等闲视之。

## 二、刑事证据证明力判定规则与原则冲突的协调

刑事证据证明力判定规则与原则的冲突是在所难免的。实践表明，“法治既意味着规则的统治，也意味着人的统治。在历史上任何一个法制体系中，法律规则与自由裁量都是共生共存的”。[1] 正如美国学者罗斯科·庞德指出的那样，“没有一个法制体系能够做到仅仅通过规则而不依靠自由裁量来实现正义，不论法制体系的规则系统如何严密、如何具体。所有的实施正义的过

---

① 王锡锌：《自由裁量权基准：技术的创新还是误用》，载《法学研究》2008 年第 5 期，第 43 页。

程都涉及规则和自由裁量两方面”。[①] 因此，任何试图将法律规则和自由判定二者之一逐出刑事证据证明力判定的努力，都是非理性的、徒劳的。

协调刑事证据证明力判定规则与原则的冲突，主要涉及两个问题：其一，如何界定心证自由的适度范围；其二，如何寻求并维持冲突双方的平衡。前者主要涉及立法，后者主要涉及适用。

在立法要求上，判定规则与自由裁量是一种此消彼长的关系。判定规则愈多、愈完备，裁判者心证自由的空间愈小，反之，判定规则愈少、愈粗略，裁判者心证自由的空间愈大。而裁判者心证自由的空间过大，可能导致或放纵其恣意裁判，从而出现错误裁判或枉法裁判；裁判者心证自由的空间过小，又可能扼杀或束缚其理性能力，从而影响发现案件客观真实。关键在于，裁判者心证自由的空间应当适度。

裁判者心证自由空间的适度，从理论上讲，应当以既能保障裁判者自由心证，又能抑制裁判者恣意裁判为标准，在保障与抑制二者之间维持平衡。由于抑制裁判者恣意裁判的力量除来自规则外，还有大量来自证据裁判、预断排除、公开审判、辩论主义、合议制度、回避制度、上诉制度等内外部制约机制，建立保障与制约的平衡机制，即应将规则和其他内外部制约机制共同形成的限制力量作为制约的方面，而将现代自由心证原则的自由要求、裁判者的主观能动作用及有关保障机制作为保障的方面，在二者之间协调、实现相对平衡。总的原则是，在规则设置上，一定要以不妨碍适度自由心证为前提。正如我国学者指出的那样，“实际上，现代社会出于控制法官恣意认定事实的考虑，仍然需要一些规范证据证明力的证据规则。但究竟需要制定哪些规范证据证明力的规则，则应以不损害‘自由证明’的根本精神为前提。这是我国在进行证据立法和构建证据规则时必须把握的一条原则。只有这样，我们才能防止迈入非理性的‘法定证据’制度的老路”。[②]

“不损害‘自由证明’的根本精神”，必然对刑事证据证明力判定规则的立法提出性质和数量上的要求。从性质上看，立法确立的规则应当尽可能不从根本上、整体上否定自由心证的判定原则，而只是将其作为原则的例外；从数量上讲，立法所确立的规则的数量应当控制在原则例外的范围内，也即数量极少。这一点，已为世界各国的证据立法所验证。各国关于证据证明力判定的规则屈指可数，仅有原始证据优先规则（最佳证据规则）、证据补强规则、审判笔录特信规则等。据此，我国实务界普遍强烈要求制定证据证明力判定规则的现象，确有逆世界潮流而动之虞，应当引起足够的重视。

---

① R. Pound, Jurisprudence, Harvard University Press, 1959, p. 355.

② 宋英辉、吴宏耀：《外国证据规则的立法及发展》，载《人民检察》2001 年第 3 期。

在具体适用中，判定规则与原则发生冲突时，裁判者应当适用判定规则。理由在于：第一，“依法裁判”、“法官受法拘束”是各国普遍确立的法制原则。刑事证据证明力判定活动必须以一个可供裁判者遵循的法律标准之存在为前提，并通过依据该标准而持续受到约束。违反判定规则所实施的行为和所得出的结论，都因具有违法性而丧失法律效力。有法不依的后果，必然是法制的破坏和法制权威的丧失。第二，“裁判者在规则情形下的自由选择空间，远远小于原则情形。更为重要的是，在与规则冲突时适用原则的做法，往往会引发法律秩序整体危机：一方面，在冲突中选择原则会摧毁由规则的确定性，进而动摇法律秩序整体的确定性，另一方面，还会破坏由规则的确定性引致的裁判的可预测性与可评价性，使之成为武断和神秘笼罩的领地”。①

但是，适用判定规则，也并非一概排除自由裁量。刑事证据证明力判定规则中的标准性规则仅仅为裁判者判定证据证明力提供抽象标准，缺乏完整、明确的可操作内容，适用上仍需裁判者根据具体情况自由裁量。此外，无论多么详细的规则，都无法穷尽证明力判定中的所有问题，都永远赶不上社会生活的发展变化，因而都给适用者留有自由裁量的空间。在抽象标准的要求与裁量自由的要求发生冲突时，或者在规则尚未规定的事项需要自由裁量时，裁判者满足何种要求或如何自由裁量，关键是对规则与原则所含的价值进行权衡。

如何权衡刑事证据证明力判定规则与原则的价值?

首先，应当明确规则与原则的价值为何。刑事证据证明力判定原则的价值，主要体现在发现案件真相和约束诉讼权力两方面。这两方面的价值，除都具有保障最终裁判“真实性”的作用外，还具有以公正程序保证公民平等自由权利的作用。刑事证据证明力判定规则的价值，因规则而异。规则的价值中，最具普遍意义的是准确、公正、和谐与效率。② 因此，刑事证据证明力判定规则的价值，即可能是规则四大价值中的某一、某些或全部。应当注意的是，裁判者判定证据证明力的主要正当理由，在于发现案件事实真相，以使其对案件事实的主观认识符合客观实际情况。因此，在权衡面临的各种价值中，发现案件事实真相居于基本的、主要的地位。

其次，应当讲求权衡价值大小的方法。美国大法官特雷纳曾将证据法的价值或分析方法分析如下：“（1）清楚地辨别已提供的证据和正在提出的争

---

① 参见颜厥安：《规则、理性与法治》，载《台大法学论丛》2002 年第 33 卷第 2 期。

② 参见张保生：《证据规则的价值基础和理论体系》，载《法学研究》2008 年第 2 期，第 126 页。

议。（2）清楚地辨别可能适用的证据规则。（3）弄清该规则旨在保护的价值，即该规则的目的。（4）弄清在该规则制定背景中将受其决定影响的其他价值。（5）预测可能适用的各种规则在适用和不适用两种情况下的价值影响。（6）在适用该规则将服务于其旨在保护的价值，并且对其他价值产生最少消极影响时，对其加以选择并适用”。[①] 上述方法，无疑可资借鉴。

## 第三节 国外刑事证据证明力判定规则考察

从世界各国的证据立法看，刑事证据证明力判定规则很少。原因在于：对证据证明力判定，各国均采自由心证原则，证明力判定规则作为该项原则的例外，自然数量很少。至于有哪些刑事证据证明力判定的规则，国内学者众说纷纭。论述提及的规则，大致有最佳证据规则、证人证言排序规则、书证优先规则、数量规则、审判笔录特信规则、相关性规则、推定规则、司法认知规则、补强证据规则、自白规则、证明标准规则等。其中，最佳证据规则、补强证据规则是普遍认同的证明力判定规则。

### 一、英美法系的最佳证据规则

最佳证据规则又称原始文书规则，是英美法中最古老的证据规则之一。它起源于17世纪，盛行于18、19世纪，是英国普通法上自中世纪由产生、发展到鼎盛时期的一个诉讼上的产物，标志着普通法上的古代证据制度的成熟。根据我国台湾地区学者李学灯的考证，该项规则源于英国17世纪的一个判例。大法官霍特（Holt）在审理Ford v. Hopkins一案时称，“出示由被证明事物本质决定的最佳证据是唯一的要求”。这一证据采纳的精神，后被吉尔波特概括为最佳证据规则。在此后的一段时间内，该规则被认为是唯一的证据规则，[②] 产生了极为深远的影响。英国大法官哈德威克勋爵在1745年审理一起案件时即曾指出，“法官和立法的先哲们所制定的唯一证据通则是，认定案件事实应采用符合其本质属性的最佳证据”。[③] 至今，该项规则仍是一项十分重要的证据规则。

#### （一）最佳证据规则的含义及属性

对英美法系的最佳证据规则的含义，国内学者中存在两种不同的认识，

---

① David P. Bergland, Value Analysis in the Law of Evidence, Western State Law Review, 1973, pp. 162 - 184.

② 参见李学灯著：《证据法比较研究》，台湾五南图书出版公司1992年版，第465页。

③ 参见Peter Murphy, A Practical Approach to Evidence, Blackstone Press Limited 1992, p. 40.

涉及该项规则的属性，即它是证据能力判定规则还是证明力判定规则的问题。

一种观点认为，最佳证据规则是关于证据能力判定的规则，“从字面含义来看，最佳证据似乎是案件中能够得到的最好的、最有证明力的证据，但是，实际上最佳证据规则只是一项确立原始文字材料与其副本先后顺序的证据规则，是指在作为证据时，原始文字材料优先于复制品，而不是说原件是本案最好的证据”。[①] 这种观点，得到了美国学者摩根对最佳证据规则所作如下定义的支持：“所谓最佳证据规则，在现在则为关于文书内容之证据容许性法则，该法则需要文书原本之提出，如果不能提出原本，直至有可满意之说明以前，则拒绝其他证据。”[②] 国内许多著述也将最佳证据规则归入证据能力规则，视其为可采性规则体系的组成部分。

另一种观点则认为，最佳证据规则是关于证明力判定的规则。“最佳证据规则存在的基础是，法律认为某种形式的证据（原始文书）更具有可信性，因此证据规定双方当事人对该文书所载的内容发生争议时，应优先提供原始文书，而不是复制品，只有满足法律要求的条件，复制品才与原始文书具有相同的效力。因此，准确地说，最佳证据规则并不是一项证据排除规则，而是一项规定优先采用某种证据的规则，也有学者将它称为‘优先规则’(Preferential Rules)”，[③] “即认为原始文字材料（包括录音、录像、摄影材料等）作为证据其效力优于它的复制品，因而是最佳的，因此有的人将其称为‘原始文书规则’”。[④]

上述两种观点的分歧，主要在于：最佳证据规则是关于证据提出的先后顺序的证据能力判定规则，还是关于证据证明力大小比较的证明力判定规则。

在笔者看来，由于证据能力判定与证明力判定存在联系且在一定条件下可以互相转化，最佳证据规则究竟是规范证据能力判定还是规范证明力判定，确实难以做到泾渭分明，抑或可谓二者兼而有之。实际上，无论持何种观点，论者都不可避免地会涉及证据证明力，都无法回避证据证明力优先采用的问题。如果硬要加以区别，不妨对证据优先提出与证据优先采用二者的关系进行一番审视。

证据优先提出与证据优先采用，既相关联，又相区别。从区别上看，在证据证明力判定上，对没有证明力、证明力微弱或者虽有证明力，但采纳可

---

① 江伟主编：《证据法学》，法律出版社 1999 年版，第 198 页。

② ［美］Edmund M. Morgan 著：《证据法之基本问题》，李学灯译，台湾“教育部”1982 年版，第 385 页。

③ 纪格非著：《证据能力论》，中国人民公安大学出版社 2005 年版，第 73 页。

④ 龙宗智、李玉花：《论我国刑事诉讼的证据规则》，载《南京大学法律评论》1997 年秋季号，第 6 页。

能导致产生偏见、混淆争议、误导法官、浪费时间等后果的证据不予采用，实际效果与将其排除并无本质区别。不予采用的理由，并非证据没有证据资格，而是证据的证明力微弱或证据的证明力一旦被采用会损害其他更大权益。具体而言，采用原始文字材料还是采用其复制品，依据并不在证据能力而在证明力。无论优先提出还是优先采用，都是基于证明力上的考量。复制品之所以不被优先提出或优先采用，是其证明力小于原始文字材料，而非其没有证据能力。正如有学者指出的那样，最佳证据规则实际上是强调原本在证明中的价值和优先性，它在证据力上享有优先权。①“……证明一个文件的内容或者存在的最佳证据，就是文件的原本。文件的复印品、抄本等为次要证据……实行这一规则是为了在具有直接证据的时候，不用情况证据……现代证据法所关心的问题已非次要证据能否采纳，而在于采纳后其证明力如何的问题。”②

可见，英美法系的最佳证据规则是关于证据证明力判定的规则。它的基本含义，是指原始文字材料（包括录音、录像、摄影材料等）作为证据，其证明力大于或等于复制品。当事人在举证时，应当提供原件；在不能提供原件时，应当说明理由。对复制品的证明力，应当根据具体情况具体分析。它在证据立法上和司法实践中都具有十分积极的意义。首先，它是根据原始文字材料和复制品（件）的不同特征，在对二者证明力进行比较的基础上所作出的原始文字材料在证明力上高于复制品（件）的规定，符合司法实践中的一般情况，因而使这种情形下的证据证明力判定更加明确、规范和简便。其次，它强调对于案件待证事实只能采用可以得到的最令人信服和最具有说服力的证据予以证明，不仅从立论上具有充分理由，而且有利于裁判者正确判定证据的证明力，增强证据判定的透明度和可接受性，同时也有利于防止裁判者在证据证明力判定上的恣意，确保判定结果的正确性和合理性。

（二）最佳证据规则的适用

最佳证据规则仅适用于以其所载内容证明案情的文字材料。所谓“文字材料”并不完全等同于书证。因为，随着复制技术和计算机技术等现代科学技术的发展，文字材料并非完全写在纸张上。它泛指一切用文字证明案件事实的材料，既包括信件、电文、合同、地图、照片等通常意义上的书证；也包括通过磁脉冲、机械或电子录音或其他形式的数据汇编记载下来的内容，

---

① 参见宋世杰：《论证据运用一般性规则及其概率运用》，载《证据学论坛》（第10卷），中国检察出版社2005年版，第26页。

② 杨春洗、高铭暄、马克昌、余叔通主编：《刑事法学大辞书》，南京大学出版社1990年版，第706页。

以及X射线胶片、录像带、唱片等随着现代科学技术发展而出现的用文字记录的材料；同时还包括带编号的徽章、墓碑、刻字的戒指、带有序号的发动机等材料。此外，并非所有文字材料都能适用于最佳证据规则。文字材料中，只有以其所载内容为证明手段的，才能适用于最佳证据规则。“如果该文字材料不是以其所载内容为证明手段，或者该文字材料所载内容虽有证明作用，但并非用以证明案件时，都不适用最佳证据规则。前者如作为物证的带血的书，后者如证明证人身份的文字材料。”①

适用最佳证据规则，涉及对“原件”的界定和理解。美国《联邦证据规则》第1001条第（3）项规定，“原件。文书或录音的‘原件’是指该文书或录音本身，或者制作者或发行者意图使其具有同等效力的复本。照片的‘原件’包括底片或由底片冲洗出的任何相片。如果数据被储存在计算机或类似装置里面，则任何可用肉眼阅读的、表明其能准确反映数据的打印物或其他的输出物，均为‘原件’”。② 可见，原件并不必然是原文字材料本身。例如，判决书原件只能是通过印制并加盖院章的判决书，而非审判人员拟制的判决书底稿；如果一个文本有多个正本，则任何一个正本都是原件。

至于对“复制品”的范围，英美现代证据法设置的限制较少。而在最佳证据规则产生初期，英国普通法却限制较多，规定复制品必须符合由原件复制而来、与原件在时间上同时产生、双方当事人有意赋予二者同等法律效力、双方当事人制作的复制品与原件具有相同形式四个条件才具有与原件相同的效力。③ 时至今日，由于对原件复制的准确性和人们识别虚假复制品的水平大幅提高，证据法对采用复制品的条件已经不再严格。美国《联邦证据规则》第1001条第（4）项规定，“复制件。‘复制件’是指通过下述方法产生的复本，即通过与原件相同的印模或用同一字模，或者通过包括放大照相和缩小照相在内的照相方式，或者通过机械或电子的再录制，或者通过化学复制方法、或者通过其他能正确复制原件的相应技术”。④ 从此规定看，复制品适用于最佳证据规则，无须与原件同时产生，也不必与原件具有同样形式，只要所采用的复制手段在技术上能够准确复制出原件即可。显然，证据法对复制品适用于最佳证据规则的要求并不严格。

按照《美国联邦刑事诉讼规则》和《联邦证据规则》的相关规定，最佳证据规则适用的内容包括：（1）为证明文字、录音或照相的内容，要求提供

---

① 樊崇义等著：《刑事证据法原理与适用》，中国人民公安大学出版社2003年版，第182页。
② 何家弘、张卫平主编：《外国证据法选译》（下卷），人民法院出版社2000年版，第866页。
③ Ronald L. Carlson, Materials for the Study of Evidence, Michie Company, 1983, p. 412.
④ 何家弘、张卫平主编：《外国证据法选译》（下卷），人民法院出版社2000年版，第866页。

该文字、录音或照相的原件，除非本规则或国会立法另有规定。（2）复制品可与原件在同等程度上采纳，但对复制品是否忠实于原件产生疑问或以复制品替代原件采纳将导致不公正的除外。（3）在原件遗失或毁坏或无法获得的情况下，不要求原件，关于该文书、录音或照相内容的其他证据可以采纳。[①]此外，一般而言，复制品的证明力大于相关内容的证人证言。例如，在美国，按照判例法的解释，原始证据内容的记录或摘要比证人对原始证据内容的复述可信性高；已丢失原件的副本仅次于作为最佳证据的原件，如果存在副本，则不采纳证人证言。

最佳证据规则的适用存在例外情形。如前所述，设置最佳证据规则的目的并非排除复制品，而是要求选用证明力较复制品更大或同等的原始文字材料。只有在满足这种要求的情况下，才能提交和采用复制品。对这一问题，美国学者乔恩·R. 华尔兹作过如下较为完整的阐述：最佳证据规则规定原始文书材料（无论对“文书材料”一词作何广义解释）优先于它的复制品（次级证据），或回忆其内容所作的口头陈述。对于那些仅具有边缘性或次要的文书材料问题，不需适用最佳证据规则。而决定一份文书材料是否为次要证据，需要考虑它看起来是否是案件中重大争议点的核心、它相关部分的复杂情况和有关文书材料内容本身是否真正存在着争议。在符合下面三个条件时，可以采用复制品（次级证据）：（1）证明原件在某个时候确实存在；（2）证明原件是真实的；（3）提出不能提供原件的理由。[②] 关于不能提供原件的合法理由，美国《联邦证据规则》第1004条规定有4种：（1）原件遗失或损坏。所有原件均已遗失或损坏，但提供者出于不良动机遗失或损坏的除外。（2）原件无法获得。不能通过适当的司法程序或行为获得原件。（3）原件在对方掌握中。（4）附属事项，有关文字、录音或照相与主要争议无紧密关系。[③] 在英国，则主要有以下几种情形：其一，一方当事人未按照对方要求出示书面材料的正本，提出要求的一方可以提出副本作为证据；其二，凡正本被第三人所占有，而该第三人有理由拒绝出示时，法庭可以采纳副本；其三，正本已遗失或灭失，可提供副本，但条件是必须能够充分地证明遗失或灭失事实的发生；其四，凡出示正本在客观上不可能或者至少存在极大的障碍，例如，贴在墙上的通告可用副本证明；其五，对政府文件适用特别规则，

---

① 参见《美国联邦刑事诉讼规则和证据规则》，卞建林译，中国政法大学出版社1996年版，第130页。

② 参见［美］乔恩·R. 华尔兹著：《刑事证据大全》，何家弘译，中国人民公安大学出版社2004年版，第421～422页。

③ 参见《美国联邦刑事诉讼规则和证据规则》，卞建林译，中国政法大学出版社1996年版，第130页。

政府文件的特征要由官员证明其真实性。[①]

## 二、各国普遍采用的补强证据规则

补强证据规则是世界各国普遍采用的证据证明力判定规则。它萌芽于欧洲古代宗教法中的证人数量规则，形成于18世纪。在欧洲中世纪纠问式诉讼时期，被告人的口供被视为对定案最有价值的证据，是“证据之王”。为了获取被告人的口供，刑讯成为司法人员常用的手段，并逐渐演变成为“全部形式证据制度、全部审问或诉讼程序或复审程序的主要杠杆”。[②] 17世纪下半叶，英国法庭审理一起盗窃杀人案时，依据被告人的不利自白对其判处绞刑。行刑后不久，所谓的被杀者竟然从海外归来，引起全国一片哗然和有识之士的反思。其时，有人开始主张，凡杀人案须有被害人的尸体才能作出有罪判决。至18世纪，随着资产阶级启蒙思想家对封建刑讯逼供制度的抨击，人们对于口供特点的认识发生了重大变化，普遍认为仅凭被告人的有罪自白定罪存在疏漏的可能性极大，口供需要证据补强以增强或担保其证明力。受此认识的引领，口供补强证据规则得以确立，并逐渐发展为补强对象包括口供和其他证据的补强证据规则。

### （一）补强证据规则的含义

一般认为，补强证据规则的含义，是指为了保护诉讼参与人的权利、防止错误认定案件事实，法律规定和诉讼制度要求在运用某些证明力显然薄弱的证据认定案件事实时，必须有其他证据补充说明或辅助佐证其证明力。它适用于言词证据和其他证据，并以言词证据中的口供适用为主。

补强证据规则的确立依据，主要有二：其一，防止司法人员偏重言词证据。言词证据，尤其是被告人的真实供述，具有很强的证明力。司法人员为查明案件真相，极易产生不择手段获取这类证据的动机。如果仅仅依据被告人的供述定案，将可能导致发生侦查人员、审判人员过分依赖口供，刑讯逼供屡禁不止，被告人合法权益难以得到保障的现象。而从立法上明确规定对被告人的供述必须以其他证据予以补强，可以有效地抑制司法人员偏重口供的心理倾向，防止刑讯逼供、侵犯被告人合法权益现象的发生。其二，增强、担保言词证据的证明力。言词证据是以人的陈述为表现形式的诉讼证据，即便合法取得，也可能具有虚假性。如果仅仅依据被告人的有罪供述或者单一的言词证据定案，极有可能导致因虚假供述、陈述而误判的后果。为防止误

---

① 参见沈达明编著：《比较民事诉讼法初论》（上册），中信出版社1991年版，第282～283页。

② 参见［前苏联］安·扬·维辛斯基著：《苏维埃法律上的诉讼证据理论》，王之相译，法律出版社1957年版，第100页。

判，对证明力明显薄弱的言词证据以其他证据予以补强，即成为必要。“补强法则，则系防止偏重自白而生误判之危险之政策的立场，对于自白之证据价值加以限制，禁止自白为有罪判决唯一依据。”①

在理论界，有人将补强证据规则视为数量规则。“补强规则，为数量规则之一。数量规则，乃认定某种证据，存有弱点，须与他证据合并提出之规则，如主要之待证事实，须有二人以上之证人或某种供述证据，须依其他证据补强之，借以担保其真实性之价值。”② 这种观点，从表述上看，有仅注重数量补强而忽略质量补强之嫌。实际上，对证明力显然薄弱的证据的补强，并不仅仅是从数量上。补强证据本身存在问题，数量再多，其补强作用也不大；反之，补强证据虽然数量少，但真实性、可信性、相关性均很强，则其补强作用仍然较大。例如，当主要证据为人证，补强证据为其所衍生的传来证据时，补强证据的数量再多，也无助于增强该人证的真实性。因此，“补强证据对自白真实性的保障，除在于补强证据证明方法的有效性以外，补强证据本身的品质是关键因素”，③ 而不仅仅是靠数量多。

理解补强证据规则，需要明确以下几个问题：

1. 补强证据的含义

通说认为，补强证据是“证据的一种，相对主要证据而言，是指可以增强主要证据的证明力的证据。这种证据有的与主要证据系各自独立的证据；有的是依主要证据而获得的证据；有的为直接证据；有的则为间接证据。补强证据具有增强主要证据真实性的作用，主要在于防止被告人的虚伪自白和被害人的夸张陈述”。④ 可见，补强证据主要具有以下特征：第一，补强证据是相对于主要证据而言的一种证据。在证据分类上，主要证据指对案件事实的证明起主要作用的证据。而与补强证据相对的主要证据，在含义上较证据分类上所称的主要证据更为丰富。它“是指基于证据本身的特殊性质，需要其他证据增强或担保其证明力方得作为认定案件主要事实主要根据的诉讼证据”。⑤ 第二，补强证据的作用在于增强或担保主要证据的证明力。“补强证据，指为增强或担保主证据证明力之证据”，“如主证据对于主要事实之证明，具有重大关系，而其本身性质特殊，或为防止虚伪，仍应以补强证据，

---

① 陈朴生著：《刑事证据法》，台湾三民书局 1979 年版，第 336 页。

② 陈朴生著：《刑事证据法》，台湾三民书局 1979 年版，第 534 页。

③ 牟军著：《自白制度研究》，中国人民公安大学出版社 2006 年版，第 337 页。

④ 杨春洗、高铭暄、马克昌、余叔通主编：《刑事法学大辞书》，南京大学出版社 1990 年版，第 29 页。

⑤ 刘金友主编：《证据法学》，中国政法大学出版社 2001 年版，第 220 页。

增强或担保其证明力”。[①] 第三，补强证据具有对主要证据的客观性和主要证据所证明的案件主要事实的真实性的双重证明作用。这是它与“补助证据”的根本区别。“……于证据之信用性有关系之事实，曰补助事实，证明补助事实之证据，为补助证据。”[②] 补强证据与补助证据的区别在于：前者旨在增强或担保主要证据的证明力，证明对象为关于主要证据客观性的事实和案件主要事实；后者是为证明证据的可信性，证明对象为证据事实。第四，补强证据的证明对象与主要证据具有一定程度的重叠性。这种重叠性使其与主要证据相互呼应，避免在认定事实上出现错误。补强证据既可能是具有独立证明价值的直接证据，又可以是不具独立证明价值的间接证据。它本身并不一定对案件事实具有充分的证明力，而只需与主要证据结合能够认定案件事实即可。

对补强证据特征的认识，大陆法系与英美法系不尽相同。前述补强证据的特征，主要是大陆法系国家学者和我国学者所持观点的概括。英美法系强调补强证据的证据能力，认为某一材料要成为补强证据，必须符合以下条件：其一，具备法定的证据资格；其二，具有可信性；其三，能与主要证据结合认定案件的真实情况；其四，具有独立的证据来源，即来自主要证据之外；其五，能够表明被告人实施了犯罪行为，亦即表明被告人与犯罪人具有同一性。

值得注意的是，近年来，人们对补强证据功能的认识正在发生改变。美国联邦最高法院在其对补强证据规则提出的改进意见中指出，最好的规则不是要求补强证据确立犯罪事实，而是这项实质性的独立证据将倾向于确立被告人陈述的真实性。[③] 这就是说，补强证据所证明的对象不应是犯罪事实，而应该是针对性更强的主要证据内容的真实性本身。这种做法，无疑扩大了补强证据的范围，提高了补强证据的利用率，增强了主要证据被补强的可能性。“这种方法的主要优势是当避免有时涉及犯罪事实模式的严重问题时，它的灵活性允许防止在不准确自白基础上的定罪。……这种方法在达到补强要求的真正实际目标的有效性上较犯罪事实规则更容易适用，也更不会导致偶尔的不合理结果。”[④] 但是，按照这种认识，补强证据即可能不具有证明主要证据的客观性事实和案件主要事实的双重证明作用，它与补助证据或证明证据事实的材料并无二致。这在立论上是否妥当，尚需审视和实践检验。

---

① 陈朴生著：《刑事证据法》，台湾三民书局1979年版，第534页。

② 陈朴生著：《刑事证据法》，台湾三民书局1979年版，第134页。

③ John W. Strong, etc., McCormick on Evidence, Horn Book Series West Group, 5th ed 1999, p. 216.

④ John W. Strong, etc., McCormick on Evidence, Horn Book Series West Group, 5th ed 1999, pp. 215－216.

2. 补强证据规则的适用对象

这一问题涉及的内容，在于补强证据规则要求补强什么，亦即何种情形需要补强。

从世界各国的证据立法和司法看，主要有以下一些情形需要补强证据：

（1）对叛国罪的证明。在叛国案件中，叛国罪的成立，须有两名证人证明叛国行为或被告人在法庭上公开自白认罪。

（2）对伪证罪的证明。仅凭一名证人的指证，尚不足以定案。证明伪证罪成立的证人证言，须有其他证据予以补强。

（3）对某些性犯罪的证明。在对妇女、儿童实施的某些性犯罪中，仅凭一个证人的证言，不能认定被告人有罪，除非该证言在某些实质性细节上有其他控诉证据补强其证明力。

（4）对超速行驶罪的证明。在超速行驶罪案件中，不得仅凭一名证人认为被告人超速行驶的证言而判处被告人有罪。在此情形下，需要其他证据补强。但是，如果证人所讲述的不是自己的看法，而是其通过计秒表和测量的距离所确定的事实，则无须补强证据。

（5）对引诱卖淫罪的证明。除非不利于被告人的证人证言经过其他证据补强，否则不得依此证人的证言判处被告人犯引诱卖淫罪。

（6）对假冒他人罪的证明。判决被告人犯假冒他人罪，须有两人以上的证言。

（7）被告人在庭外所作的自白。被告人在法庭审判外所作的自白，经他人向法庭提出作为证据的，须另有证据补强。

（8）儿童提供的未经宣誓的证言。儿童可以不经宣誓而作证，但其证言需要其他证据补强。

（9）某些宣誓证言。即使在那些法律未要求必须有补强证据的性犯罪案件中，依照惯例，法官也应当提醒陪审团在接受那些未经补强证据补强的证据时要慎重。如果法官没有作出该提醒，有罪裁决就会在上诉时被撤销。即使作出了这种提醒，其有罪裁决也可能因陪审团的裁决不合理而被撤销。

（10）共犯的证言。根据某一共犯的证言对另一个共犯定罪时，如果没有补强证据，依照惯例，法官应当向陪审团说明这样做的危险。如果法官没有按照这一规则提醒陪审团，对另一共犯的定罪将是无效的。补强证据不是要证实证人陈述中的任何实质性细节，而是要证明与被告人有直接联系的某些特定细节。

（11）被告人所作不利于自己的自白。当被告人的自白是对其不利的唯一证据时，不得认定被告人有罪。如果要认定被告人有罪，在自白之外，还须有其他证据补强。补强的范围，为犯罪事实、被告人与犯罪人的同一性、犯罪主观方面的事实。

此外，未成年人所作的与其年龄和智力状况不相当的证言，与一方当事人有亲属关系的证人出具的对当事人有利的证言，没有其他证据印证并有疑点的视听材料，无法与原件、原物核对的复印件、复制品，无正当理由未出庭作证的证人证言等，实践中一般也要求以其他证据补强。

（二）补强证据规则的适用

补强证据规则适用的条件，主要包括：（1）被补强的证据具有证据能力。换言之，补强证据只能补强主要证据的证明力，而不能补强主要证据的证据能力。（2）被补强证据的品质具有弱点。该弱点表现为主要证据在证明力上显然薄弱，仅凭其证明案件主要事实存在疏漏的可能。（3）补强证据具有证据能力。即便有时补强证据对案件主要事实的证明力较小而对主要证据的客观性事实的证明力较大，自身也需经过法定程序取得证据资格。（4）补强证据的数量和质量达到满足裁判者的心证要求。裁判者心证的进行必须以证据裁判为前提，证据确实、充分才能保证裁判者自由判定证据证明力的准确性。

补强证据规则的具体适用情况较为复杂，根据司法实践经验，适用中应当注意以下几个问题：

第一，补强证据应当与主要证据具有共同的证明对象——案件事实。从证据与案件事实的关系看，某一材料能够成为证据，前提条件是它与案件事实相关联，对案件事实具有证明作用。补强证据除应具有增强、担保主要证据的证明力外，还应能够在此基础上与主要证据一起证明案件事实。它也只有与主要证据具有共同的证明对象，才能起到担保、增强主要证据证明力的作用。

第二，补强证据应当具有一定的充分性。诉讼中，并非只要有补强证据就能定案，定案尚需补强证据较为充分。这里所说的充分，并不完全等同于证据数量很多。尽管一般而言，增强、担保主要证据的证明力和与主要证据一起证明案件事实，补强证据需要达到一定的数量，但关键并不在于数量的多少，而在于它（它们）在质和量上能否起到足够的作用。如能起到证明所需的足够作用，即应认为具有了充分性。

第三，补强证据与主要证据的证明作用应当达到证明标准的要求。“原则上应当要求口供和其他补强证据的证明作用之和，应当达到排除合理怀疑的程度”。[1] 也就是说，只要补强证据与主要证据一起共同证明案件事实，使裁判者产生对案件事实形成内心确信、达到无合理怀疑的程度即可。实践中，由于在某些情形下补强证据具有较主要证据更强的证明力，需要在主要证据与补强证据之间进行证明力的衡量或分配。

第四，并非所有证据都能用作补强主要证据。补强证据可以是各种证据，但是在某些情形下存在例外。主要有：(1) 言词陈述不得补强自身，即当出现两个以上陈述人自身的陈述时，它们之间不得相互补强。(2) 不能与人证作出实质性区分的证据，如记载人证内容的笔录等，不得用以补强。(3) 简易审判程序可以不适用证据补强规则。“……简易判决，不经通常审判程序，且得依侦查中之自白为其基础，是否与自白须有补强证据之法则有背，虽为证据法则上之一问题，但既创设简易审判程序，许以侦查中之自白，为唯一证据，仍具有合法性。”[2]

## 第四节 关于我国确立刑事证据证明力判定规则的思考

刑事证据证明力判定规则虽然数量较少，但在诉讼中起着十分重要的作用，这是不争的事实和世界各国的共识。近年来，在我国法学界，尤其是实务界要求确立证明力判定规则的呼声愈来愈强烈。应否确立和确立哪些证明力判定规则，一度成为热门话题。时至今日，随着司法改革的深入，制定证据证明力规则更是成为理论研究和刑事立法的一项迫切而又重要的任务。

### 一、我国刑事证据证明力判定规则的现状

证据规则作为司法经验的总结和提炼，是经过实践检验而被立法者筛选、固定的经验。因此，研究刑事证据证明力判定规则，当从其立法和司法现状契入。

#### (一) 立法现状

在立法形式上，法律和司法解释并存。现行刑事诉讼法和最高人民法院的司法解释所规定的刑事证据证明力规定规则，主要有：(1) 口供补强证据规则。《刑事诉讼法》第46条规定：“……只有被告人供述，没有其他证据的，不能认定被告人有罪和处以刑罚……” 这一规定，与许多国家对口供补强证据规则的文字表述基本一致。根据该条规定，认定被告人有罪，不能仅凭被告人的口供；被告人的口供只有得到其他证据的补强，才能作为定案的

① 汪建成著：《理想与现实》，北京大学出版社2006年版，第204页。

② 陈朴生著：《刑事证据法》，台湾三民书局1979年版，第537页。

依据。(2) 原件、原物优先规则。最高人民法院《关于执行〈中华人民共和国刑事诉讼法〉若干问题的解释》第 53 条第 3 款规定："书证的副本、复制件，物证的照片、录像，只有经与原件、原物核实无误或者经鉴定证明真实的，才具有与原件、原物同等的证明力。"这一规定的内容，与许多国家规定的最佳证据规则基本相同。此外，现行民事诉讼法、行政诉讼法和最高法院《关于民事诉讼证据的若干规定》、《关于行政诉讼证据若干问题的规定》中关于证明力大小、优劣比较的优先规则，也是刑事司法的依据。

从上述法律和司法解释的规定看，我国的刑事证据证明力判定规则虽已形成基本框架，对刑事证据证明力的判定起着一定的规范作用，但也存在以下一些突出问题：

(1) 法源不集中，种类尚不足。首先，我国现行的刑事证据证明力判定规则，散见于刑事诉讼法和相关司法解释中。实践中，最高人民法院关于民事、行政的相关司法解释所确定的证明力判定规则，有时也成为刑事审判的依据或参照。这样，在立法上即存在法源较分散、以司法解释代替立法的缺陷。其次，从现代自由心证原则的要求出发，刑事证据证明力判定规则的数量不能过多，应当控制在不损害"自由证明"的根本精神的适度范围内。但是，我国现存的规则毕竟过少，一些国外普遍确立的规则，如优先规则、审判笔录特信规则、证明标准规则等，在我国尚未确立，在种类上有不足之嫌。

(2) 内容过于简单，缺乏可操作性。例如，《刑事诉讼法》第 46 条仅仅提出原则性的要求或者说抽象标准，对口供如何补强、用什么补强、补强到何种程度方能作为定案依据等均无规定，一味交由法官自由决定，导致出现法官自由度过大、司法上不统一的情况。再如，最高人民法院关于执行刑事诉讼法的司法解释对最佳证据规则的规定，虽也提出执行的具体标准，但却未像美国《联邦证据规则》那样对"原件"、"复印件"等词语的含义作出界定，因而也造成操作上的不便，引起不必要的争议。

(3) 规则的基本要素欠缺，个别规定不科学。例如，对口供补强证据规则，既未区分庭上口供和庭外口供，又未规定明确的补强范围、统一的补强证明标准，导致实践中一概要求补强、补强范围及程度不统一，在某种程度上减弱了打击犯罪的有效性等。再如，两大法系对补强证据规则中的被补强对象，一般都限于口供，有些国家至多也仅扩大至其他言词证据，而我国却扩大到实物证据。虽然这种扩大在理论上亦能成立，但立法却没有提供配套机制，致使规则显得不够严谨，在逻辑上存在一定缺陷。

### (二) 司法现状

从总体上看，近年来，审判人员普遍要求制定尽可能多的刑事证明力判定规则，以便于实践中依照规则进行证明力判定。“实践部门鉴于证据方面的疑难案件多，实践中分歧大，希望在证据立法中就证明问题建立一些便于操作的规则。”① “这实际上反映了实践中的一种倾向。……另外，在我国各地高级人民法院拟定证据规则的尝试工作中，亦呈现出重规范证据证明力规则、轻规范证据能力规则的倾向。”② 实践中，不少审判人员能够自觉地、能动地执行刑事诉讼法和司法解释确立的刑事证据证明力判定规则，少数审判人员还能有意识地参照司法解释确立的民事、行政证据的证明力判定规则。但是，由于立法上存在缺陷及其他原因，实践中也存在以下一些问题：

（1）在具体适用中做法不尽一致。主要表现在适用最高人民法院关于民事、行政证据证明力判定的优先规则上。实践中，有的法院认为优先规则规范的是民事诉讼、行政诉讼中的证明力判定问题，对刑事证据证明力判定仅有参考价值，因而不予适用；而有的法院则基于刑事、民事、行政三大诉讼证据证明力的判定在原理上相通、在要求上基本一致的认识，大胆予以适用，从而导致执法的不统一，令人对判定规则的合法性产生疑问。

（2）对口供一概补强或不予补强。一是不论被告人供述的作出是在法庭上还是法庭外，也不论被告人的罪行轻重以及是否自愿认罪，一律要求必须以其他证据进行补强。这种做法有失偏激，一定程度上限制了刑事司法打击、控制犯罪的功能，同时也为适用简易程序审理轻微刑事案件带来障碍，不利于提高诉讼效率。二是只要查明被告人的口供系合法取得，即不论是否还有其他证据补强，一律都予定案。这种情况，一般是被告人实施多次犯罪行为，其中一次或数次仅有其供述，其余均有其供述和其他证据，或者是有多名共犯的供述而无其他证据。显然，这种做法是存在一定风险的。因为，即便是合法取得的口供，也可能存在虚假性。对其不予补强，难免出现误判。

（3）将补强证据与补助证据混淆。补助证据的功能在于证明证据的信用性，如证明证人没有撒谎的品性、鉴定人具有娴熟的专业知识等。它并不直接证明案件事实，类似于我国证据法学理论中证明证据事实真实性的证据材料。而补强证据不仅要增强、担保主要证据的证明力，而且要对案件事实具有证明作用。实践中，不少审判人员对二者不加区分，将补助证据当做补强证据使用，致使补强证据规则在适用中未被落实。

（4）机械地进行证明力大小比较。最高人民法院对民事、行政诉讼证据证明力判定规则的具体表述，大多为某种证据的证明力一般大于或优于某种

① 何家弘、龙宗智：《证据制度改革的基本思路》，载《证据学论坛》（第 1 卷），中国检察出版社 2000 年版，第 127 页。

② 沈德咏、宋随军主编：《刑事证据制度与理论》（中），人民法院出版社 2006 年版，第 886 页。

证据。作为一种原则性的规定，它必然存在例外。实践中，不少审判人员虽然也晓此理，但实际适用时却将其绝对化，未根据案件具体情况充分考虑适用例外。这种做法，虽然也符合经验法则的要求，但由于判定规则并未完全穷尽相关问题，误判的可能也存在。

## 二、关于确立刑事证据证明力判定规则的思考

前述立法、司法现状表明，我国已经具备确立刑事证据证明力判定规则的基础和条件，而且某些规则的雏形也已存在；同时，在立法上和实践中也存在一些重大缺陷。目前，在应否确立适当的刑事证据证明力判定规则上，理论界和实践界已达成应当确立的共识。问题的关键，在于如何确立和确立哪些刑事证据证明力判定规则。

### （一）构建我国刑事证据证明力判定规则的思路

从证明力判定规则的作用及其与现代自由心证原则的关系上看，笔者认为，构建我国刑事证据证明力判定规则应当遵循以下思路：

第一，证明力判定规则的设置应以不损害现代自由心证原则的“自由证明”精神为前提。

证明力判定规则是司法经验的提炼。“然而经验是无限丰富的，对经验的提炼、固定越多，就意味着对运用经验的司法裁判者的限制就越多”。另外，裁判者心证的“自由”也需予以必要制约以防止其恣意裁判。因此，立法者在制定证明力判定规则时，尤应注意对心证自由限制的适度。也就是说，我国确立的证据证明力判定规则虽然可能会与法定证据制度存在某些相同之处，但它绝不应当是法定证据制度的翻版。证明力判定规则的设置虽然会在一定程度上对裁判者的自由裁量权构成一定的限制，但这种限制必须适度，即以不从根本上损害现代自由心证原则的“自由证明”精神为前提。

对判定规则限制自由心证的适度性的准确把握，需要全面理解判定规则对自由心证的限制作用。前面已经提到，判定规则与自由心证之间，存在如下正比关系：判定规则愈多愈严密，自由心证受到的限制愈大愈严格；判定规则愈少愈粗疏，自由心证受到的限制愈小愈宽松。同时，由于心证自由的限制因素包括证据规则及其他制度、机制等，要满足现代自由心证原则既保障心证自由，又限制心证自由的要求，即需将判定规则和其他限制自由心证的制度、机制等共同形成的约束力量与自由心证的自由要求之间的冲突，控制在适度的范围内。因此，评价判定规则对自由心证的限制是否适度，不能仅看规则本身，还需结合其他自由心证的内外部限制因素一并衡量。

第二，证明力判定规则应当具有确定性、可操作性和强制实现的法律

效力。

法律规则作为法律规范的基本要素之一，具有规范性和强制性。“规则是确定性命令”,[①]“……是一种只能实现或者不被实现的规范。若一条规则有效，即应该不多也不少地做到该规则所要求的内容，而没有不同的实现程度的问题……”[②] 法律规则的上述特征，必然要求规则的内容具有确定性，能够为行为人提供明确、具体的行为模式，在具体执行中具有可操作性。据此，确立我国刑事证据证明力判定规则的重要原则之一，即是保证规则具有确定性、可操作性和强制性。

我国刑事诉讼法和相关司法解释确立的口供补强证据规则和原件、原物优先规则，比较笼统、模糊，缺乏操作性。对违背规则的后果或处罚更未规定，致使规则不具有强制执行的效力，而只具有一般性的指导作用。尤其是关于口供补强证据规则的规定，仅提出抽象性的要求，对补强什么、如何补强、不予补强的后果等均未规定，实际上与原则的设置方式并无多大区别。司法人员实施证明力判定行为，只能以其为指导，而不能以其为依据。此外，司法解释确立的民事、行政诉讼证据证明力判定规则，不少法院在审理刑事案件时亦予适用。显然，这是不妥当的。因为，首先，民事、行政诉讼证据与刑事诉讼证据在收集、举证、证明责任、证明标准等方面都存在一定区别，将其证明力判定规则适用于刑事诉讼中，有时并不符合实际。其次，将规范民事、行政诉讼行为的规则适用于刑事诉讼，亦可能导致不同程序法之间的冲突。

第三，证明力判定规则应当与我国现行法律体系，尤其是刑事证据法律体系相协调。

法理学通说认为，规则的设置和适用均不得违反法律的体系性要求。而“所谓法律的体系性要求，其实就是在承认任何单个的法律规范都具有体系性的特点。也就是说，虽然单个法律规范显现为法律的个体化结构，但是并不意味着相关的法律陈述都描述了某一完整的法律，因此有些法律陈述其实还包括许多并未明确表示出来的内容”。按照上述理论，刑事证据证明力判定规则应当与刑事法律体系的其他要素形成内在的协调一致性，共同构成一个有机联系的统一整体。

具体而言，要使证明力判定规则与现行刑事证据法律体系相协调，即须从体系的整体框架上对判定规则进行定位，使其符合体系的体系性要求。目前，我国采用实事求是的刑事证据制度。这种制度，充分体现着现代自由心

① Robert Alexy, A Theory of Constitutional Rights, Oxford University Press, 2002, p. 47.

② 王鹏翔:《论基本权的规范结构》，载《台大法学论丛》2005 年第 34 卷第 2 期。

证原则的精神。判定规则要与其相协调，一般应从两方面入手：一是将证明力判定规则定位为现代自由心证原则的例外；二是将证明力判定规则的适用效果控制在不损害现代自由心证原则“自由证明”精神的限度内。此外，还应在具体行为模式的设置上，注意与具有中国特色的庭审模式、认证制度等的配合、协调，以免与其发生冲突。

第四，判定规则应当是我国司法经验、司法实际与国外有益做法的有机结合。

从人类诉讼发展史看，英美法系和大陆法系国家在刑事证据证明力判定规则的完善和适用上都具有丰富的经验。尤其是对补强证据规则、最佳证据规则的法律规定，已经比较全面、具体，操作性很强。这些经过长期理论探索和实践验证被认可的证明力判定规则，在一定程度和一定意义上都值得我们借鉴。“他山之石，可以攻玉”。有甄别、有选择地吸收、借鉴国外的有益做法，对确立我国刑事证据证明力判定规则，无疑会具有重大的帮助作用。

当然，借鉴绝非盲目推崇、生搬硬套。应当看到，一方面，国外有些规则的形成有其特定的历史背景和国情因素，有些规则的部分内容与国家的诉讼制度密切相关，有些规则，如最佳证据规则，有的国家已经不再适用，有的国家已经不再使用原始含义等，如果不加甄别，一味照搬，势必犹如“邯郸学步”，适得其反。另一方面，我国刑事诉讼制度及其运用条件和环境具有自身特殊性，如对证据的证明力，我国从古至今一直采用自由判定方式，并未像许多国家那样实行过法定证据制度；在证明标准上，我国采用“确实、充分”的证明标准，并未像许多国家那样采用“内心确信”或“排除合理怀疑”的证明标准；我国实行执政党领导下的法院独立审判，而许多国家实行非党化的法官独立审判，等等。这种特殊性，必然要求立法者在借鉴国外经验时结合我国国情和实际需要。否则，难以制定出符合我国实际的证据证明力判定规则。

（二）我国应当确立的刑事证据证明力判定规则

基于上述思路，笔者认为，从国内外设置证明力判定规则较为成熟的立法、司法经验上考量，我国目前应当确立如下刑事证据证明力判定规则：

1．补强证据规则

对该项规则可以定义为：刑事诉讼中，只有被告人的供述或者其他单一的证据，而再无其他证据的，不能认定被告人有罪和处以刑罚；单个被告人的供述和其他单一的证据，得到其他证据的佐证并能够共同证明案件犯罪主要事实的，可以认定被告人有罪和处以刑罚。

对该项规则内容的具体把握，需要注意以下几点：

（1）补强证据必须具备以下条件：其一，证据能力；其二，可信性；其三，独立的证据来源；其四，对被补强证据的真实性具有增强或者保证的作用；其五，能与被补强证据结合认定案件主要事实。

（2）补强证据可以是具有独立证明价值的各种证据，可以是直接证据，也可以是间接证据。

（3）补强证据除应具有增强或保证被补强证据的真实性作用外，还应与被补强证据在证明方向和作用上一致，即能够与被补强证据一起共同证明案件的主要事实。

（4）补强证据应当具有一定的充分性，即其数量和质量应当足以增强或保证被补强证据的真实性，并能与被补强证据一起共同证明案件主要事实，亦即能够满足裁判者的心证要求。

（5）被补强的证据是单一的被告人供述或其他单一的证据，且一般表现为言词形式。

（6）被补强的证据具有证据能力和证明力，且证明作用直接指向案件主要事实。

适用该项规则的主要情形，包括：

（1）被告人供述的补强。仅有被告人供述而没有其他证据佐证的，不能认定被告人有罪和处以刑罚。单个被告人的供述得到其他证据佐证并能共同证明案件犯罪主要事实的，可以认定被告人有罪和处以刑罚。数名涉嫌共同犯罪的被告人的口供，在符合下列条件的情况下，可以互为补强证据：其一，穷尽合法的侦查、调查手段仍无法收集到其他证据；其二，口供系合法取得；其三，各被告人之间无串供可能；其四，被告人因涉嫌的犯罪行为可能被判处有期徒刑以下刑罚。

（2）其他言词证据的补强。一般而言，下列情形均需其他证据补强：

①未成年人所作的与其年龄和智力状况不相当的证言；

②与一方当事人有亲属关系的证人出具的对该当事人有利的证言；

③证人、被害人基于传闻所作的证言、陈述；

④无正当理由未出庭作证的证人证言；

⑤被告人、证人以侦查机关采用刑讯逼供或威胁、引诱、欺骗及其他非法手段取证为由翻供、翻证并提出具体事实或线索，侦查机关的监督部门进行调查核实后不能作出指控证据具有合法性的判断，或者不能就被告人、证人提出的非法取证的具体事实作出合理解释，或者因侦查机关拒绝调查核实而无法排除非法取证的可能性。

（3）视听资料的补强。视听资料没有其他证据印证并有疑点的，或者难以识别是否经过修改的，都应以其他证据补强。

（4）书证的补强。经控方、辩方中的任一方或者他人改动，对方不予认可的书面材料，应以其他证据补强。

（5）派生证据的补强。无法与原件、原物核对的复印件、复制品等，一般也应以其他证据补强。

适用该项规则的例外，主要有：

（1）言词陈述不得补强自身，即当出现两个以上陈述人自身的陈述时，它们之间不得相互补强。

（2）适用简易审判程序审理刑事案件，可以不适用证据补强规则。

2. 证据优先规则

该项规则实际上是关于证明力大小的比较规则，类似于国外的最佳证据规则（原始文书规则）。其基本含义为：某种形式的证据较他种形式的证据具有更强的证明力时，一般应当采用证明力更强的证据。

证据优先规则的内容，主要包括以下几方面：

（1）原件、原物的证明力强于或等于复制件、复制品。诉讼中，原件、原物应当优先提出、优先采用。

具体而言，首先，收集、调取的书证、物证应当是原件、原物。只有在取得原件确有困难时，才可以采用副本或者复制件；只有在原物不便搬运、不易保存或者依法应当返还被害人时，才可以采用拍摄的足以反映原物外形或者内容的照片、录像。其次，原件、原物在证明力上强于或等于复制件、复制品。书证的副本、复制件和物证的照片、录像，只有经与原件、原物核实无误或者经鉴定证明真实的，才具有与原件、原物同等的证明力。原件、原物与复制件、复制品存在矛盾时，原件、原物的证明力强于复制件、复制品。

（2）原件、原物和复制件、复制品以外的其他情形证据的证明力大小比较，应当结合案件的具体情况，从各证据与待证事实的关联程度、各证据之间的相互联系等方面入手，遵循经验法则和逻辑法则进行综合判定。

（3）证明同一事实的数个证据的证明力，一般可以按照下列情形分别确定：

①经庭审以言词方式质证确认的证据，证明力大于内容相对应的书证；当事人对原物、原件、被告人本人的辨认结论，证明力大于照片辨认的结论；现场目击证人的证言，证明力大于基于传闻所作的证言；侦查机关制作的现场勘验笔录，证明力大于证人凭记忆提供的证言；

②在同等条件下，与案件无利害关系的证人就案件事实所作的证言，证

明力大于与案件有利害关系的证人所作的证言；

③在同等条件下，多名证人的证言的证明力大于单一证人就同一事实所作的证言，共同犯罪中多数被告人的供述的证明力大于少数被告人就同一事实所作的供述；

④在同等条件下，专家、职业工作者在其熟悉的领域所作的具有专业内容的证言，证明力大于普通人就同一内容所作的证言；

⑤内容稳定、前后一致的言词证据的证明力，大于内容不稳定、前后矛盾的言词证据；

⑥物证、档案、鉴定结论、勘验笔录或者经过公证、登记的书证的证明力大于其他书证、视听资料和证人证言；

⑦国家机关、社会团体依职权制作的公文书证的证明力大于其他书证；

⑧根据具体案情，举证人只能合理预期获得电子证据复制件的，除有相反证据或证明力更强的证据外，该复制件与原件具有同等的证明力。

（4）在有罪和无罪、罪轻和罪重的证据证明力大小难以区分时，推定被告人无罪或罪轻。

适用证据优先规则，应当注意以下两个问题：

其一，证据优先规则所规定的证据之间证明力大小比较的情形，并不具有绝对性，而只是说一般情况下应当如此。至于具体案件中属于一般情况还是特殊情况、是否应当如此，则应由裁判者结合其他证据综合考虑。将该项规则绝对化，无疑存在误判的可能性。

其二，证据优先规则的适用存在例外情形。例如，对作为次要证据的文书复制件，即可不适用证据优先规则。详言之，符合下面三个条件时，可以采用复制品：①证明原件在某个时候确实存在；②证明原件是真实的；③提出不能提供原件的合法理由。

3. 笔录特信规则

该项规则的含义，是指对法庭进行的诉讼事项，应以审判笔录作为证据加以证明；该审判笔录具有绝对的证明力，除非该笔录被证据证明系伪造。

审判笔录是法院的书记员在庭审活动中，对庭审的全部活动及其事项所作的记录。它需经有关诉讼参与人签字认可，是法院依法制作的工作文书，具有公文书的性质。从各国程序法、证据法的规定看，许多国家不仅对笔录的记载内容、制作程式、文书格式、签名、更改等予以规范，而且明确规定笔录具有排他的绝对证明力。例如，《德国刑事诉讼法典》第274条对“笔录的证明力”规定，“对规定的审判程式的观察，只能通过笔录来证明。对涉及审判程式的笔录内容有异议的时候，只准许证明笔录系伪造”；[①]《日本刑事诉讼法》第 52 条对“公审笔录的证明力”规定，“公审期日的诉讼程序记载于公审笔录，只能依据公审笔录证明”，[②] 等等。

刑事诉讼中，诉讼活动自身作为一种程序法事实，其中可能对诉讼进程发生重大影响的部分，如应否回避、死刑被告人是否有辩护人为其辩护等，也是诉讼证明的对象。在我国，随着程序意识的逐渐增强，审判笔录对诉讼程序是否合法、记载的内容是否完整等程序事实的证明作用也会日渐凸显。因此，有必要借鉴国外的立法经验，确立审判笔录的绝对证明力，即审判活动只能用审判笔录加以证明，除非有证据证明笔录系伪造。

适用笔录特信规则，应当注意以下两个问题：

（1）笔录特信笔录中的“笔录”，特指书记员在法庭审判中对庭审活动及其事项所作的记录。它既可以手写，也可以采用电脑录入、速录等方式。审判人员在法庭外询问证人、讯问被告人、交换意见、协调有关事宜、进行开庭前的必要准备工作等的笔录，都不具有排他的绝对证明力，都不能适用笔录特信规则。

（2）笔录特性规则适用的前提，是其具有真实性。如果笔录系伪造，则其证据能力不具备，证明力问题也无从谈起。审判笔录只有真实，才可能具有排他的绝对性证明力。而对这种绝对性证明力，由于审判笔录需经有关诉讼参与人核对签名认可，人们一般会深信不疑。

---

① 《德国刑事诉讼法典》，李昌珂译，中国政法大学出版社 1998 年版，第 112 ~ 113 页。

② 《日本刑事诉讼法》，宋英辉译，中国政法大学出版社 2000 年版，第 14 页。

# 第五章　刑事证据证明力判定的方法

"工欲善其事，必先利其器"。古人此言，形象地揭示了方法（器）与任务（事）的关系，最直白地说明了工具的重要性。对方法与任务的关系，毛泽东曾经作过如下形象比喻："我们不但要提出任务，而且要解决完成任务的方法问题。我们的任务是过河，但是没有桥或者没有船就不能过。不解决桥和船的问题，过河就是一句空话。不解决方法问题，任务也只是瞎说一通。"①

在刑事证据证明力判定活动中，判定方法即是判定任务完成的"桥"或"船"。它的有无以及是否科学、合理，很大程度上决定着判定路径的有无以及判定的路径、结论是否正确、合理。因此，研究刑事证据证明力判定的方法，具有十分重要的理论价值和实践意义。

## 第一节　刑事证据证明力判定方法的概念及特点

对刑事证据证明力判定的方法及特点，理论界的研究不够深入和全面，一定程度上体现出对证据证明力判定具体实践的"疏忽"。这一"疏忽"，应当及时得到弥补。否则，将会影响到证据证明力判定原则、规则的适用及其效果。

### 一、刑事证据证明力判定方法的概念

"'方法'一词来源于希腊语，具有'沿着'和'道路'的意思。语义学的解释是'按照（沿着）某种途径（道路）'。"② 现代汉语中，方法是指

---

① 毛泽东：《关心群众生活，注意工作方法》，载《毛泽东选集》，人民出版社 1969 年版，第 125 页。

② 樊崇义著：《迈向理性刑事诉讼法学》，中国人民公安大学出版社 2006 年版，第 46 页。

“关于解决思想、说话、行动等问题的门路、程序等”。①上述两种词义解释实际是相通的，即都认为方法是实现目的或解决问题的手段和中介。

刑事证据证明力判定需要解决的问题，涉及证据的可信性和关联性两方面。证据的“可信性”，是指证据自身的真实性、可靠性及其可信赖程度。证据可信性判定在人证和物证上的表现有所不同：在物证上，主要是判定证据是否真实存在，是否经过人力雕琢加工等；而在人证上，则主要是判定陈述者本身的可信赖性和陈述内容的可靠性。由于实物证据需要依赖人的力量才能提交到法庭，对实物证据可信性的考察往往即转化为对提出物证的主体的可信性评价。证据的“关联性”也即证据的证明价值，是指证据与待证事实之间存在的某种客观联系。它是实质性和证明性的结合。一般而言，“如果所提出的证据对案件中的某个实质性问题具有证明性（有助于认定该问题），那它就具有相关性”。②

将方法的一般定义和刑事证据证明力判定所要解决的问题结合起来，可以对刑事证据证明力判定的方法作如下界定：刑事证据证明力判定的方法，是指解决刑事证据可信性、关联性问题的途径、程序、策略、手段等。它作为判定任务和判定行为之间的中介，是刑事证据证明力判定不可缺少的重要组成部分。

在我国理论研究和实务运作中，人们大多未对证据能力判定方法和证明力判定方法进行区分，而是统称为证据判定方法或证据审查判断方法。究其原因，大致有二：一是证明力判定方法与证据能力判定方法在内容上存在交叉，不易截然划分，提炼和论述多有不便；二是人们长期以来沿用客观性、相关性、合法性“三性”概念，接受证据能力、证明力“两力”概念的时间不长，思路尚未及时跟上。这种状况，应予以改变。证明力判定与证据能力判定各自所要解决的问题以及相应应当实施的具体行为和采用的具体方式、方法，存在许多不同之处。将二者的方法加以区别，能够更加“有的放矢”，因而是必要的。

## 二、刑事证据证明力判定方法的特点

归纳提炼刑事证据证明力判定方法的依据之一，在于方法的特点。从方法的定义、内容和司法实践经验看，刑事证据证明力的判定方法具有以下主

---

① 中国社会科学院语言研究所词典编辑室编：《现代汉语词典》（修订本），商务印书馆1997年版，第353页。

② ［美］乔恩·R. 华尔兹著：《刑事证据大全》，何家弘译，中国人民公安大学出版社2004年版，第81页。

要特点：

（一）目的性

“目的是全部法律的创造者，每条法律规则的产生都源于一种目的，即一种事实上的动机。”[①] 它与行为之间的关系，在哲学上也就是与手段之间的关系。而“所谓手段就是为实现目的而置于有目的的对象性活动的主体和客体之间的一切中介的总和，包括实现目的的工具和运用工具的活动方式或操作方式、方法等”。[②] 因此，作为证据证明力判定行为（手段）组成部分之一的方法，必定来源于其判定目的并受到判定目的的支配。违背人们解决具体问题愿望的判定方法，理所当然地不会被人们所采用。

裁判者判定证据证明力的目的，在于确保证据具有可信性和关联性，以使其作为定案的依据，有效地证明案件事实。而来源于这一目的并受此目的支配的证据证明力判定方法，必然紧紧围绕证据的可信性和关联性问题设置解决的途径、程序、策略、手段等。证据证明力判定目的与判定方法的这种关系，决定证明力判定方法与证据能力判定方法有所不同。前者着力于证据的可信性和实质上的关联性，后者则集中于证据的合法性和形式上的关联性。这种区别，正是确定证据证明力判定方法的重要依据之一。

（二）具体性

一般而言，方法具有三个层面的表现：一是方法论层面，即“把某一领域分散的各种具体方法组织起来并给予理论上的说明”；[③] 二是具体办法和方式层面，即人们活动的整个过程中的程序和操作方式；三是具体技术和技巧层面，即人们在其活动的某一时段使用的工具、技术和技巧。而后两个层面具有具体性，自不必赘言。即便第一个层面所谓理论上的说明，也是以各种具体方法为基础，无疑也具有具体性。由此可见，证据证明力判定的方法，必须以具体的证据证明力判定问题为前提。没有具体问题，判定方法也就没有实践意义。

证据证明力判定方法的具体性，体现在证据的可信性和关联性两方面。“证明力的评定包括两个评定过程：一是关于证据自身信用性（Credibility，又译为‘可信性’）的评定；二是纯粹的证明力评价。其中，证据信用性评定是基础，只有在该证据具有可信性的前提下，才有必要进一步对其证明力大小加以考察；而且，对于人的陈述，证明力的大小很大程度依赖于证据自

① 夏甑陶著：《关于目的的哲学》，上海人民出版社1982年版，第22页。

② 李祖军：《关于民事诉讼目的的几个问题》，载陈光中、江伟主编：《诉讼法论丛》，法律出版社2000年版，第286页。

③ 张文显著：《法理学》，高等教育出版社、北京大学出版社1999年版，第56页。

身的信用性评价。”① 这一特点，必然要求证据证明力判定方法具体内容中的途径、策略、手段、程序、技术、技巧等要针对证据的可信性和关联性而设置。否则，难以保证判定活动的有效进行和判定结论的正确、合理。

（三）多样性

刑事证据证明力判定的方法具有多样性。这一特点，是由判定问题内容的丰富性、复杂性所决定的。在我国，理论界和实务界归纳出的证据审查判断方法多达30余种，主要有印证法、分析法、归纳法、演绎法、系统法、比较法、实证法、逻辑法、经验法、同一法、综合法、链集法、推定法、排除法、概率法、科技法等。这些方法中，有些彼此交叉，如比较法与分析法、归纳法与综合法等；有些主要用于证据能力判定，如排除法、科技法等；有些是证据能力和证明力判定均适用的方法，如分析法、经验法等。这种状况，一方面说明证明力判定对象的内涵丰富以及证明力与证据能力的联系密切，另一方面也表明证明力判定方法具有多样性。

刑事证据证明力判定方法应然的多样性与人们归纳的判定方法的多样性不能完全等同。首先，应然的判定法可能并未被归纳提炼出来；其次，归纳提炼出来的方法中，有的可能并不属于应然或者存在错误。因此，需要继续总结提炼尚未归纳出来的应然判定方法，同时通过实践对已经归纳提炼出来的判定方法进行检验。只有如此，实然的判定方法才能与应然的判定方法一致，才能有效地发挥判定方法的功能。此外，我国在刑事证据证明力判定方法划分上存在的标准混乱现象，亦应注意扭转，否则难以发挥理论研究对司法实践的指导作用。

综上所述，刑事证据证明力判定方法的目的性、具体性、多样性特点，一方面决定它与刑事证据能力判定方法存在差异，因而在理论研究和实务操作中应当加以区别；另一方面表明它是众多判定实践经验的总结和提炼，具有认识上的准确归纳性和实践上的牢固基础性，因而应当予以采用并逐步完善。同时，还应注意对实然判定方法的实践检验和应然判定方法的继续提炼，力争使理论研究更加符合实际和发挥更大的指导作用。

## 第二节 刑事证据证明力判定的基本方法

归纳提炼刑事证据证明力判定方法的考量基点，主要在于判定方法的特点要求，也即应当围绕查明案件事实真相的目的，针对证据的可信性和关联

① 吴宏耀：《论证据的自由评价》，载《诉讼法论丛》（第8卷），法律出版社2003年版，第47页。

性问题，突出目的性、针对性和操作性。依循上述思路，笔者对刑事证据证明力判定的基本方法试作归纳并择要论述。

## 一、直觉认知法

实践中，常常遇到这样的情况：其一，对同一事实，证人甲证实，证人乙证伪，法官判定甲的证言成立。询问法官为何采信甲的证言而不采信乙的证言，法官一般均称，结合案件其他证据，甲的证言更加可信。显然，法官的这种说法实际是一种“巧妙”的“托词”。因为，在很多情况下，甲的证言并无案件其他证据相结合。其二，对案件事实中的某一情节事实，往往仅有一个证据证明。对该证据，法官有时以其系“孤证”为由不予采信，有时又以其系证据锁链上的一环为由而采信。这里，采信与否的理由都有失牵强、难以服人。其三，对被告人、被害人、证人的口头陈述，法官从陈述者的神态、语气、动作等即形成真或假的直觉判定。这种判定，往往对法官最终作出结论产生较大影响。询问个中原因，大多数法官称系案件具体情况所致。这种理由，在理性上显然也难以得到合理解释。

上述情况表明，证据证明力判定的方法，并非仅有理性方法一种，还应存在其他方法。否则，难以对上述情况的存在作出合理解释。实践表明，在证据证明力判定上，的确还存在一种非理性的独特方法——直觉认知法。正如有学者论述的那样，“逻辑方法所采用的理性推理方法，是人们认识世界的基本方法，但逻辑法则并非唯一的思维法则。在逻辑方法不能及的意识范围内，还有一块自我意识专有的领域，这是以非逻辑方法认识事物的领域。在一定情况下，非逻辑方法也能够帮助我们认识事物、理解事实。非逻辑方法包括直觉、灵感、顿悟等。……在非逻辑方法中，最重要的是直觉方法。尤其是在主体直接接触认识对象，获得丰富而鲜活的信息时，直觉发挥着重要的作用”。①

### （一）直觉认知法的原理

证据证明力判定上的直觉认知法，是指在一定条件下，裁判者根据其直接接触证据所产生的直觉判定证据证明力的方法。它作为一种非逻辑判定方法，在诉讼中被经常采用，对证据证明力的判定起着逻辑判定方法所不能替代的重要作用。

对直觉认知法，我国大陆地区的理论界和实务界少有关注，而且为数不多的关注者大多对该法也颇有微词。因此，“直觉的运用在现在看来似乎是

---

① 龙宗智：《“大证据学”的建构及其学理》，载《法学研究》2006年第5期，第93页。

一个较新的话题。有些人认为直觉具有极端的不科学性，过分夸大直觉的神秘性，而有些人又完全无视直觉的存在，将人类意识奉为‘纯粹’理性”①。

然而，国外却对直觉认知法颇为青睐。美国学者乔恩·R．华尔兹指出，“法官们在裁定大多数相关性问题时大概都根据：①关于所提证据的‘感觉’；②已确立的司法判例或法典化规则，如果有的话。法官有时对证据有一种感觉、一种直觉的反应，其基础是他们的经验、常识，以及有关世界变化方式的知识”。② 美国法官哈奇逊亦认为，“……法官作出决定，的确是通过感觉而不是通过判断，通过预感而不是通过三段论推理，这种三段论推理只出现在法庭意见中。作出决定的关键冲动是在特定案件中对于正确或错误的直觉；精明的法官，在已经作出决定的前提下，劳其筋骨，苦其心智，不仅要向自己说明直觉是合理的，而且还要使直觉经受住批评苛责”。③

那么，直觉究竟能否在证据证明力判定中发挥作用呢？抑或直觉认知法的原理何在？

直觉是直接而瞬间的、未经意识思维和判断而发生的一种正在领会或知道的方式。④ 从广义上看，它是人的思维的组成部分之一。“狭义的思维概念仅指人的理性认识活动，广义的思维概念则包含感觉、知觉、理智、直觉、灵感、联想、情感和意志等观念性、心理性活动在内的一切认知活动和精神现象。”⑤ 在心理学上，它被视为一种不可避免的非意识主动认知：每一个认知行为、每一种知觉，都是对关于世界、关于他人或自己的行为表现的假设的肯定或否定。这种假设就是主动认知的结果，尽管我们自己并未意识到这一点，尤其是认知过程正在进行的时候。⑥ 就认识而言，它与感性认识阶段的感觉既相联系，又相区别。“它来源于感觉但又不同于感性认识只是事物在人脑中的客观映射；它经历了大脑的过滤但又不具备意识的各项特征。”⑦

从上述直觉概念的定义和简析中，不难看出，直觉具有以下几方面的

---

① 龙宗智、衡静：《直觉在证据判断中的作用》，载《证据学论坛》（第2卷），中国检察出版社2001年版，第403页。

② ［美］乔恩·R. 华尔兹著：《刑事证据大全》，何家弘译，中国人民公安大学出版社2004年版，第83页。

③ ［美］博西格诺等著：《法律之门》，邓子滨译，华夏出版社2002年版，第29页。

④ 参见［美］阿瑟·S. 雷伯著：《心理学词典》，李伯黍等译，上海译文出版社1996年版，第52页。

⑤ 林喆著：《法律思维学导论》，山东人民出版社2000年版，第49页。

⑥ 参见［德］Ernst poppl著：《意识的限度——关于时间与意识的新见解》，李百涵、韩力译，北京大学出版社1995年版，第39页。

⑦ 龙宗智、衡静：《直觉在证据判断中的作用》，载《证据学论坛》（第2卷），中国检察出版社2001年版，第401页。

特征：

第一，直接性。直觉来源于感觉，而感觉又是人们认识客观世界的开始，是直接作用于人们的感觉器官的事物的个别属性在人们头脑中的反映。[①] 因此，直觉对客观事物的反映是直接的，无须借助其他力量或者经过其他环节。这一特征同时也表明，直觉既不是凭空产生的，也不是人们头脑中所固有的。

第二，瞬时性。直觉的产生模式为“观察——感知——意会”模式，也即“直觉认识模式”。它与人脑神经活动的反射机能原理相通，是反射模式“刺激——中枢感知——反应”的对应。由于人脑反射机能能够促使人的机体灵活而又迅速地反应外界环境的刺激，直觉也就能在瞬时作出判断。

第三，敏锐性。直觉具有非逻辑性，它无须借助概念作为判断的中介，也不必经过理性推理过程，而是一种事物急速投射到人脑中的直观“映象”。“它剥离事物烦琐的表象外壳，使人洞察到一些特殊的内在的东西，而不将所有条件予以全盘考虑而使问题复杂化”，[②] 因而能够敏锐地抓住问题的要害。

第四，个别性。直觉所反映的是事物的个别特性。不同的直觉反映同一事物的不同方面的本质和特性。它对客观事物的直接反映局限在某一侧面或某一局部，而不能反映客观事物的全体。因此，凭借直觉判定的问题一般较为具体、简单，不能包含过大容量的信息和推理过程。

第五，“潜意识”。直觉对客观事物的反映不仅仅是人所特有的一种对外界事物的复杂感应，而且很大程度上是其头脑中所储存“潜意识”经验的撞击“迸发”。直觉需要人脑神经活动的本能，“然而，直觉又不单纯地仅仅依靠这种本能就可以产生，个人长期在认识世界的过程中逐渐积淀下来的经验基础在直觉形成中也具有重要作用”。[③]

对直觉的特征，前苏联学者 O. N. 尼采伏洛娃曾经概括为：（1）直接性；（2）没有推论；（3）由自己进行；（4）过程伴随着对直觉成果的坚信感；（5）有别于冲动行为；（6）有别于习惯与熟练；（7）快速性。[④] 她的概括，无疑是正确的。尤为重要的是，她强调直觉不是冲动，将人们对事实的直接感悟与其实施某种行为的神经兴奋区别开来，从而使直觉理论更加符合认识论和心理学原理。

---

① 伍棠棣、李伯黍、吴福元主编：《心理学》，人民教育出版社 1980 年版，第 27 页。

② 龙宗智、衡静：《直觉在证据判断中的作用》，载《证据学论坛》（第 2 卷），中国检察出版社 2001 年版，第 402 页。

③ 龙宗智：《“大证据学”的建构及其学理》，载《法学研究》2006 年第 5 期，第 93 页。

④ 转引自夏军著：《非理性世界》，上海三联书店 1998 年版，第 212 页。

直觉的特征，决定它在人们的生活中必然起着不可或缺的作用。“不论人自身是否认识到直觉，它总是存在于人脑活动的机能当中，并往往不自觉地发挥作用。”[①] 在证据证明力判定活动中，亦是如此。“……直接证据：系以知觉求真实，以感觉求真实，情况证据：系以智能求真实，以论理的理性求真实。”[②]“惟依据形成心证之方法，本得区别为直觉心证与推理心证二种。直觉心证，乃裁判官因检验或证物之调查，依其直接知觉而形成心证之谓。此项证据，称之为物的证据。裁判官依此证据，本其直接知觉，而形成心证。推理心证，系裁判官由一定之事实形成心证，而推理其他事实之存在之谓。此项证据，有为供述证据，有为情况证据。……故自由心证，系由于收集，整理及综合各个证据后，本其直觉或推理作用而形成”。[③] 但凡具有司法经验的裁判者都会有这样的体验：在接触证据的某一瞬间，头脑中往往会产生对其信任或不信任的初步判断。显然，这种判断由非意识的途径获得，是一种根据不自觉状态下的“无意识推理”。

笔者在本题开头列举的三种情况，即涉及直觉这种“无意识推理”的运用。例如，在证人甲和证人乙对同一事实所作的证言截然相反，又无其他证据印证的情况下，采信谁的证言实际上即是直觉起着作用。按照直觉认知法的要求，裁判者应当注意到下列至关重要的事实，“证人陈述时的语调，作答时是踌躇犹豫还是迫不及待，证人的神色以及他的仪态，他惊讶的迹象，他的手势，他的热情，他的沮丧，他的表情，他的呵欠，他眼神的运用，他诡秘或意味深长的一瞥，或者他耸耸肩，他的高音，他的沉着或窘迫，他的坦诚或轻浮的神态”。[④] 如果证人的言行举止、神态语气异于裁判者的生活经验在头脑中形成的“潜意识”，裁判者即会直接而迅速地作出系虚假或有问题的判定；反之，则会作出系真实或问题小的判定。

实际上，直觉认知法在我国的运用由来已久，只是以往未明确以方法冠名而已。历史悠久的“五听”断案制度，在内容上与直觉认知法存在诸多相同之处。“五听”包括“辞听、色听、气听、耳听、目听”，是要裁判者对陈述人“听其辞，因察其色，以色若乎颜而为心之表故也，……则察其色固足以得其心矣。以色未足，又察其气，以其充于体而为心之运故也，……则察其气亦足以得其心矣。耳目者，心之枢机，心之情伪寓于耳目视听之际，察

---

① 龙宗智：《“大证据学”的建构及其学理》，载《法学研究》2006年第5期，第93页。

② 陈朴生著：《刑事证据法》，台湾三民书局1979年版，第144页。

③ 陈朴生著：《刑事证据法》，台湾三民书局1979年版，第558页。

④ ［美］杰克姆·弗兰克：《判决的过程和法官的个性》，转引自［美］博西格诺等著：《法律之门》，邓子滨译，华夏出版社2002年版，第31页。

其视听，亦足以得其心矣”。[①] 显然，“五听”可以被看做是裁判者对诉讼参与人陈述的直觉认知。它的突出特点就是将心理学的直觉原理运用于审判实践，通过察言观色分析诉讼参与人陈述的真伪，形成一种证据直觉并以此判定证据、认定事实。它的心理学基础在于：尽管人的思想不能为他人直接观察得知，但是人的内心活动会通过外在的表现而得到反映。裁判者可以通过观察陈述人的外在表现以逆推其内心活动，从而有助于判断案件事实。至近现代，“五听”制度虽被自由心证所替代，但其精髓却被融入自由心证，一脉相承。

综上可知，直觉认知法的成立理由，主要包括两方面：

其一，“直觉认识模式”的存在。根据生理学和心理学的知识，当人脑的感受器受到事物的刺激时，会立刻通过向心神经纤维传递到神经中枢细胞，再通过离心神经纤维把刺激传递出去，产生对应运动。这一过程的痕迹，表现为一条完整的反射弧。与反射弧的运用依赖于“刺激——中枢感知——反应”模式相同，直觉的产生也需借助“观察——感知——意会”的“直觉认识模式”。这种认识定式并不具有逻辑性，是人内心活动的一种非意识认识形式。“直觉认识模式”的存在，使得人们在客观事物的刺激下产生对客观事物的“映象”也即结论，成为可能。这是直觉认知法成立的科学依据。据此，裁判者对证据证明力的判定结论，可以是其直接接触证据所产生的直觉。

其二，“潜意识”的作用。人的直觉的产生与其“潜意识”密切相关。“现代心理学家的研究表明，潜意识是主体对客体一种不知不觉的认识功能。潜意识并不是人们对客观现象根本没有一点认识的反映，而是对某种对象不自觉的、未加注意的、不由自主的、不知不觉的、模糊不清的反映的认识……潜意识不仅具有不知不觉的认识功能，而且还是主体对客体一种不知不觉的内心体验的功能。”[②] 它是记忆的信息储存，既可暂时处于知觉之外，但又容易进入意识之中。因此，它是直觉发生的心理学基础。由于“潜意识”储存的是人类长期的生活经验，而经验又是人类知识的一个重要来源，能够在生活中有效地发挥作用，因而直觉发生的基础具有正确性，确立并运用直觉认知法判定证据证明力也就成为必要。

“潜意识”的形成及作用，与人们的实践经验密不可分。“从心理学来讲，人们在长期刻苦地工作中不断积累经验，不断接收各种信息，有的信息一时未被完全理解，有的还未来得及梳理而没有留下系统、明确、深刻的印象，但往往形成所谓的潜意识而储存于大脑中。当受到某一动因的触发时，

① 转引自殷啸虎：《“五听”：中国古代审讯艺术》，载《法学》1992年第2期，第45页。

② 陈兴良著：《刑法哲学》，中国政法大学出版社1992年版，第37页。

一些有用的隐伏信息，可能会突然明朗起来，成为解决问题的动力，使一时百思不得其解的问题迎刃而解”。①

（二）直觉认知法的运用

直觉认知法主要适用于以下两种情形：

1. 人证真伪的快速判定

人证真伪的快速判定，是指裁判者通过对被告人、被害人、证人陈述的察言观色所形成的直觉，快速作出陈述人的陈述是否为真的初步判断。在这种情况下，裁判者直觉的产生直接来源于与陈述人面对面的接触，是察言观色的结果与头脑中的经验“潜意识”的结合物。就此意义而言，裁判者也可谓证人，即目击陈述人陈述行为举止、了解陈述人陈述内容并提出直觉意见的证人。美国学者弗兰克在论述法庭应当注意证人陈述时的言行举止这一至关重要的事实后，接着指出，“非常奇怪，很少有人认识到，证人在这一意义上是一位法官，而法官在同一意义上也是一名证人。他是法庭上所发生的一切的证人，他必须从自己所看到和听到的东西中，即从证人的用语、手势和其他行为中判断什么是案件的事实。……远在他必须以案件事实整体为参考来决定正确或错误、公正或偏私之前，主审法官就已经随着一个个证据的渗入而致力于作出众多的判断或推论。他对证人所言及其真实程度的确信决定了他认为什么是‘案件事实’”。②

适用直觉认知法快速判定人证的真伪，一般应当具备三个条件：一是裁判者必须直接接触被告人、被害人或证人；二是直接接触的地点一般应在法庭；三是陈述人的陈述应当在审理之中进行。只有具备上述三个条件，裁判者才能通过其直接感知陈述人陈述时的言行举止和陈述内容所产生的直觉，作出陈述是否为真或可信的初步判断。

初步判断的运用，可以分为三种情况：其一，如果得到其他证据的印证，则直觉的正确性得到充分的检验，该人证的证明力也即相应确定；其二，如果没有其他证据的印证，则直觉的正确性尚有或然性，需要结合案件其他情况判定或视直觉是否促使裁判者形成内心确信来作出是否采信人证的判定；其三，如果与其他具有可信性的证据发生矛盾，则直觉发生错误的可能性较大，对直觉形成的判定可不予考虑。

运用直觉认知法判定人证的真伪，裁判者尤其要善于察言观色。关键是要认真观察陈述人陈述时的言行举止、神态语气是否异常、是否协调，以保

---

① 万鄂湘、李克主编：《法官综合培训教程》，中国政法大学出版社2006年版，第167页。

② ［美］杰克姆·弗兰克：《判决的过程和法官的个性》，转引自［美］博西格诺等著：《法律之门》，邓子滨译，华夏出版社2002年版，第31页。

证直觉前提或基础的准确性、牢固性。具体而言，要注意陈述人“所有有效的表达元素——包括言辞的内容（实际说出的话）、非言辞的表达（附属于语言的元素，诸如讲话的速度、音量、停顿和声调变化）与肢体语言（动作，诸如姿势、身体、臂部及手部的摆动、脸部表情和眼神的接触）——都必须互相协调”。①

2. 证明力判定“预感”的运用

“心理学家告诉我们，判断的过程很少是从前提出发继而得出结论的。判断的起点正与之相反——先形成一个不很确定的结论：一个人通常是从这一结论开始，然后努力去发现能够导出该结论的前提。”② 裁判者对证据证明力的判定亦是如此，也需由结论或者说对结论的“预感”倒推前提。“法庭的判决像其他判断一样，无疑在多数情况下是从暂时形成的结论倒推出来的。……法官的判决取决于一种预感，这种预感在他对难免有误的作证作出反应之后很久才到来。这就是所谓‘事后溯及’（ex post facto）。”③ 裁判者通过直接接触证据产生关于证明力的直觉（预感）后，一是可以根据直觉建立的初步信念确定进一步审查判断证据的方向；二是可以在直觉的基础之上，经过对证据的逻辑推理，将直觉发展为一种对证据证明力的内心确信。

以直觉认知法指导裁判者运用证明力判定的“预感”，包括对单个证据、组合证据、全案证据的证明力判定。在此情形下，裁判者既可能是在使用非逻辑判定方法的过程中产生直觉，也可能是在理性和逻辑的思维过程中突然茅塞顿开而形成直觉。对直觉认知的这种情况，有人认为是一种直觉思维。“灵感（直觉）思维，是一种更高级、更复杂、更富有创造力的思维形式。灵感（直觉）思维常常表现为，人们在创造活动中，对某一问题进行冥思苦想的紧张阶段，因受到有关事物的启发，思想忽然开朗，从而使问题获得解决的一种心理活动现象。有人称它是一种不知不觉中突然发生的特殊思维形式，真正是‘众里寻他千百度，蓦然回首，那人却在灯火阑珊处’。”④ 实际上，裁判者从一个具有普遍性的规范判断和一个具体事实判断推出另外一个具体的规范判断，往往是以一种跳跃的、直觉式的思维方式完成的。

运用直觉认知法判定证据的证明力，需要注意以下几方面的问题：

---

① ［美］汤玛斯·摩伊特著：《诉讼技巧》，蔡秋明、方佳俊译，台湾商周出版2002年版，第49页。

② ［美］杰克姆·弗兰克：《判决的过程和法官的个性》，转引自［美］博西格诺等著：《法律之门》，邓子滨译，华夏出版社2002年版，第27页。

③ ［美］杰克姆·弗兰克：《判决的过程和法官的个性》，转引自［美］博西格诺等著：《法律之门》，邓子滨译，华夏出版社2002年版，第33页。

④ 万鄂湘、李克主编：《法官综合培训教程》，中国政法大学出版社2006年版，第167页。

其一，直觉的作用不能被人为放大。直觉是人的一种瞬间内省和直接感悟。它建立在人的经验和体验的基础之上，因而具有正确性。正是因此，直觉认知法才有成立的依据。但是，由于经验的不完全确定性和体验的有限性，以及人脑储存的信息与外界事物瞬间的契合存在的或然性，直觉也不是必然准确、可靠的，具有一定的局限性。仅凭直觉断案，将会产生结论或然化和认识不可靠的风险。就此意义而言，直觉认知法是一种有局限的判定方法。因此，在证据证明力判定中，裁判者要始终保持一种警惕，防止夸大直觉的作用，将直觉认知功能定位于对逻辑、理性方法的辅助，利用直觉辅助严密的逻辑思维，实现对案件情景的真实回复。

其二，直觉的认知需要得到验证。直觉认知是否正确，需要得到检验。只有经过检验，直觉认知才能作为促使心证形成的因素而被使用。换言之，对证据证明力的判定，直觉上的认知所起的作用，主要还是辅助性的。直觉引导裁判者作出的证据证明力判定，还需得到其他证据的印证，需要运用逻辑方法进行理性的检验。“哪怕法官的判决开始时存在某种直觉，但是这种直觉也将会由法官——从根本上讲，由法学家——根据法律、根据学说的种种结论、根据种种先前的判决，进行审查；如果法官起初直觉找到的，他想据此断案的规则在法律、学说的结果和先前的判例那里得不到证实，他一般将会改正自己的看法。”①

其三，直觉的产生离不开经验和实践。直觉的产生，一是要有丰富的经验信息积累，二是要有直接接触判定对象的实践。如果没有实践和经验，人就难以形成那种遇到条件即产生直觉的“直觉认识模式”。具体到证据证明力判定上，裁判者合理直觉产生的必要条件，一是丰富的生活经验，二是具体的实践体验。生活经验越丰富，实践体验越具体，产生直觉的机遇越多、速度越快。因此，裁判者要勤于学习和思考，积累经验为合理直觉的产生奠定基础。同时要直接接触第一手证据材料，以避免因信息传递过程中的失真而发生证据证明力判定上的直觉扭曲。

## 二、相互印证法

相互印证法是刑事证据证明力判定中最常用、最基本的方法之一。无论在何种证据制度下，司法人员在实务中都自觉或不自觉地运用着这种方法。“相互印证作为一种通常使用的证明方法，被世界各国所采用。”② 而在我国，相互印证法尤为实务界推崇，已经成为审判人员在证明力判定上的常态思维

① ［德］H. 科殷著：《法理学》，林荣远译，华夏出版社2004年版，第219～220页。

② 谢小剑：《我国刑事诉讼相互印证的证明模式》，载《现代法学》2004年第6期。

模式。审判人员讨论案件事实和阐述判决理由，经常会使用“本案证据能够相互印证”、“证据前后衔接，形成证据锁链”之类的语言。然而，这种方法及其运用也存在一些不足，需要改进和完善。

（一）相互印证法的基本内容

在语义学上，“印证”是指“证明与事实相符”。[①] 而“相互印证法”中所称“印证”，则是指“不同载体所含信息的相互照应及共同性”，[②] 即证据所含证明力信息的相互照应以及各证明力信息指向的共同性。据此，相互印证法作为一种证据判定方法，在证明力判定上的含义，是指通过证据与证据之间、证据与案件事实之间的相互照应，佐证证据的真实性、充分性和形成证据锁链证明案件事实。

相互印证法的基本内容，主要包括以下两方面：

1. 证据相互印证佐证证据的真实性和充分性

对证据真实性和充分性的佐证，是相互印证法的主要功能。它作为证明案件事实的基础，在证据证明力判定中起着十分重要的作用。“通过概率计算可知，在一个证据的证据力一定的情况下，任何一个外部证据——不受前一个证据影响的证据对同一对象的证明，无论该证据的证据力有多小，哪怕是百分之一，都是对前一证据证明程度和证明结果的加强。”[③]

（1）佐证证据的真实性。证据是否具有真实性，涉及其证明力有无的问题。一般而言，某一材料是否真实，判定证据能力时即已涉及。明显虚假的材料，是不能获准进入诉讼程序的。但是，一方面，判定证据能力时所说的真实性，在很大程度上是就形式上的意义而言。具有合法性、关联性的材料，并不一定必然具有真实性。实务中，虚假关联和形式合法但无实质关联和实质违法的情况，也并不少见。因此，判定证明力仍然涉及真实性问题。证据只有具有真实性，才可能具有可信性和证明价值。与证据能力的真实性判定不同，在此环节的真实性具有实质上的意义。“它反映了用于定案的证据可能处于一种‘亦黑亦白’的状态，而不是将其按照‘非真即假’的逻辑进行简单处理”。[④] 另一方面，“由于证据的证明价值是以证据的真实性为前提的，所以对证明价值的认定也离不开对证据真实性的认定。从这个意义上讲，真实性是一个贯穿于整个认证活动的概念，甚至可以说是认证活动的中心内

① 中国社会科学院语言研究所词典编辑室编：《现代汉语词典》，第1630页。

② 龙宗智：《印证与自由心证》，载《法学研究》2004年第2期，第107页。

③ 何家弘主编：《刑事审判认证指南》，法律出版社2002年版，第97页。

④ 何家弘、刘品新著：《证据法学》，法律出版社2004年版，第257页。

容”。①

证据与案件待证事实之间具有客观联系，这是证据的基本属性之一。而证据之间，在都与案件待证事实存在关联的前提下，也必然存在一定的联系。这种联系，对于判定证据的真实性具有至关重要的意义。因为，任何一个证据都无法自证其身，只有与其他证据结合起来，加以综合分析、判断，才能确认其真伪。而且，通过相互印证，也可以发现其他证据的疑点。如果证据之间的相互印证在该一致的地方不一致，或者在不该一致的地方却一致，则显然表明其中必然存在虚假的证据。实践表明，采用相互印证的方法来判定证据的真实性、可靠性，乃是一种行之有效的判定证据证明力的重要方法。

采用相互印证法判定证据的真实性，可以分为以下两种情况：

第一，同类证据之间的相互印证。

在这种情况下，同种类的各证据之间倘若能够相互呼应而且指向同一，即可谓已经达到判定的要求；反之，如果证据之间存在矛盾、指向不同，则未达到判定的要求。例如，多名证人若均证明在同一时间、同一地点目睹被告人与被害人发生争吵，则其证言相互印证；反之，如果多名证人关于目睹被告人与被害人发生争吵的证言在时间、地点上存在矛盾，则其证言未能相互印证。当然，这里所说的达到判定的要求，仅仅是就证人证言之间的印证而言的，因而并不具有绝对性，也有发生错误的可能。例如，虽然多名证人的证言在内容上相互印证，但如果其证言系串供形成且均虚假，则未达到判定的要求。究竟是否真正达到判定的要求、能否用以证明案件事实，还需结合其他证据进行判定。

第二，不同证据之间的相互印证。

判定不同证据之间是否相互印证，关键是看它们在证明案件待证事实上是否一致、协调。一般而言，不同的证据如果都是真实的，各自的证明力所指方向都是同一的，彼此之间就可能是一致的、协调的。但是，需要注意两方面的问题：其一，不同证据之间的一致、协调，是就它们对案件待证事实的证明力指向相同或趋同而言的，并不意味着彼此之间完全不存在矛盾，只不过这些矛盾是非根本性的、不影响证明力指向的矛盾而已。实践表明，真实的证据之间，在印证上往往存在一定的合理差异。不同证据在个别情节上存在矛盾，往往正是事物原来面目的真实体现。这种现象，乃是社会生活和证据成因的复杂性使然。其二，不同证据之间是否一致、协调，证据本身无法自明，需要人们去分析、归纳。如果在分析、归纳中遗漏了一些中间环节，

① 何家弘、刘品新著：《证据法学》，法律出版社2004年版，第390页。

亦可能得出错误的结论。因此，判定不同证据之间的相互印证，还需善于发掘和正确运用中间环节。

（2）佐证证据的充分性。证据的充分性也涉及证明力问题。不过，它不涉及单个证据的证明力，而只涉及案件全部证据的综合证明力或部分证据的整体证明力。诉讼中，一般说来，真实、可靠的证据愈多，证据体系的综合证明力或整体证明力就愈大，反之则愈小。而且，所证明的问题愈复杂，需要的综合或整体的证明力就应愈强，证据也应相应地更加充分。正如美国法学家弗雷德曼所言，“什么证据才能形成‘确信’，因问题不同而不同。问题越轻微和简单，越容易形成‘确信’；问题越严重和复杂，就越要细心审查，也就是说，在对案件真实情况形成确信之前所需要的有证明力的证据就越多”。①

佐证证据的充分性，也是相互印证法的主要功能之一。实务中，证据之间的相互印证，有助于人们作出证据是否充分的判定。“这不仅是因为证据充分是以证据的确实性为前提的，在确实性无法得到确认的情况下，是否充分的问题是无法解决的，而且是因为相互印证本身就意味着证明力的增强。虽然证据充分不能简单地用证据数量来解释，但是，印证本身也包含着证据量的要求。一个没有其他证据印证的孤证在数量上无疑也是欠缺的。证据数量影响着证据的充分程度。”② 一般说来，如果证据充分，据以定案的各证据之间即有相互印证关系。为保证定案依据的充分性，证据之间必须具有相互印证的关系。证据不能相互印证，即未达到充分的程度。

采用相互印证法判定证据的充分性，应当注意以下两个问题：

①证据充分不仅是对证据的量的方面的要求，而且更重要的是对证据总体上的质的方面的要求。因此，在需要多少证据的相互印证来达到充分程度上，不能一味强调数量。只要案件事实均有必要的证据予以证明，证据之间、证据与案件事实之间的矛盾得到合理排除，对案件事实的证明结论唯一，就应认为相互印证的众多证据已经满足充分的要求。当然，从孤证不能定案的原则出发，证据充分还是应有数量上的基本要求。具体而言，基本要求应当是：证据至少有两个以上并且能够得到相互印证、能够直接证明案件待证事实。换言之，“证据印证的质和量，决定了证据包括单个证据和多个证据证明力的不同。证明力强的，少数几个证据即可定案；证明力弱的，案件证据

---

① 引自何家弘、刘品新著：《证据法学》，法律出版社2004年版，第344页。

② 李建明：《刑事证据相互印证的合理性与合理限度》，载《法学研究》2005年第6期，第24页。

众多也难以认定”。[①]

②案件的诸多证据中，同向证据数量的增加会增强本向证据整体证明力的充分性，异向证据数量的增加会削弱相反方向证据整体证明力的充分性。而在证明指向上相反时，判定证据是否充分，实际上即是在进行正反两部分证据各自整体证明力的比较。例如，对被告人的行为是否构成犯罪，一部分证据证“是”，一部分证据证“否”，一部分证据处于中性，既不证“是”也不证“否”。在此情况下，判定证据是否充分，即应首先看证明是“是”或“否”的证据各自在自身体系内相互印证所形成的整体证明力是否达到充分的基本要求，其次再对证明指向相反的两个证据体系的整体证明力进行大小比较，最后结合全案证据及其他情况，根据自由心证原则作出判定。

2. 证据相互印证证明案件事实

证据相互印证佐证证据的真实性、充分性的目的，在于证明案件事实。“证据应当相互印证的命题产生于证据审查判断和运用证据认定案件事实的实践领域。因此，相互印证是对单个证据的证明力进行审查判断和对全案证据是否充分进行审查判断的一种方法，也是采信某一证据和根据全部证据认定案件事实的一项规则。”[②] 换言之，从证据证明力上看，证据相互印证除具有判定单个证据真实性和全案证据充分性的证明力判定功能外，还能形成以证据体系形式出现的整体证明力来证明案件事实。

运用相互印证的证据证明案件事实，表现为以下两种形式：一是直接证据得到其他证据的印证或补强证明案件事实；二是间接证据相互印证形成证据锁链证明案件事实。相对而言，在体现相互印证法的功能上，第一种形式较为简单，第二种形式则较为复杂。对第一种形式，前文已经涉及并将在后面论及，故本节仅探讨第二种形式，即间接证据相互印证形成证据锁链证明案件事实的情况。

在第二种形式中，相互印证、证据锁链和案件事实三者之间的关系，主要表现为：一方面，间接证据之间相互印证的最佳结果即是形成完整的证据锁链；另一方面，完整的证据锁链又是证明案件事实的最佳手段和方法。正是基于此，“本案证据相互印证，形成证据锁链，足以证明案件事实”之类的语言，才成为目前我国司法人员的常态思维模式和各类判决书中的常见用语。同时，由于证据锁链一经形成，即可用以证明案件事实，而运用证据锁链证明案件事实又相对简单、容易，因而对证据锁链是否形成、是否完整的

---

① 陈为钢、张少林著：《刑事证明方法与技巧》，中国检察出版社 2008 年版，第 112 页。

② 李建明：《刑事证据相互印证的合理性与合理限度》，载《法学研究》2005 年第 6 期，第 21 页。

判定，即是证据锁链运用的前提和关键。为此，笔者对本节问题的探讨，将围绕证据锁链的特征及形成展开。

（1）证据锁链的特征。证据锁链是证据体系的形象比喻。诉讼中，绝大多数情况下，单一的证据，无论是直接证据还是间接证据，都无以证明案件事实，都需要其他证据的照应、支持，才能作为定案的依据。① 间接证据更是如此，“……对案件主要事实的证明，有赖于若干证据相互组合，形成一个相互依赖、相互连接的证据体系。这个由间接证据组成的证据体系通常被形象地比喻为证据锁链”。②

在我国，理论界普遍认为，证据锁链只能由间接证据构成，是由若干间接证据相互组合所形成的相互依赖、相互连接的证据体系；而实务界所称“证据锁链”，在组成成分上包括间接证据和直接证据。这种差异的成因，笔者囿于篇幅不作探讨；但为在论述上与现行证据理论协调，仍采用理论界对证据锁链的定义。

证据锁链主要具有以下特征：

①证据链条的多样性。锁链的基本要求之一，是将链条连接成串。因此，证据锁链的形成，需要一定数量、一定种类的证据。否则，不可能连接成串。至于具体需要多少个、多少种证据，应当根据案件证据的具体情况，以能形成锁链并能用以证明案件事实为标准。

②证据之间的依赖性。证据锁链的链条之间，必须彼此环环相扣，才能形成证据锁链。如果缺少其中的一环，众多的间接证据即无法连接和组合，也就难以有效地证明案件事实。就此意义而言，作为证据锁链组成要素的每一间接证据，其证明作用都依赖于其他证据。

③证明事实的推理性。证据锁链中的间接证据对案件主要事实的证明是以推理的方式进行的。与之相应，证据锁链对案件事实的证明也具有一定的推理性。这是因为，“由于间接证据不能直接证明案件主要事实，它对案件主要事实的证明，只能是根据若干间接证据相互组合形成的证据体系推导出案件主要事实”。③

④证明作用的稳定性。证据锁链对案件事实的证明作用具有稳定性。具体案件中，只要证据获得其他证据的支持，其真实可靠性即可得到保障。而

---

① 少数情况是指某些情况下的直接证据，如适用简易审判程序审理的案件中被告人在法庭上的有罪自认等，也可单独用以证明案件事实。

② 樊崇义：《间接证据：证明犯罪的重要手段》，载《迈向理性刑事诉讼法学》，中国人民公安大学出版社 2006 年版，第 584 页。

③ 何家弘主编：《新编证据法学》，法律出版社 2000 年版，第 131 页。

且，由于证据之间相互印证，证据的证明作用即较为稳定。这一特点，有助于消解言词证据的不稳定性，从而增强了证明力判定的可接受性。

（2）证据锁链的形成。证据锁链的特征对证据锁链的形成具有明确的要求；同时，它也是检验证据锁链是否形成、是否完整的标准。根据证据锁链特征的要求，结合司法实践，对证据锁链是否形成、是否完整，主要应从以下几方面进行判定：

①链条证据是否具有证据能力。证据锁链的链条，自身必须具备链条的资格；否则，用其组合而成的锁链名不副实而且难以发挥作用。判定证据锁链中的间接证据是否具有证据能力，一是要考察其是否具有合法性；二是要考察其是否经过查证被认定属实；三是要考察其是否与案件事实存在关联。当然，在此环节中，间接证据经查证被认定属实只是初步的判断，尚不具有绝对性，还需在证据锁链的形成中通过各间接证据的相互印证加以检验。此外，这里所说的间接证据与案件事实的关联包括两种情形：一是指间接证据与案件次要事实和其他间接证据的直接关联，二是指间接证据与案件主要事实的间接关联。前者可以直接证明，后者则需进行推理。

②作为链条的间接证据与其他间接证据是否能够结合。“间接证据，仅系证明他项事实，即间接事实；由间接事实，而推理主要事实。”[①] 证据锁链中的每一间接证据，都只能证明案件的某个事实要素或情节。各间接证据只有互相结合起来，形成一个完整的证明体系，才能使案件事实的各个部分均有相应的间接证据加以证明，并进而从整体上证明案件事实。如果间接证据相互不能结合，则证据锁链无法形成，证据再多，也只能是散沙一盘，无法发挥整体的证明作用。而且，如果间接证据之间的相互结合不是按照其内在联系所形成，则这种结合实际上是一种“形聚实散”的拼凑，无法形成证明合力。在此情形下，间接证据再多，也不能据以定案。

③证据锁链链条之间的连接是否协调一致。判定证据锁链的各链条是否协调一致的关键，在于确定它们之间是否具有连接点以及连接点是否牢固、吻合。所谓证据锁链中的证据连接点，就是链条与链条之间的交汇处，也即作为证据链条表现形式的若干证据内容之间相互印证的地方。它作为连接证据的纽带，在内容上与所连接的各证据存在交叉，分属不同证据的共同部分，是证据相互印证的反映和标志。证据锁链内部的间接证据的连接点是否存在以及是否牢固、吻合，决定着证据链条之间连接的真实性、可靠性和整个证据锁链的完整性、牢固性。不同证据的证据事实之间如果存在客观的、紧密

① 陈朴生著：《刑事证据法》，台湾三民书局1979年版，第139页。

的联系，则证据锁链即已达到环环相扣、形成完整体系的要求。

④证据锁链在证明案件事实上是否能发挥整体效应。证据锁链对案件事实的证明作用，是通过证据链条相互印证所形成的合力来发挥的。一般而言，形成合力并使其产生最佳整体效果，必须满足以下要求：一是间接证据之间的矛盾得到合理排除。证据锁链的形成，并不意味着证据之间的联系不存在矛盾。关键在于，存在于证据锁链内部的矛盾应当是非根本性的、非冲突性的并且可以解释、容忍，不会否定或动摇证据之间的联系。如果证据锁链内部存在根本性的、冲突性的矛盾，则其尚未达到证据锁链的要求，势必导致证明力量分散，发挥不出整体证明效应。二是运用证据锁链所得出的关于案件事实的结论必须具有唯一性。也就是说，证据锁链不仅要表明定案结论是有根据的，而且还要表明定案结论是唯一的，其他任何结论都是不可能的。

（二）相互印证的合理限度及其把握

运用印证法判定证据证明力的最大难点和重点，在于如何设定和把握相互印证的合理限度；即证据相互印证达到何种程度，才能形成证明案件事实所需的必要证明力，裁判者才可以据此作出证据证明力判定和案件事实认定。

对证据相互印证的合理限度及其把握的研究，理论界尚不深入，实务界则基本上处于“知其然”而惑于“所以然”的状态。实践中，在具体把握上存在以下两种偏向：其一，以有相互印证为限度，而不论相互印证是否表象、是否过于简单、能否达到判定要求。典型表现是，“在仅有个别不算关键的情节被印证的情况下便认为证据已经相互印证，草率地采信证据或者认定案件事实”。[①] 其二，一味要求相互印证的证据之间必须在证明内容上毫无差异，才能采信证据和认定案件事实，而不论证据之间在证明力上是否实际存在必要的相互依托、相互支持、相互说明、相互吻合的关系。

证据相互印证的限度把握，对证据判定和案件事实认定的过程和结果起着至关重要的尺度上或者标准上的引导、验证作用。而且，从深层次看，它涉及的是诉讼价值实现的重大问题。具体表现为，相互印证限度过低，则可能增加证据和事实误认的风险，难以防止冤、假、错案的发生，不利于充分保障人权，而相互印证限度过高，则又可能严重影响诉讼效率，难免出现本可认定有罪但因达不到所谓印证标准而以证据不足为由判处无罪的情况，不利于有效惩处犯罪。因此，有必要总结实践中合理把握相互印证限度的成功经验，将其提炼上升为原则、规则或者标准并运用于实践，以保证证据判定和案件事实认定的科学性、合理性以及诉讼价值的实现。

---

① 李建明：《刑事证据相互印证的合理性与合理限度》，载《法学研究》2005 年第 6 期，第 28 页。

根据刑事证明原理，结合刑事司法实践，对证据相互印证是否达到合理限度，可以从以下几方面去把握：

其一，证据之间在事实内容上是否基本重合。对基本重合的理解，不能机械、苛严。甲证据的内容被乙证据的内容所重叠覆盖，甲乙二者证据之间在事实内容上即存在基本重合。例如，受贿人供述的受贿事由、时间、地点、金额、行贿人等，如果与行贿人的相关陈述基本一致，则受贿人的供述与行贿人的陈述即基本重合。基本重合并不意味着证据之间没有一丝一毫的差异；个别枝节存在差异，而基本内容、基本情节一致，仍然符合“基本重合”的要求。证据之间在事实内容上基本重合，是最为理想的证据相互印证的情形之一。一旦达到这种程度，即可直接作出采信证据的判定。

其二，证据之间在证明方向上是否相同。这种情形，主要涉及间接证据之间的相互印证。间接证据虽然各自的内容有所不同，但在证明指向上却是相同的。它们之间的相互印证，基于证明方向相同而产生的内在联系和证明作用上的一致。例如，某一故意杀人案，鉴定结论证明被害人的伤情、死因等，证人甲证明被告人具有杀人动机，证人乙证明被告人有作案时间，鉴定结论、证人甲的证言和证人乙的证言在内容上虽不相同，但都指向被告人犯罪，因而彼此之间存在内在联系，可以相互印证。间接证据之间只要具有证明方向上的同向性，即已达到相互印证合理限度的要求，即可形成证据锁链证明案件事实。

其三，直接证据的主要内容是否被其他若干证据分别验证。直接证据与案件事实之间存在直接的联系，可以单独直接证明案件的主要事实。只要其真实性和主要内容得到其他证据的分别验证，它与其他证据的相互印证即达到合理限度的要求，即可作为定案的主要依据。例如，被告人供认在某时、某地、采用某种手段抢劫某人并致其重伤，如果所供述的抢劫时间、地点、手段、被害人、后果分别得到被害人陈述、证人证言、鉴定结论等证据的验证，则其供述即可作为定案的依据。这种情形，既是直接证据与其他证据分别在内容上的基本重合，又是一种证明力极强的证据锁链，足以证明案件事实。

其四，证据之间在部分事实上的相互印证是否具有关键意义。这里所说的关键意义，是指相互印证的部分事实在证据判定和事实认定上起着关键的作用，换言之，凭借证据对这部分事实的印证即可作出证据判定和事实认定的结论。例如，被告人贪污公款300万元，证人证言、书证、鉴定结论在被告人采用的手段、侵吞的公款数额上能够印证，但在赃款的去向上却不能印证。由于各证据相互印证的部分是犯罪构成的基本要素，这些证据对案件事实的证明作用即具有关键性的意义，因而已经达到相互印证的合理限度，足以认定被告人贪污的事实成立。可见，只要证据的核心内容或关键情节得到印证，即可认为证据体系已经得到检验，可以作出案件事实的认定。

此外，实践中，还可以从相互印证的诸证据是否形成证据锁链，证据之间相互印证形成的整体证明力是否在质和量上强于其他个别证据或其他证据组合，间接证据之间相互印证的推理前提是否符合经验法则和逻辑法则，相互印证的各证据与案件事实是否存在密切的、内在的、本质的联系等方面来把握相互印证的合理限度。

当然，相互印证限度的合理性是相对的。理论上和实务中，没有也不可能提出判定相互印证合理限度的客观的确定性标准。具体案件的证据相互印证的合理限度，只能由裁判者根据具体案情和经验法则、逻辑法则加以把握。至于把握是否准确、合理，则只能根据证明标准的要求衡量。

应当指出，相互印证法虽然是经过实践检验而被人们普遍认同、在实践中被普遍采用的一种证据判定的基本方法，但也存在用印证代替心证的倾向和印证标准要求难以达到，容易导致忽视单个证据的独立审查等缺陷，应当在理论上和实务中加以弥补。途径主要有三：一是着眼于相互印证与自由心证的兼容性，将印证和心证有机结合起来；二是从证据判定实践出发，合理设定和把握相互印证的程度；三是根据相互印证的基本原理，坚持印证必须以单个证据的查证属实为前提。

## 三、矛盾辨析法

“科学分析的最重要、最基本的方法是矛盾分析法。它要求我们分析矛盾的普遍性和特殊性，矛盾双方各自的特点；分析质和量、肯定和否定、原因和结果、必然和偶然、可能和现实、形式和内容等等矛盾。”① 诉讼中，矛盾辨析法作为一种通过辨析证据之间的矛盾以合理地解决证据矛盾的方法，是一种常用的证据证明力判定基本方法。裁判者在诉讼中正确地运用矛盾辨析法，即能及时发现矛盾、科学分析矛盾并进而合理地解决矛盾，确保正确判定证据和认定事实。

### （一）证据矛盾的主要表现形式

毛泽东指出，“矛盾存在于一切客观事物和主观思维的过程中，矛盾贯穿于一切过程的始终，这就是矛盾的普遍性和绝对性”。② 这一论断，无疑也

---

① 肖前、李秀林、汪永祥主编：《辩证唯物主义原理》，人民出版社 1981 年版，第 427 页。
② 《毛泽东选集》，人民出版社 1969 年版，第 283 页。

适用于证据证明力判定的过程。司法实践表明，在证据证明力判定过程中，发现、分析和解决证据矛盾，是证据证明力判定的一项重要而又频繁的任务。

发现、分析和解决证据矛盾，需要从证据矛盾的现象和形式入手。因为，一方面，现象总是从不同的侧面表现事物的本质。科学的认识任务，就是要通过现象抓住本质。另一方面，形式虽为内容所决定，但它能够积极影响内容，对内容产生重大的反作用。这种作用表现为两种情况：一是形式适合内容时促进内容的发展；二是形式不适合内容时阻碍内容的发展。从证据矛盾的现象和形式入手，就能透过现象看到本质、通过形式了解内容，从而正确的认识和解决证据矛盾。

现实中存在的事物都是一个由多种矛盾构成的矛盾体系或矛盾系统。在这一体系或系统中，每一事物都存在着多方面的关系或联系，每一事物的内容都是十分丰富的。与之相适应，矛盾的形式也是多种多样的。证据矛盾的表现形式亦是如此，呈现出一种多样性。

证据矛盾的主要表现形式，可以分为以下几种：

（1）自相矛盾，即同一证据在内容上存在矛盾。分为两种情形：其一，同一证据的内容存在矛盾。例如，在一起强奸案件中，被害人在陈述被告人对其实施强奸具体行为的同时，又陈述其在被强奸前因酒醉已昏睡过去、什么都不知道。显然，能够说出被强奸的具体情节与昏睡过去、什么都不知道的说法之间存在矛盾。其二，同一人两次以上针对同一事实所作的陈述互相矛盾。例如，在一起受贿案件中，被告人在侦查阶段承认受贿，在审判阶段又否认受贿，其供述即前后矛盾。

（2）相互矛盾，即针对同一事实，不同证据之间存在矛盾。例如，在一起受贿案件中，对甲受贿的事实，甲否认收乙钱，乙承认送钱给甲，丙证称见乙送钱给甲，丁证称听甲说未收乙钱。在此案中，甲、丁的陈述与乙、丙的陈述相互矛盾。

（3）表象矛盾，即证据内容直观反映出矛盾。例如，在一起滥伐林木案件中，同一片林地，存在“哨子岗”、“小包头”、“黑山崖”等不同称谓，彼此之间即存在矛盾。

（4）隐含矛盾，即证据内容不能直观反映出矛盾，而依据常识、逻辑等则可看出矛盾。隐含矛盾主要有三种情况：

①不合常识。例如，在一起投毒案件中，被告人关于将鼠药给被害人服用是为治疗其胃病的供述即不合常识。

②不合情理。例如，在一入室强奸案件中，被告人供称虽与被害人素不相识且被害人的家人也在家，但因被害人认为与自己投缘而自愿与其发生性

行为。显然，被告人的这一供述不合情理。

③不合逻辑。例如，在一起伤害案件中，证人甲证当晚月明，见被告人身穿黄袄、黑裤，头戴皮帽，皮帽什么颜色（实际是黄色）不知道。这里，被告人的供述即不合逻辑。因为，既然能看清袄、裤的颜色，就应看清皮帽的颜色。

（5）因果矛盾，即证据所证明的事实在原因和结果上存在的矛盾。例如，在一起杀人案件中，证人甲证称乙将丙殴打致死，而鉴定结论却是丙溺水窒息死亡。在乙的殴打行为与丙死亡的因果关系上，甲的证言与鉴定结论显然存在矛盾。

（6）时序矛盾，即证据证明的内容在事件发生的先后顺序上存在的矛盾。例如，在一起受贿案件中，行贿人陈述过年时送给受贿人现金 2 万元，受贿人供称在“五一”节时收受行贿人现金 2 万元。行贿人和受贿人各自陈述的关于 2 万元的贿赂事实，即在时间顺序上存在矛盾。

（7）空间矛盾，即不同证据的内容在涉及空间方位上存在的矛盾。例如，在一起抢劫案件中，证人甲称其在巷道拐角处看见在右面巷道的报亭外乙持刀威胁丙。根据现场勘察并经现场实验，甲所说的拐角处根本不可能看见报亭。甲证言的内容，显然与现场勘察笔录和实验结果在空间方位上存在矛盾。

此外，证据矛盾的表现形式，还有外形、数量、特性上的矛盾，条件与现实上的矛盾，形式与内容的矛盾，手段、方法与后果的矛盾，动机、目的与结果的矛盾，主体资格权利能力、行为能力与法律效力的矛盾，资历、能力、水平与行为结果的矛盾，[①] 等等。

正确总结和把握证据矛盾的表现形式，有助于裁判者在具体案件的证据证明力判定中准确地归纳矛盾，查明矛盾的原因，比较分析矛盾的性质，有针对性地采用解决矛盾的方法，并在此基础上作出证据证据证明力的判定和案件事实的认定。

### （二）证据矛盾的主要类别

按照不同的标准和从不同的视角，可以对证据矛盾进行分类。例如，根据证据矛盾的性质和意义，可以将其分为冲突性矛盾与差异性矛盾、主要矛盾与次要矛盾、根本性矛盾与非根本性矛盾；根据证明的作用，可以将其分为直接证据间的矛盾、间接证据间的矛盾以及直接证据与间接证据间的矛盾；根据证据矛盾的内部构成数量，可以将其分为二元矛盾和多元矛盾；根据证

---

① 参见刘金友主编：《证据法学》，中国政法大学出版社 2001 年版，第 483～485 页。

据矛盾的来源，可以将其分为自相矛盾和相互矛盾；根据证据矛盾的存在对证明案件事实的影响大小，可以将其分为“合理矛盾”和“非合理矛盾”，等等。其中，最具有指导意义的分类，也即证据的主要类别，是“冲突性矛盾与差异性矛盾”、“根本性矛盾与非根本性矛盾”和“合理矛盾与非合理矛盾”。

1. 证据的“冲突性矛盾”与“差异性矛盾”

证据的“冲突性矛盾”，是指证据矛盾各方的对立关系十分尖锐，互不相容。例如，甲述称送给乙现金12万元，乙述称没有收过甲一分钱，二人的陈述即构成“冲突性矛盾”。而证据的“差异性矛盾”，则是指不同证据所含的信息既有一致的地方，又有不同之处，形成同中之异。例如，甲述称送给乙现金12万元，乙承认收过甲10万元，甲与乙的陈述在收送现金这一基本事实上相同但在数额上却有不同，二人的陈述即构成“差异性矛盾”。

证据的“冲突性矛盾”直接影响着裁判者对证据证明力的判定，因而是运用矛盾辨析法分析证据矛盾应当关注的主要对象，如前段所举第一例，甲乙二人各自的陈述根本对立，甲真乙必假，乙真甲必假，裁判者必须分析矛盾，结合案件其他证据进行判断。证据的“差异性矛盾”普遍存在于案件之中，是证据间关系的一种常态，一般情况下对证据证明力判定并不产生决定性的作用，因而只要能够判定性质属于差异而且能够作出合理解释，即可持容忍态度，如前段所举第二例，由于甲乙二人的陈述同中有异，裁判者即可根据“就低不就高”的有利于被告人的原则，容忍2万元的差异，采信被告人的供述。

2. 证据的“根本性矛盾”与“非根本性矛盾”

在哲学上，根本矛盾是指贯穿于事物发展过程的始终并影响事物及其过程的基本性质的矛盾，非根本矛盾则是不影响事物及其过程的基本性质、也不一定贯穿于事物发展过程始终的矛盾。二者的区别，一是是否涉及事物的基本性质；二是是否贯穿事物发展过程的始终。据此，在证据法学上，证据的“根本性矛盾”，是指对案件基本事实的认定产生根本影响的重大矛盾。“根本性矛盾不仅是针对基本事实即要件事实，而且其构成的矛盾必须是冲突性矛盾，即信息的基本内容相冲突”。而“非根本性矛盾”则“是指不影响或基本不影响基本事实认定的非重大矛盾”，[①] 它虽然也针对基本事实，但构成矛盾的各方只有某些差异，而不存在根本冲突。

---

① 龙宗智：《试论证据矛盾及矛盾分析法》，载《中国法学》2007年第4期，第95页。

证据的“根本性矛盾”与“冲突性矛盾”之间、“非根本性矛盾”与“差异性矛盾”之间，既相联系，又相区别。“根本性矛盾”与“冲突性矛盾”都存在一种非此即彼的对立关系，都会对案件产生重大影响，“非根本性矛盾”与“差异性矛盾”都是“同中有异”，一般都不会对案件产生根本影响，但它们各自针对和影响的对象有所区别。前者是案件的基本事实，后者则是案件的证据事实。

证据的“根本性矛盾”亦是运用矛盾辨析法分析证据应当关注的主要对象。这类矛盾如果得不到解决，案件基本事实往往即难以认定。例如，行贿人述称送钱给受贿人，受贿人对此矢口否认，二者之间的矛盾如果得不到合理解决，受贿人受贿的事实即不能认定。证据的“非根本性矛盾”虽然不影响或基本不影响案件基本事实的认定，但仍对案件的事实情节认定产生一定影响。当这种影响的结果足以引起实体处理发生改变时，亦应予以足够的重视。

3. 证据的“合理矛盾”与“非合理矛盾”

“‘合理矛盾’是指由于人们的感知、记忆、表述的误差或记录不准及客观因素的影响，使提供的证据在细枝末节上与事实不符，由此造成的矛盾。”① 它是一种表象矛盾，即表面上看有矛盾而实质上往往一致。它主要源于人们自然认知能力的有限性，是可以解释的矛盾。而“非合理矛盾”则是由证据的虚伪所造成，它违反逻辑、情理和常识，在性质上具有根本性和实质性，是矛盾辨析的主要对象。

“合理矛盾”在具体案件中是以常态形式存在的。绝大多数案件，证据之间、证据与案件事实之间的联系都难以做到完全契合。证据与案件事实在细枝末节上的不一致，有时反而说明实质上的一致。因为，经验告诉人们，证据之间、证据与案件事实之间惊人的一致、吻合，往往带有人为的痕迹，可能是造假的结果。如果对证据矛盾不加区别，不适度容忍“合理矛盾”，司法活动将效率低下、举步维艰，甚至根本无法进行。“非合理矛盾”则不然。它不以常态形式存在，但一旦存在即不能容忍，必须予以解决。否则，证据判定和事实认定的正确性、合理性就无从谈起。

在理论上和实践中正确区分“冲突性矛盾”与“差异性矛盾”、“根本性矛盾”与“非根本性矛盾”、“合理矛盾”与“非合理矛盾”，有助于裁判者在复杂多样的证据矛盾面前保持清醒头脑，抓住症结，具体情况具体分析，正确定性，区别对待，避免在分析证据矛盾上的机械性、片面性，确保解决

① 刘金友主编：《证据法学》，中国政法大学出版社2001年版，第486页。

证据矛盾的正确性、合理性。

（三）矛盾辨析法的运用

运用矛盾辨析法判定证据的证明力，需要经过以下三个环节和步骤：

1. 发现证据矛盾

发现证据矛盾是分析、解决证据矛盾的前提。实践中，能否发现证据矛盾，尤其是能否发现证据隐含矛盾，对证据证明力的判定起着重要的作用。证据的矛盾如果未被发现，则可能出现表面上证据之间相互印证而实质上存在隐含矛盾的“表里不一”情形，对证据证明力的判定势必产生误导。尤其是“冲突性矛盾”、“根本性矛盾”、“非合理矛盾”，如果未被发现，则可能导致以虚假的证据证明案件事实，从而造成错误判定的后果。

发现证据矛盾，就是要查明证据本身、证据与证据之间、证据与待证事实的结论之间有无矛盾。对证据本身矛盾的发现，应当从证据是否符合逻辑、常理和自然规律以及证据的内容和形式是否协调、统一上进行审查。而对证据与证据之间、证据与待证事实的结论之间存在矛盾的发现，则应侧重对各自的信息内容是否存在差异和冲突，以及各自与案件事实有无联系，联系是否真实、密切等方面进行审查。在具体途径上，由于“证据的矛盾，是证据所含信息的差异与冲突”，[①] 发现证据矛盾一般即可通过以下三个方面进行审查：一是证据信息指向是否同一；二是证据信息的表达形式是否有两个以上；三是证据信息内容是否不一致。如果其中之一为否，则证据矛盾存在；反之，证据矛盾不存在。

发现证据矛盾的基本方法之一是相互比较。相互比较方法存在两种基本形式：一是纵向比较，这种形式主要适用于言词证据，即对一个陈述人就同一证据事实或案件事实所作的多次陈述进行前后比较，看其陈述的内容是否前后一致、是否存在冲突。二是横向比较，即对证明同一案件事实的不同证据或不同主体提供的证据进行比较，看其内容是否协调一致、是否存在冲突。这种形式，包括单个证据之间、组合证据之间的比较。无论是纵向比较还是横向比较，只要证据所反映的内容基本一致，则可判定证据不存在矛盾或不存在冲突性的、根本性的、非合理性的矛盾，反之，则说明其中一个证据或几个证据存在矛盾或问题。

在方法的具体运用上，裁判者应当注意从证据之间、证据与案件事实之间的联系上去发现矛盾。具体案件的证据证明力情况往往是复杂多样的。为数众多的证据之间、证据与案件事实之间，存在直接或间接的联系。其中，

---

① 龙宗智：《试论证据矛盾及矛盾分析法》，载《中国法学》2007年第4期，第94页。

尤其是间接联系更为复杂多样，有原因上的联系、结果上的联系、条件上的联系、时间上的联系、空间上的联系，等等。如果经过考察，发现证据之间、证据与案件事实之间并不存在直接或间接的联系或者表面上存在联系而实质上却系虚假，则可作出存在证据矛盾的判定。

实践中，裁判者能否发现案件中存在的证据矛盾，与其文化程度、专业水平、工作经验、社会阅历及工作态度和方法等密切相关。一般而言，发现表象矛盾比较容易，而发现隐含矛盾则比较困难，需要具备一定的逻辑知识、生活经验、社会阅历和审慎严谨的工作作风。否则，难以发现证据之间的不合逻辑、不合常识、不合情理之处。因此，发现证据矛盾这一任务对主体的要求，必然是裁判者要具有一定的法律专业知识、较强的工作能力、较深的社会阅历、较丰富的实践经验以及审慎严谨的工作作风。

2. 分析证据矛盾

发现证据矛盾后即应进行证据矛盾分析。实际上，证据矛盾的发现过程中也离不开分析。只不过，发现证据矛盾后的分析较之发现证据矛盾过程中的分析，更加全面、更加深入并直接影响着证据矛盾解决路径的选择。

分析是在思维中把认识的对象分解为不同的组成部分、方面、特性等，对它们分别加以研究。诉讼中，分析证据矛盾对证据矛盾的正确解决，具有十分重要的作用。毛泽东指出，“大略的调查和研究可以发现问题，提出问题，但是还不能解决问题。要解决问题，还须作系统的周密的调查工作和研究工作，这就是分析的过程。提出问题也要用分析，不然，对着模糊杂乱的一大堆事物的现象，你就不能知道问题即矛盾的所在”。[①] 证据矛盾的分析亦是如此。它依赖于证据矛盾的发现，建立在证据矛盾发现的基础之上，是解决证据矛盾的必经途径和必要手段。

分析证据矛盾的重要任务之一，在于确定证据矛盾的性质和类别。根据辩证唯物主义的原理，不同性质的矛盾对事物的作用有所不同，对不同性质的矛盾有不同的解决方法。因此，面对证据矛盾，裁判者应当从其性质、特点、种类上，从其与案件事实联系的程度及作用上进行全面、深入的分析，在此基础之上，作出证据矛盾是根本性、冲突性、非合理性矛盾还是非根本性、差异性、合理性矛盾的判定，并针对不同性质的证据矛盾采用不同的解决方法。

分析证据矛盾，需要运用逻辑法则、经验法则和情理、常识等。其中，矛盾律的运用尤为重要。在哲学上，矛盾律的基本含义，是指在同一思维过

① 《毛泽东选集》，人民出版社1969年版，第796页。

程中，两个相互否定的思想不能同真，也即在同一思维过程中，对同一对象不能在同一方面既肯定什么又同时否定什么。具体而言，两个相互矛盾的判断不能同真，必有一假；两个相互对立的判断不能同真，至少一假。实践中，有人根据矛盾律的原理总结出矛盾法则。该法则的内容，可以概括为：自身矛盾，必有问题；两证矛盾，必有一假；与众证矛盾，多属假证；与案件矛盾，定是假证。[①] 无论是矛盾律还是矛盾法则，都对裁判者运用矛盾辨析法分析证据矛盾具有重要的指导作用。

分析证据矛盾，还应特别注意从以下两方面进行考察：其一，证据与已知事实的矛盾。这里所说的已知事实，是已经相关证据证明成立的事实和众所周知而无须证明的事实。它在证据矛盾的分析上，起着重要的验证作用。例如，证据甲与证据乙之间存在矛盾，如果其中任一证据与已知事实相符，则另一证据必然存在虚假或问题。已知事实对证据矛盾的验证作用，十分简捷、有效。直接采用某些事实结论来验证某一证据或某些证据所反映的情况，证明的通道将更近，证明的效率将会更高。其二，证据与情理的矛盾。证据与情理相矛盾，是指证据与人们所能认识到的事物的自然状态与事物发展的一般规律不一致，因而存在较大的虚假可能性。情理的形成符合人们对真理的认识，它在一定程度上反映着事物发展的一般状态和规律。因此，证据证明力判定不能与情理矛盾。否则，不仅会发生判定错误，而且会丧失形式上的公正性和妥当性。实践中，分析证据与情理的矛盾，可以从情理上强化具有真实性的证据，有助于判断证据，尤其是人证的真伪。

3. 解决证据矛盾

发现、分析证据矛盾的目的，在于解决证据矛盾，并运用具有证明力的证据证明案件事实。在哲学上，解决矛盾的基本形式主要有三种：其一，矛盾的一方克服另一方。这是较为普遍的矛盾解决形式。其二，矛盾双方为新的对立双方所代替。其三，矛盾各方经过一系列的发展阶段，最后融合成一个新的事物，使矛盾得到解决。据此，在证据证明力判定上，采用矛盾辨析法解决证据矛盾，主要应当采用以下方法：

（1）审慎排除证据矛盾。排除证据矛盾是解决证据矛盾的主要路径和方法。通过排除证据矛盾，采信证据矛盾双方的一方证据或消解已建构或拟建构的事实，即可使全案证据证明力的判定达到协调一致性。实践中，证据矛盾得到排除是证据判定的最佳效果。只要证据矛盾得到排除，即可顺利地将证据组合起来，有效地、充分地证明案件事实。

---

① 何家弘、刘品新著：《证据法学》，法律出版社2004年版，第424页。

排除证据矛盾必须审慎。因为，证据矛盾的排除与否，尤其是根本性矛盾、冲突性矛盾、非合理矛盾的排除与否，事关案件事实是否成立的重大问题。实践中，需要注意的是：①证据的形式并不决定证据的证明力。鉴定结论没有预定的证明力，“口供”价值不能人为拔高。②证据矛盾的双方都应得到平等对待。任何证据在经审查判断作出结论之前，没有优劣之分。不能因为证据种类、示证主体的不同而给予不同的对待，更不能先入为主、偏听偏信。③“瑕疵”证据并不必然丧失证明力。这里所说的“瑕疵”证据，特指在证据收集、固定上存在轻微违法情况和所证明内容不完全的证据。其中，在价值允许的合理限度内的证据，仍然具有证明力。

（2）正确看待证据矛盾。正确看待证据矛盾，主要是对非根本性矛盾、差异性矛盾而言。证据矛盾中，根本性矛盾、冲突性矛盾对案件事实的认定产生重大影响，因而应当予以排除，这是毋庸置疑的。而非根本性矛盾不影响或基本不影响基本事实的认定，差异性矛盾对事实认定的构造通常不致产生大的冲击，因而是可以解释、可以容忍而无须排除的矛盾。

正确看待证据矛盾，主要体现在以下两方面：其一，适度容忍证据矛盾。对具体案件中的差异性矛盾、非根本性矛盾一概予以排除，既不可能又无必要。因此，应当容忍一定数量、一定程度的证据矛盾存在。关键在于，容忍应当适度。有学者将能够适度容忍的证据矛盾概括为以下三种类型：“第一，证据能够相互印证证明基本事实，但就具体情节的证明，证据之间存在一定的差异，而且这种差异不至于损害主要证据的证明力。第二，证据能够相互印证证明基本事实，虽有相反证据，但其形成原因能够获得合理解释，不至于冲击基本事实构造。第三，有相反证据，而且其形成原因可能有多种解释，但能够证明基本事实的证据确实充分，达到很高的证明程度，无可辩驳，使人确信无疑。”① 这种概括，是符合司法实际的。其二，合理解释证据矛盾。适度容忍证据矛盾，并不意味着对证据矛盾视而不见或者回避证据矛盾，而是要对证据矛盾作出合理的解释。合理解释证据矛盾，也可以解决某些矛盾。而且，即使不消除矛盾，也能通过解释合理地认定事实并减弱证据矛盾对事实认定的损害。对案件中存在的非根本性矛盾、差异性矛盾，至少应当对以下几方面作出合理解释：①证据矛盾形成的原因；②证据矛盾信息本身的内容；③证据矛盾的性质及意义。证据矛盾如果得不到合理解释，则其仍然未得到解决，还需继续深入调查、审查判断证据。

（3）合理把握解决标准。具体案件中，如果存在根本性、冲突性的证

① 龙宗智：《试论证据矛盾及矛盾分析法》，载《中国法学》2007 年第 4 期，第 99 页。

据矛盾且矛盾未得到排除，则证据的证明力存在重大问题，不能认定事实；而如果存在非根本性、差异性的证据矛盾且矛盾未得到排除，却能在得到合理解释的情况下或者在可以容忍的限度内，运用证据认定案件事实。后一种情形，即涉及在存在证据矛盾的情况下认定事实的标准及标准的把握问题。

从司法实践看，在存在非根本性、差异性证据矛盾的情况下认定事实的基本标准，主要有二：其一，事实的认定必须排除“合理怀疑”。具体要求是：已形成的证据体系足以使裁判者形成内心确信并排除合理怀疑。“合理怀疑”的情形，至少包括以下三种：“……一是证据不能涵盖案件事实；二是有现象表明某种可能影响案件真实性的情况可能存在，且不能排除；三是存在人们常识中很可能发生影响案件真实性的情况”。[①] 其二，认定的事实与已知事实不存在矛盾。这里所说的已知事实，是指已经证据证明成立的事实或者众所周知的无须证明的事实。一般情况下，已知事实的真实可靠性是毋庸置疑的。因此，已知事实可以作为检验认定的事实是否成立的客观标准。如果认定的事实与已知事实之间存在矛盾，则事实的认定存在问题，案件中存在的证据矛盾不是非根本性矛盾、差异性矛盾。

应当指出，从理论上讲，可以将运用矛盾辨析法判定证据证明力分为发现证据矛盾、分析证据矛盾、解决证据矛盾三个环节和步骤。但是，实践中，它们是紧密结合、不可分割的。许多情况下，它们非常连贯，有时甚至一气呵成。因此，将其截然分开既无必要又不可能。

### 四、概率评估法

运用经验法则和逻辑法则判定证据的证明力所得出的结论可能存在或然性。而且，即便是在相互印证的某些情形下，亦可能存在一定的或然性。例如，相互印证的多名证人的证言与单一证人的证言矛盾时，裁判者一般认为前者的证明力大于后者。显然，这种判定也存在一定的或然性，只是或然性程度较低而已。而运用其他方法判定证据的证明力，都难免会涉及经验法则和逻辑法则的运用，因而结论也可能存在或然性。由于或然性有高有低，即需要有一种方法来判定或然性的程度。这种方法就是概率评估法。

在日常生活中，概率评估法是指运用概率理论判定不确定事物的一种科学方法。“之所以说它是科学的，不仅是因为它已经被很多领域的应用实践证明是解决不确定事物的有效方法，也因为在思维上概率理论有其内在的合

---

① 茅仲华：《刑事证据的认证》，载《中国审判新闻月刊》2006年第5期，第63页。

理性。”[①] 一般意义上的概率法在被适用于具体领域的过程中，具体领域的特征内容融入其间，逐渐形成了一些分支，如数学上的概率法、法律逻辑学中的概率法等。诉讼中，将法律逻辑学中的概率评估法运用于证据证明力判定活动的目的，在于帮助裁判者形成对证据的真实可靠性和证明价值（关联性）的内心确信程度。

（一）证据证明力判定的概率原理

“概率是指在同一条件下可能发生也可能不发生之事件的发生可能性大小的比率。”[②] 简言之，概率就是在同一条件下，事件发生可能性大小的数量。一般而言，在判定不确定性的事物时，判定概率的大小，标志着判定的真实性程度的大小。判定的概率越大，就越接近真实；判定的概率越小，就越接近虚假。

证据证明力判定的概率原理，主要在于：

一方面，证据证明力判定可能存在或然性。诉讼中，由于人的认识能力的局限性和证明的相对性，裁判者在许多时候都无法百分之百地确定证据的真实可靠性和证明价值的大小，而只能推断其可能性的大小。无论是言词证据还是实物证据，均是如此。实物证据具有客观性，但仍需要人们去认识，而人们对它的认识是无法达到绝对确定的。目前，普遍公认的 DNA 同一认定及对指纹、工具痕迹、枪弹痕迹、笔迹等的认定，都是高度的概率性确认。言词证据更涉及证据是否真实可靠特别是真实可靠的程度问题，由于影响言词证据的因素（特别是主观因素）大量存在，对其证明力的判定更容易出现不确定性。

另一方面，从认识上看，概率反映的是人在主观上对事物条件的认识程度，也即由于人只掌握了事物部分或某个层面上的条件，因而不能确定事件发生的真实性，只能以可能性大小来进行度量。具体到证据证明力的判定上，即是从量的方面来判定证据证明力的大小，或者说估计一个或然判断的真实性程度的高低。裁判者对证据证明力的认识程度越高，所作判定结论的概率就越大，就越接近真实；反之，裁判者对证据证明力的认识程度越低，所作判定结论的概率就越小，就越接近虚假。

因此，将概率理论运用于证据证明力判定实践是十分必要的。诉讼中，裁判者运用概率理论判定证据的证明力，具体体现在对证据可信程度和关联程度的判定上。可信程度是证据所反映的内容与实际情况的吻合程度，而关联程度则是证据与待证事实的逻辑关联程度。无论是吻合程度的高低

① 何家弘主编：《刑事审判认证指南》，法律出版社 2002 年版，第 50 页。
② 何家弘、刘品新著：《证据法学》，法律出版社 2004 年版，第 50 页。

还是推理或然性的大小，都是概率问题，因而都需要运用概率理论来加以解决。

（二）概率评估法的运用

概率评估法在判定证据证明力活动中的运用，主要体现在以下几方面：

1. 单一物证证明力判定上的概率评估法运用

判定单一物证证明力的基本方法之一，是应用科学技术和设备对作为物证表现形式的物品或痕迹进行鉴定，以判明物证是否与案件相关、是否真实可靠。其中，一些鉴定即涉及概率评估法的运用。例如，对指纹的鉴定，我国一般以具有 8 个特征点为作出同一认定的标准，实际上并未要求做到100%，而只是一种极高概率要求。再如，运用 DNA 技术判定现场可疑血迹的血型，认定同一即是采用的概率评估法。只要达到 99.9999% 概率标准，即可作出同一认定。虽然在理论上仍存在或然性，但由于这种或然性极低，即可对错误率基本忽略不计。此外，对足迹、牙齿痕迹、枪弹痕迹、工具痕迹、笔迹等的同一鉴定，也会或多或少地运用概率理论。

单一物证的鉴定如果涉及概率问题，裁判者判定其证明力除应遵循证据证明力判定的原则、规则外，还应运用概率评估法的知识、原理和基本原则。具体判定上，应当重点审查以下事项：一是鉴定的设备是否先进、鉴定的方法是否科学。设备不先进或者方法不科学，都可能导致鉴定结论错误。二是鉴定结论的依据是否科学、依据与结论之间是否矛盾。鉴定结论的依据是一定的科学成果，具体判定时要注意审查该科学成果是否存在、是否具有稳定性和实用性、是否根据它即能必然推导出结论。依据不科学或者依据与结论之间存在矛盾，结论的概率自然较低、缺乏说服力。三是与其他证据之间是否存在矛盾。采用概率评估法进行鉴定所得出的结论并未达到百分之百的正确性，仍然存在错误的可能性（尽管基本可以忽略不计）。为防万一，一旦发现结论与其他证据存在矛盾，即应将鉴定结论与其他证据结合起来综合分析，寻找矛盾产生的原因，并采取相应措施及时解决。

2. 组合证据证明力判定上的概率评估法运用

组合证据形成的整体证明力的判定，可以借助统计概率理论的概率值合成公式来评估。概率值合成公式的主要内容，是概率的乘积规则。该规则的公式化文字表述为：两个或两个以上的独立事件为真的概率等于每一事件为真的概率的乘积。① 对这一公式的运用，我国学者曾经举例如下：

“设有 4 个证据被采信，它们是相互独立的，每个证据单独对事实的证明

---

① ［美］理查德·A. 波斯纳著：《证据法的经济分析》，徐昕、徐昀译，中国法制出版社 2001 年版，第 99～100 页。

概率值均为60%，即单个证据的存在使事实的存在概率达到60%。当然，也可以理解为每个证据的证明力是0.6。

0.6的证明力可以理解为：由于这个证据的存在，使案件事实比如说某被告人存在犯罪行为的概率为60%。那么，同时也意味着除被告人之外的其他任何一个人犯罪的概率为40%。在这4个证据同时存在的情况下，确有除被告人之外的某人犯罪的概率就是0.4×0.4×0.4×0.4，即要同时具备4个概率为40%的条件。因为这4个条件是相互不影响的、独立的，故这种情况的概率值可用概率的乘法公式计算，结果为：0.4×0.4×0.4×0.4＝256/10000。也就是说，在4个证据条件下，被告人之外的某人犯罪的概率为256/10000。因为总有人是罪犯，在逻辑上被告人犯罪的概率与除被告人之外的任意一个人犯罪的概率的和为1，所以，同时也可计算被告人犯罪的概率为1－256/10000＝9744/10000。”①

概率的乘积规则与人们对概率的感性认识是吻合的，因而具有相当程度的合理性，应当推广应用。具体运用中，应当注意两点：一是组合证据的整体证明力的大小，同时取决于组合证据中的单个证据的数量和质量，而不是其中之一。二是必须遵守证据证明力合成的“独立性”原则。概率的计算具有独立性要求。因此，使用证明力概率合成公式，作为公式中乘数的若干证据彼此必须相互独立，否则会出现重复计算的问题。

3. 全案证据证明力判定上的概率评估法运用

裁判者运用概率评估法判定全案证据的证明力，要具有概率意识和思维，按照概率理论有步骤地进行。归纳起来，运用概率评估法判定全案证据证明力的关键步骤，主要有三：

（1）确定证据的可信度。证据的可信度，是指证据本身的真实可靠程度，也即证据所反映的内容与实际情况的吻合程度。考察证据的可信度，要从多方面考虑。尤应注意两点：其一，在全案证据中，如果某一证据或某组证据与其有关的大量信息相矛盾，则该证据或该组证据的真实度降低；如果该证据或该组证据与其他反证相矛盾，则双方的可信度相互降低。其二，根据证据合成的“独立性”原则的要求，在全案证据中，如果某一或某些反证已经用以削弱另一或另一部分证据的证明力，那么该反证或该部分反证不得再用以证明案件事实；如果要直接用该反证或该部分反证证明案件事实，则它们不得被用以削弱其他证据的证明力。

（2）认清证据的关联度。证据的关联度，是指证据与案件事实的关联程

---

① 何家弘、刘品新著：《证据法学》，法律出版社2004年版，第52页。

度，在概率意义上体现为证据与案件事实的逻辑关系。考察证据的关联度，需要注意以下两方面的问题：其一，证据与案件事实的关联无论表现为直接关联还是间接关联，都是客观的、直接的。否则，人们无法对关联的程度作出判定。实践中，应当注意从证据与案件事实之间有无逻辑上的推理关系上进行判定。“盖某种证据，如不适合于推理某种事实，即缺乏关联性，自无证明力之可言，不得据以为认定事实之基础。”[①] 其二，关联程度的判定不可能有统一的标准，只能由裁判者根据案件具体情况判定。判定时，尤应重视对证据所处“环境”的分析。这里所说的“环境”，是指由所有影响证据与案件事实关系的因素构成的“系统环境”。因为，在概率理论看来，同一证据在不同“系统环境”里的关联程度是有差异的。

（3）合成整体的证明力。在概率评估法上，全案证据证明力的合成是一种粗略的量化方法。实践证明，这种方法具有一定的合理性和可行性。至少，它为裁判者的主观性引入了更多客观性——定量逻辑，从而在某种程度上使裁判者的主观认识在量上显得清晰。具体合成上，可以分为三步：第一，运用概率评估法对每个证据的“可信度”和“关联度”进行合成，得出证明力判定的结论。具体方法是：首先，运用概率评估法关于证明力矢量和事实信度的概率计算理论，确定每个证据的“可信度”和“关联度”各自的概率值，然后将该证据“可信度”和“关联度”各自的概率值相乘。所得到的乘积，即是该证据的证明力。第二，按照事实信度的计算公式，依据全案所有本证或反证的证据证明力，计算各个相关事实和案件事实的可信程度，再分析计算相关事实对案件事实的证明力，继而合成案件事实的最终可信程度概率值。第三，按照下表[②]提供的参考依据，形成“心证”结论。

| 赋值 | 判断者的心理状态 | 赋值 | 判断者的心理状态 |
|---|---|---|---|
| 0 | 绝对不相信 | 0.6 | 比较相信 |
| 0.1 | 有点相信 | 0.7 | 挺相信 |
| 0.2 | 略为相信 | 0.8 | 很相信 |
| 0.3 | 轻微相信 | 0.9 | 非常相信 |
| 0.4 | 有些相信 | 1 | 绝对相信 |
| 0.5 | 半信半疑 | | |

① 陈朴生著：《证据法学》，台湾三民书局1979年版，第562页。

② 参见何家弘主编：《刑事审判认证指南》，法律出版社2002年版，第111页。

应当指出，相对于其他证据证明力判定的基本方法而言，运用概率评估法判定证据的证明力比较烦琐，对诉讼效率会产生一定的负面影响。从世界各国的司法现状看，我国基本未予使用，国外主要是英美法系国家在采用，总体上看尚未构成理论体系，存在较多争议。因此，我国无须大规模地推广运用，但可以适当借鉴，在一定范围内进行探索。当然，在判定应用概率理论作出的鉴定结论的证明力时，则须运用概率评估法，这是毫无疑问的。

# 第六章　刑事证据证明力判定原则

证据的外在表现形式是多种多样的。因此，对刑事证据证明力判定原则、规则、方法具体运用的研究只能归类进行。便捷的路径，是从立法规定的不同种类证据和学界划分的不同类别证据的特征契入，提炼具有操作性的规则和方法。

## 第一节　学理分类的几种证据证明力的判定

证据分类是对证据进行理论研究的一种重要方法。早在18世纪，英国法学家边沁即在其代表作《司法证据理论》一书中将证据分为实物证据和人的证据，自愿证据和强制证据，言词证据、宣誓证据和书证，直接证据和间接证据，原始证据和传闻证据。① 近现代以来，各国证据法学界对证据的分类研究都十分重视，取得了较为显著的成果。在我国，证据法学界对证据分类的认识已趋于一致，即将证据分为言词证据与实物证据、原始证据与传来证据、直接证据与间接证据、本证与反证等类型。

本证与反证属于民事证据分类的一种类型，本书不予涉及。对言词证据与实物证据的证明力判定，笔者将在下一章论述。本章重点论述原始证据与传来证据、直接证据与间接证据的证明力判定。

### 一、原始证据与传来证据的证明力判定

原始证据与传来证据的证明力判定，在实践中占有较大比重。其中，又尤以传来证据为甚。正确认识和判定原始证据与传来证据的证明力，有助于从证据来源上查明证据的真实可靠性，避免“道听途说”误导裁判者；同时也有助于裁判者在原始证据灭失或者无法找到、无法提取而传来证据确实、

① 参见何家弘、刘品新著：《证据法学》，法律出版社2004年版，第130页。

充分的情况下，正确运用传来证据证明案件事实。

（一）原始证据与传来证据的概念

在我国，一般认为，原始证据（又称原生证据）是指直接来源于案件事实的证据。例如，从犯罪现场发现的尸体、作案工具，犯罪人作案遗留的各种痕迹及其他物证，被告人的供述和辩解、被害人的陈述、现场目击证人的证言、书证的原本、物证的原件等，都是原始证据。传来证据（又称派生证据、复制证据、传转证据）是指非直接来源于案件事实的证据。它在原始证据的基础上，经过复制、复印、传转、转述等中介方式而生成。例如，书证的复印件和影印件，物证的复制品或照片，证人转述他人感知事实的证言等，都是传来证据。

对原始证据与传来证据概念的理解，应当注意以下五个问题：

第一，传来证据与传闻证据有别。传闻证据是英美法系国家证据法中的一个用语。对其含义，美国学者乔恩·R. 华尔兹作过如下概括："最为广义的普通法（与成文法不同的判例法）中，传闻证据的定义是：在审判或讯问时作证以外的人所表达或作出的，被作为证据提出以证实其所包括的事实是否真实的，一种口头或书面的意思表示或有意无意地带有某种意思表示的非语言行为。"① 可见，传闻证据与我国证据法学中所说的传来证据是不同的。区别主要有三：其一，传来证据包括言词证据和实物证据，传闻证据仅指言词证据。在范围上，后者包含于前者，是前者的组成部分之一。其二，传闻证据是对原始言词证据的转述，涉及两个以上陈述主体和陈述环节，传来证据除包括对原始言词证据的转述外，还包括对原始物证、书证的复制、传转、复印，二者生成的中介方式不尽相同。其三，传闻证据一般是指庭外陈述，该陈述因未经宣誓和交叉询问，根据传闻证据规则，一般应予排除，只有在少数例外情形下才能采纳；而传来证据中的言词证据则无是否庭外陈述的限制，无论是庭内陈述还是庭外陈述，只要具有证据能力都可以采纳。诚如《牛津法律大辞典》指出的那样，大陆法系国家的"法官可以认定被提供的任何证据。证据是来自直接的观察还是第二手材料这个问题，只是在评估证据的价值时所应考虑的问题"。②

第二，原始证据和传来证据与实务中所说的"第一手证据"和"第二手证据"有别。实务中所说的"第一手证据"和"第二手证据"包括两种情

---

① ［美］乔恩·R. 华尔兹著：《刑事证据大全》，何家弘译，中国人民公安大学出版社 2004 年版，第 81 页。

② ［英］戴维·M. 沃克编：《牛津法律大辞典》，李双元等译，光明日报出版社 1988 年版，第 401 页。

况：一是是否直接来源于案件事实。如果是，则为第一手证据，否则为第二手证据。二是是否举证人自己亲自收集。举证人自己亲自收集的是第一手证据，他人代为收集的是第二手证据。第一种情况，第一手证据和第二手证据的含义分别与原始证据和传来证据相同。第二种情况，第一手证据和第二手证据都可能是原始证据，也可能是传来证据。例如，举证人亲自收集的复制品属于第一手证据，但却是传来证据；举证人让他人代为收集的物品的原件属于第二手证据，但却是原始证据。

第三，同一证据可以既是原始证据又是传来证据。区分原始证据与传来证据，有时还需结合证据的证明目的。在证明目的不同的情况下，一个证据可以既是原始证据又是传来证据，也即同时具有双重属性。例如，被告人甲四处散发复制的性骚扰信件。当这些信件被用以证明性骚扰行为成立时属于原始证据，而被用以证明信件为何人书写时则属于传来证据。再如，证人甲证称，乙于2008年5月4日晚自述其将丙杀死。甲的该证言，当被用以证明乙将丙杀死的事实时属于传来证据，而被用以证明2008年5月4日晚其与乙在一起时则属于原始证据。

第四，复制品证据与传来证据并不完全等同。原始证据与传来证据的区分标准是证据的来源，而不是证据本身的表现形式。表现形式为复制品的证据，既可能是传来证据，也可能是原始证据。例如，某一煽动分裂国家案，被告人甲将其手写的煽动分裂国家的传单复印成100份四处散发。公安机关将其抓获后，对被告人甲散发的传单进行拍照制成了复制件。在该案中，被告人甲手写的传单和复印的传单都属于原始证据，而公安机关制作的复制件则属于传来证据。再如，某一制作、贩卖淫秽物品案，被告人乙制成淫秽录像带母带后，将母带大量复制成子带销售牟利。在该案中，不仅母带是原始证据，而且复制带也是原始证据而非传来证据。

第五，原始电子证据与传来电子证据的划分标准不同于传统的原始证据与传来证据的划分标准。电子证据作为证据的一类，亦可以分为原始电子证据和传来电子证据。但是，它的特殊性，决定其划分标准应与传统划分标准有别。根据通行的“拟制原件说”原理，制作者或发行者意图使其具有同等效力的复本，与文书或录音相同，应为原件；存储在计算机或类似装置中的电子数据的打印件或者其他输出物，如果能够准确反映数据并且可用肉眼阅读，与电子数据相同，应为原件。[①] 显然，这种观点对传统的原始证据与传来证据的划分标准有所修正，即将原件的范围扩大至拟制意义上的原始证据，

---

① 参见美国《联邦证据规则》规则1001定义（3）的解释，参见何家弘、张卫平主编：《外国证据法选译》（下卷），人民法院出版社2000年版，第867页。

而不限于自然意义上的原始证据。“……原生电子证据指该电子数据本身，或者制作者或发行者意图使其具有同等效力的复本；派生电子证据指通过电子的再录制方法，或者通过其他能正确复制原件的相应技术而产生的复本。”①

（二）原始证据与传来证据证明力的特点

原始证据与传来证据的划分标准是证据的来源，即证据是否直接来源于案件事实，是则为原始证据，否则为传来证据。这一划分标准，决定二者在证明力上具有显著区别。

原始证据的证明力具有以下三个特点：

（1）原始证据与案件事实直接关联，因而具有较强的证明力。原始证据直接来源于案件事实，它同案件事实距离最近，没有经过其他中间环节的转述、传抄、复制等信息传播过程，因而能够比较客观地反映案件事实的本来面貌，具有较强的可靠性。例如，被告人关于其作案经过的供述，被害人就其被害事实所作的陈述，从犯罪现场提取的被告人遗留的指纹、血印，目击证人所作关于目睹被告人作案经过的证言等原始证据，都直接来源于案件事实，未经转述、传抄、复制，因而能够直接证明案件事实，具有较强的可靠性。

（2）在证据同源的情况下，原始证据的证明力一般大于传来证据。实践表明，证据的可靠性往往同其与证据来源的距离远近相关。一般而言，证据距证据来源越近，其可靠性越强，证明力越大；反之，其可靠性越弱，证明力越小。原始证据直接与案件事实发生联系，没有经过转述、传抄、复制等中间环节，较之传来证据，其可靠性一般更强、证明力一般更大。这里，需要注意两点：其一，原始证据的证明力一般大于传来证据，这是一项判定证据证明力大小的原则。适用该项原则，必须以证据同源为前提。如果原始证据与传来证据的来源不同，则二者之间由于不具有可比性而不能简单适用该项原则。例如，书证与由其传抄、派生而形成的证据，分别属于原始证据和传来证据。二者同源，可以适用该项原则。而在遗嘱纠纷案件的证据中，分别见证口头遗嘱的若干证人的证言之间，则为非同源证据，由于不具有可比性而不能简单适用该项原则。其二，“原始证据的证明力优于传来证据的一般规则对于言词证据与实物证据在适用性上有所不同”。② 言词证据的真实性不仅受陈述人主观意志的影响，而且受陈述人的感知、记忆、表达有关案件事实时的主客观因素的影响。实践表明，陈述人往往会因时、因地、因人而

---

① 参见何家弘、刘品新著：《证据法学》，法律出版社2004年版，第132页。

② 刘金友主编：《证据法学》，中国政法大学出版社2003年版，第151页。

作出不同的陈述。因此，在某些情况下，原始言词证据的证明力并不一定大于传来言词证据。例如，被告人的父亲所作被告人作案后向其承认作案的陈述，与被告人为逃避追究而向侦查人员所作的未作案的陈述相比较，前者虽系传来证据，但其证明力并不一定就比属于原始证据的被告人所作未作案的陈述小。实物证据则不然。与言词证据相比较，它不受人的主观因素的影响，较为客观、可靠，其证明力较为稳定。因此，一般情况下，原始实物证据的证明力大于传来实物证据。

（3）原始证据的证明力并非一成不变。在自然环境和外界条件的影响下，原始证据的证明力亦可能发生变化。如作案现场的物品因不能移动、提取而只能复制，从作案现场提取的物品、痕迹可能由于时间的久远而发生变形或毁损，目击证人对案件事实的记忆可能随着时间的推移而减弱等，都会破坏或削弱这些原始证据的证明力。例如，由于距案发时间已有数月，从被告人作案后丢弃凶器的山洞内提取的匕首上的血迹已失去鉴定条件。该匕首经证人或被告人辨认后虽也具有证明力，但与从其上检验出被害人的血迹所具有的证明力相比较，显然有所不同。

传来证据的证明力具有以下三个特点：

（1）传来证据与案件事实并不直接关联，其证明力随传递中间环节的增加而减弱。传来证据来源于原始证据。由于在转手、传抄、复制的过程中原始证据的内容和形式可能被遗漏或扭曲，传来证据的证明力一般可能小于原始证据。这里，需要注意三点：其一，传来证据的存在须以原始证据的存在为前提，没有原始证据即没有传来证据。因此，传来证据的证明力可能等于或小于原始证据，但不能大于原始证据。其二，一般情况下，同源的传来证据距离证据信息来源的远近与其可靠性成反比：距离证据信息越远，证明力越弱，反之，则越强。其三，一般而言，传来证据的证明力小于原始证据。但是，实践中应当注意不要将此绝对化。在某些情况下，传来证据的证明力并不小于原始证据。例如，强奸案件中，听被害人讲述被害经过的证人所作的证言，虽是传来证据，但其证明力并不比被害人由于顾虑声誉而作的未被强奸的陈述这一原始证据小。

（2）传来证据的证明力可能因传播方式、中转环节的不同而有所不同。传来证据是经过复制转述的证据，需借助一定的传播方式和需经过一定的中转环节。在传递证据信息的过程中，它的证明力可能受到传播方式、中转环节等具体条件的影响。例如，同一书证的复印件和手抄件，二者的证明力即受复制方式的不同而有所不同。一般而言，复印件的证明力即比手抄件大。再如，证人向一人讲述其目睹的案件事实与向聚集在一起的多人讲述其目睹的案件事实，前者的证明力一般即小于后者。

(3) 传来证据对原始证据具有重要作用。主要体现在四个方面：其一，可据以发现和收集原始证据。实践中，有时开始只收集到传来证据而未发现原始证据。通过传来证据，可以发现和收集到原始证据。其二，可据以固定和保全原始证据。原始证据中的部分证据，如尸体、现场痕迹、易腐烂变质的物品等，往往难以长期保存。为使这些证据免致灭失，可以采用拍照、制作模型、录音、录像等方式将其固定、保全，转化为传来证据以证明案件事实。其三，可据以审查、验证原始证据的可靠性。原始证据也可能被伪造、变造。在原始证据被伪造、变造的情况下，传来证据即成为审查、验证其可靠性的重要依据和手段。其四，可替代原始证据证明案件事实。在不能获得原始证据或无法直接取得或不必直接取得原始证据的情况下，经查证属实的传来证据可以替代原始证据证明案件事实。

### （三）原始证据与传来证据的证明力判定

原始证据和传来证据的证明力特点，决定原始证据和传来证据的证明力判定具有异于其他证据证明力判定的特点。这些特点，主要有：

(1) 原始证据的证明力一般大于传来证据。此即本书前述的证据优先规则。该项规则的主要内容包括：

①原始文字材料作为证据，其证明力大于或等于其复制件。

②原始实物作为证据，其证明力大于或等于其复制品。

③原始物证、书证和视听资料须经当事人、证人、勘验人等当庭辨认、质证并经查证属实后，才具有证明力。

④实践中，一般而言，只要有原始证据，即无须使用传来证据。在二者并存的情况下，应当优先适用前者。

⑤原始证据的证明力大于传来证据是就一般情况而言，并不具有绝对性。特殊情况下，该项原则亦存在例外。

(2) 传来证据的证明力判定应当遵守如下特殊证据规则：

①只有在未收集到原始证据和法律允许的特定情况下，才可以对经查证属实的传来证据是否具有证明力以及证明力的大小作出判定。

②尚未查明来源或来源不明的传来证据，不具有证明力，不得作为证据使用。

③证人就被害人、被告人、证人在法庭外的陈述所作的转述，一般不具有证明力，但具有下列情形之一且有证据足以证明其可信性的除外：其一，原陈述者死亡的；其二，原陈述者身心障碍致记忆丧失或无法陈述的；其三，原陈述者滞留国外或所在不明而无法传唤或传唤不到的；其四，转述者到庭

后无正当理由拒不陈述的；其五，转述者的当庭陈述与先前陈述自相矛盾的。

④传来证据只有与其他证据互相印证，没有矛盾或证据矛盾得到合理排除或合理解释时，才具有证明力。

⑤在证明对象相同的多个传来证据中，复制、传抄次数较少的传来证据的证明力，一般大于复制、传抄次数较多的传来证据。

此外，由于原始电子证据和传来电子证据有别于原始一般证据和传来一般证据，其证明力判定具有一定特殊性。这种特殊性，主要表现在：

第一，传来电子证据与原始电子证据具有同等的证明力，但有下列情形之一的除外：其一，对原始电子证据的真实性提出实质性怀疑的；其二，根据案件实际情况，采用传来电子证据代替原始电子证据可能导致不公正的。

第二，通过模拟电子技术获得的传来电子证据的证明力小于原始电子证据，通过数字电子技术获得的传来证据的证明力与原始电子证据相同。

第三，经过公证的电子证据的证明力，一般大于未经公证的电子证据。但是，“引诱公证”、“秘密公证”、“事实不清、内容不明公证”会导致所取得证据证明力的降低。①

第四，在正常业务活动中形成的电子证据的证明力，一般大于为诉讼目的而制作的电子证据。

第五，在证据是否有利于己方上，不利方、中立方、有利方保存的关于同一事实的若干证据中，证明力大小的排序分别为：不利方的证据、中立方的证据、有利方的证据。

## 二、直接证据与间接证据证明力的判定

直接证据与间接证据的证明力判定，在证据理论中和司法实践中都是一个十分重要的问题。长期以来，对如何判定直接证据与间接证据的证明力，尤其是对如何判定间接证据的证明力，法学界争议颇多、实务界做法不一，需要加以研究、统一。

### （一）直接证据与间接证据的概念

在我国证据法学界，一般认为，直接证据是单独、直接证明案件主要事实的证据，间接证据是不能单独、直接证明案件主要事实而需结合其他证据才能证明案件主要事实的证据。对此通说，主要存在如下标准上的质疑和理解上的困惑，需要在理论上予以厘清：

其一，划分标准是否应为证据与案件主要事实的关系。

---

① 参见杨柏勇：《侵害计算机程序的证据认定》，中国法官网站，http://www.china-judge.com/fnsx/fnsx1706.htm/2000。

在直接证据与间接证据的划分标准上，主要存在以下不同观点：

（1）价值说。该说认为，直接证据与间接证据的划分标准是其使用标准。例如，有人认为，“任何能够直接证明被告人有罪或无罪的事实根据，都是直接证据；相反，任何不能直接证明被告人有罪或无罪，但是具有一定程序上证明价值的事实根据，都可能被当做间接的证据而加以使用”。①

（2）来源说。该说认为，直接证据与间接证据的划分标准为来源。例如，前苏联学者维辛斯基即认为，直接证据与间接证据的划分是“依其来源”。②

（3）方法说。该说认为，直接证据与间接证据的划分标准是依其对案件事实不同的证明方法。凡能直接证明案件事实的证据即是直接证据，凡不能直接证明但能间接证明案件事实的证据即是间接证据。③

（4）关系说。该说认为，直接证据与间接证据的划分标准为证据与案件事实的证明关系。该学说又有以下三种不同观点：①直接证据与间接证据的划分标准，是证据与待证事实的关系。“凡用来直接证明待证事实是否存在的证据叫直接证据。通过证明间接事实间接地证明待证事实的证据，叫间接证据”。④ ②直接证据与间接证据的划分标准为证据与犯罪事实的关系。“凡是直接证明犯罪事实是否存在，以及被告人有罪或无罪的证据，叫直接证据”，⑤ 凡是不能直接证明而需与其他证据一起证明犯罪事实发生的证据即是间接证据。⑥ ③直接证据与间接证据的划分标准是证据与案件主要事实的关系。“凡是本身可靠即能单独、直接证明案件主要事实的证据，称为直接证据；凡是不能单独、直接证明案件主要事实，而需要与其他证据相结合才能证明的证据，称为间接证据”。⑦

笔者认为，“价值说”、“来源说”和“方法说”都程度不等地存在错误或缺陷。具体而言，“价值说”的错误在于：“直接证据与间接证据二者只是与证明对象的证明关系（方式）不同，并无价值高低大小之分。从理论上忽视间接证据的作用，必然助长实践中的错误做法，如不重视调查研究，单纯追求口供、刑讯逼供等”。⑧ “来源说”的错误在于认为直接证据直接来源于

① 郝双禄：《关于刑事证据的几个问题》，载《政法研究》1955 年第 2 期。
② 胡复申：《关于刑事证据的分类问题》，载《政法研究》1955 年第 4 期。
③ 参见樊崇义主编：《刑事诉讼法学研究综述与评价》，中国政法大学出版社 1991 年版，第 308 页。
④ 孙长永著：《日本刑事诉讼法》，重庆大学出版社 1993 年版，第 91 页。
⑤ 程荣斌著：《中国刑事诉讼法教程》，中国人民大学出版社 1993 年版，第 179 页。
⑥ 参见《苏维埃刑事诉讼教程》（俄文版），莫斯科出版社 1962 年版，第 127 页。
⑦ 卞建林主编：《证据法学》，中国政法大学出版社 2002 年版，第 186 页。
⑧ 《中国大百科全书》（法学卷），中国大百科全书出版社 1985 年版，第 537 页。

犯罪活动，间接证据间接来源于犯罪活动，从而混淆了直接证据和间接证据的划分标准与原始证据和传来证据的划分标准，使直接证据与原始证据、间接证据与传来证据完全等同起来。“方法说”的缺陷在于以证明方法直接还是间接来划分证据，尚未揭示直接证据与间接证据的实质区别，同时将证明对象的范围确定为案件事实也失之过宽。

笔者基本赞同“关系说”也即通说中的第三种观点，认为划分直接证据与间接证据的标准应为证据与一定范围的证明对象的关系。诚如前苏联学者多勃洛沃里斯基指出的那样，在证据与证明对象的相互联系（关系）上，“如果这种联系只是单个意义的，并因而根据证据只能作出一种有关被证明事实是存在的结论，这种证据就是直接证据。……如果被证明的事实和证据之间的联系是多种意义的，并因而只能假定被证明的事实是存在的，这种证据就是间接证据。”而一定范围的证明对象，应为“案件主要事实”，而非“案件事实”、“待证事实”或“犯罪事实”。

其二，是否应将证明对象的范围确定为“案件主要事实”。

前面已经提及，“关系说”的赞同者在证明对象的范围上存在分歧，主要有“主要事实”、“待证事实”、“犯罪事实”三种不同观点。笔者认为，从直接证据与间接证据的分类意义上看，由于“待证事实”、“犯罪事实”的内容很多、范围太大，将其作为直接证据与间接证据的证明对象所导致的缺陷，一是因将证明非主要事实的证据纳入其中而使这种分类缺乏实际意义，二是因未能将其从全部案件事实中抽取出来而难以进行有针对性的研究。诚如我国学者指出的那样，“如果笼统地划分，不给直接证据划定一个特定的对象，那么每个证据都能直接证明一定的待证事实，都是直接证据，每个证据对另外的一定的待证事实，都可起间接证明作用，又都是间接证据。每一个证据都可以既是直接证据，又是间接证据，这种分类没有任何实际意义”；以证据与犯罪事实的关系划分直接证据与间接证据，虽然“……使证明对象更明确一些，但最终未使案件主要事实得以证明，而只是收集到立案的主要证据。因此这种划分标准实际意义也不大”。[①] 而将“案件主要事实”作为直接证据与间接证据的证明对象，则可使这类证据的证明对象范围更为明确、合理，便于人们根据这类证据的特点研究和解决问题。

刑事诉讼中，“案件主要事实”是指犯罪嫌疑人或被告人是否实施了被指控的犯罪事实，具体包括犯罪行为是否确已发生和该犯罪行为是否系犯罪嫌疑人或被告人所为两个方面。对“案件主要事实”的把握，应当注意以下

---

① 参见樊崇义主编：《刑事诉讼法学研究综述与评价》，中国政法大学出版社 1991 年版，第 309 页。

几点：第一，“案件主要事实”既包括事，也包括人，事人相关，事系人为。第二，“案件主要事实”不仅包括肯定性事实，也包括否定性事实。前者必须包括犯罪行为是否确已发生和该犯罪行为是否系犯罪嫌疑人或被告人所为两个方面，后者则只需具有犯罪行为没有发生或该犯罪行为确非犯罪嫌疑人或被告人所为两个要素之一即可。第三，“案件主要事实”所包含的“犯罪行为”，并不限于犯罪嫌疑人或被告人直接实施的犯罪行为。在共同犯罪中，犯罪嫌疑人或被告人实施的教唆、组织、策划、帮助行为亦属犯罪行为的组成部分。

其三，是否需以“单独直接”作为划分标准的必要内容。

通说认为，能否“单独直接”地证明“案件主要事实”，是直接证据与间接证据的主要区别。对此，存在不同意见。有人主张“单独而不直接”，“凡是能够单独证明案件主要事实的证据称为直接证据。凡是不能单独证明案件主要事实，必须结合其他证据才能证明案件主要事实的证据是间接证据”。[①] 持此意见者认为，在证明案件主要事实上，“单独证明”与“直接证明”所体现的证明关系和所起的作用并无不同，没有必要将二者都列为必要条件。“单独证明”一语，更便于理解和运用。有人主张“直接而不单独”，“凡是能直接证明案件主要事实的证据，称为直接证据，凡是需要与其他证据相结合才能证明案件主要事实的证据，称为间接证据”。[②] 持此意见者认为，直接证据与间接证据的区别是在证明案件主要事实上是否具有直接性，但“直接”并不等同于“单独”。间接证据不能直接证明，当然也不能单独证明。而直接证据的证明力无论有多强，也不能违反“孤证不定案”的原则，即不能单独凭借一个直接证据就定案。

笔者认为，在证据与案件主要事实的证明关系上，“单独证明”与“直接证明”有所不同。前者强调单一性，即一个证据就能证明案件主要事实；后者强调直接性，即在证明案件主要事实上无须中间环节和逻辑推理。而以“单独证明”或以“直接证明”为划分标准，都难以在分类上将证据二分为“直接”与“间接”。只有以“直接且单独”为划分标准，才能突出直接证据的“直接性”和间接证据的“间接性”，才能使这种证据分类具有实际意义并且便于掌握运用。因此，“单独直接”应当作为直接证据与间接证据划分标准的必要内容。

（二）直接证据与间接证据的证明力特点

直接证据与间接证据的划分标准，在于证据与案件主要事实的证明关系

---

① 孙洁冰主编：《刑事诉讼法学》，重庆大学出版社 1996 年版，第 183 页。

② 赵汝琨主编：《刑事诉讼法通论》，警官教育出版社 1996 年版，第 144 页。

是直接的还是间接的。这一划分标准，决定二者在证明力上具有显著区别。

直接证据的证明力特点主要包括：

（1）证明关系的直接性。直接证据与案件主要事实之间存在直接的证明与被证明关系，它能直截了当地证明案件主要事实，而无须借助于其他证据，无须经过中间环节，“无须推理作用，亦不经论理作用”。[①]“直接证据是以直接方式而非推理方式证明一种关于事实的主张，它直接地、一步地达到案件中的实质争议问题。”[②] 直接证据的直接证明性特点，既是直接证据在证明作用上的最大优点，又是直接证据证明力与间接证据证明力最显著的区别。

（2）证明关系的单一性。直接证据的单一证明性体现在三个方面：其一，从证据数量上讲是单一的，即单独一个证据就能直接证明案件主要事实。当然，这里所说的能够单独证明，并不必然意味着能够定案。其二，从证据证明力看是单一的，即证明对象是特有的案件主要事实。其三，判断者对证据与事实的关系的认识是单一的，即直接证据能够与判断者的认识直接结合。诚如陈朴生所言，直接证据对案件主要事实的证明作用，在于“得依其证据，与人之知觉同时直接认识其事实”。[③]

（3）证明作用的强力性。直接证据的直接证明性和单一证明性，表明“直接证据是这样一些证据，它本身就含有构成证明对象的全部或部分材料”，[④] 与案件主要事实在内容上存在同一性或重合性。因此，直接证据的证明效果是十分明显的。判断者可以根据直接证据径行对犯罪嫌疑人或被告人是否实施犯罪行为作出判断，而无须推理、论证，运用起来较为便捷。而且，“此类证据，其证明力从一般情形而言，……直接证据较间接证据为强”。[⑤]

（4）证明内容的主观性。“直接证据经常被称为‘目击人’证据，……是一个人感知的产物”，[⑥] 因而多表现为言词证据。我国台湾地区学者中，就有人将直接证据称为“供述证据”。[⑦] 而言词证据的重要特点之一，在于容易受到陈述者主观因素的影响而有失实的可能。尤其是当事人的陈述，往往因

---

① 陈朴生著：《刑事证据法》，台湾三民书局 1979 年版，第 136 页。

② ［美］乔恩·R. 华尔兹著：《刑事证据大全》，何家弘译，中国人民公安大学出版社 2004 年版，第 11 页。

③ 陈朴生著：《刑事证据法》，台湾三民书局 1979 年版，第 136 页。

④ ［前苏联］H. B. 蒂里切夫等编著：《苏维埃刑事诉讼》，张仲麟译，法律出版社 1984 年版，第 143 页。

⑤ 陈朴生著：《刑事证据法》，台湾三民书局 1979 年版，第 136 页。

⑥ ［美］乔恩·R. 华尔兹著：《刑事证据大全》，何家弘译，中国人民公安大学出版社 2004 年版，第 11 页。

⑦ 参见沈德咏、宋随军主编：《刑事证据制度与理论》（中），人民法院出版社 2006 年版，第 842 页。

其与案件处理结果有切身利害关系而存在虚假的可能。此外，证人受其对案件事实感知、记忆上的生理状况的影响、限制以及被收买、拉拢、威胁、欺骗等原因，也存在虚假陈述的可能。因此，对直接证据证明力真假的判断存在较大的难度。

间接证据的证明力特点主要包括：

（1）证明关系的间接性。间接证据与案件主要事实之间的证明与被证明的关系是间接的。这种间接性也即关联性，是间接证据与案件主要事实之间的客观联系。"任何一个间接证据的证明意义，都是由间接证据与案件事实之间的客观联系，以及与其他证据在证明过程中互相结合所决定的"，① 任何一个间接证据对案件主要事实的证明，都不能直接、单独地进行，都只能先证明案件的某一局部事实或某一情节，然后再从这一事实或情节出发，以间接的方式证明案件主要事实。

（2）证明作用的依赖性。间接证据证明作用的发挥，不仅有赖于自身的真实可靠，而且有赖于它与其他证据之间的客观联系以及它和其他证据所形成的统一体系与案件主要事实之间的客观联系。"根据间接证据所作的结论是否确实可靠取决于每一间接证据是否都是高质量的，取决于正确判明各个间接证据之间以及各项间接证据与证明对象之间的客观联系。"间接证据与其他证据及案件事实的联系形式，可能是极不相同的（因果、逻辑、法律、空间、时间上的联系等）。联系形式不同，证明作用也就有所不同。

（3）证明方式的推断性。间接证据对案件主要事实的证明，是以推论的方式进行的。美国学者乔恩·R．华尔兹指出，间接证据"通过推论来确立其与所要证明之事实主张的关系"，它是"……一种次要的甚至附属性事实的证据，事实认定者可以从这一事实本身或其他一系列事实相联系而推断出最终的事实或主张存在"。② 可见，凭借任何一个间接证据，都不能正面判定被告人是否有罪。只有把案件中的众多间接证据结合起来，经过推理、论证，才能得出正确的结论。

（4）证明结果的排他性。运用间接证据证明案件主要事实所得出的结论，必须是肯定的、唯一的，并且足以排除其他可能性。否则，结论与案件事实的一致性难以得到保证。这是因为：间接证据对案件主要事实的证明需要与其他证据相结合，需要经过一系列推论。如果将间接证据与其他证据结合并经推论得出的结论不具有排他性，则可能存在两个或两个以上的结论。

---

① 樊崇义主编：《证据法学》，法律出版社2001年版，第144页。

② ［美］乔恩·R. 华尔兹著：《刑事证据大全》，何家弘译，中国人民公安大学出版社2004年版，第15页。

在此情形下，证据之间必然存在不可调和的根本性矛盾或冲突性矛盾。数个结论都存在虚假的可能性，因而都不能据其定案。

（三）直接证据与间接证据的证明力判定

直接证据与间接证据的证明力判定，是每一刑事案件的裁判者都要面临的证据判定任务。归纳、提炼直接证据与间接证据的证明力判定规则，对于刑事证据的收集和运用实践，具有十分重要的指导作用。

1. 直接证据的证明力判定

由于直接证据与案件主要事实之间在内容上存在同一或重合的关系，其证明力判定相对较为简单：只要查明某一具有证据能力的证据与案件主要事实同一或重合，即可判定其具有证明力。同时，由于直接证据多表现为言词形式，具有失实可能，在证明力判定上还应有一些特殊要求。综上两点，判定直接证据的证明力，需要遵守以下规则：

（1）一般情况下，应当优先、尽量采用直接证据。这是直接证据在证明关系上的单一性、直接性特点和在证明作用上的强力性特点的必然要求，可以引导判定者重视直接证据的证明力，从而使直接证据的优势作用得到充分发挥。

（2）“孤证”一般不能定案。直接证据虽然能够单独直接地证明案件主要事实且具有很强的证明力，但由于其真实性、可靠性、稳定性较差，一般情况下不能仅凭一个直接证据定案。

（3）单一的直接证据与单一的间接证据相比较，直接证据的证明力强于间接证据。但是，一个直接证据的证明力并不一定强于数个间接证据；数个直接证据与数个间接证据的证明力比较不适用本规则。

（4）直接证据的证明力应在证据体系中评定。“每一直接证据都要在该案件的全部证据的总合中加以评定。”① 证据体系中，如果既有直接证据又有间接证据，则直接证据是主干，间接证据是枝叶。

（5）直接证据一般应得到间接证据的印证才能作为定案的依据。直接证据是否真实可靠、能否作为定案的依据，需要得到间接证据的印证。只有根据相互印证形成的完整、严密的证据体系，才能对案件事实作出认定。

（6）直接证据并不一定都能证明案件主要事实的全部。“在不同的直接证据中被证明的情况的范围是不相同的。有的多些，有的少些。”② 据此，在

① ［前苏联］H. B. 蒂里切夫等编著：《苏维埃刑事诉讼》，张仲麟译，法律出版社 1984 年版，第 144 页。

② ［前苏联］H. B. 蒂里切夫等编著：《苏维埃刑事诉讼》，张仲麟译，法律出版社 1984 年版，第 144 页。

直接证据的证明力判定中，应当具体情况具体分析，准确确定所证明事实的范围。

2. 间接证据的证明力判定

判定间接证据的证明力以及间接证据与直接证据结合所形成的证据体系的证明力，应当遵守以下规则：

（1）任一间接证据都只能对案件主要事实的某一部分具有证明力，而不能对案件主要事实的全部具有证明力。

（2）判定间接证据是否具有证明力以及证明力的大小，需要在与其他证据（包括直接证据）的印证中进行。

（3）对案件主要事实的完整证明，需凭借直接证据与间接证据或间接证据自身所形成的证据体系的整体证明力。

（4）间接证据与其他证据（包括直接证据和间接证据）的矛盾无法得到合理排除、解释的，不具有证明力。

（5）对间接证据的证明力有无及大小的判定，需要经过严格的综合分析、逻辑推理的过程。

判定仅由间接证据结合所形成的证据体系的证明力，应当遵守以下规则：

第一，每一间接证据必须客观真实且与案件事实存在客观联系。

第二，每一或每组间接证据必须能够证明案件的某个事实要素或情节。

第三，用以证明案件事实的间接证据必须充分，达到能够证明全部事实所需要的证据数量。

第四，间接证据之间以及间接证据与案件事实之间必须协调一致，没有根本性的、冲突性的矛盾，其他矛盾能够得到合理排除或解释。

第五，必须形成一个由间接证据组成的完整的证据体系，且该体系中的由间接证据相互结合所形成的诸多证明环节必须环环相扣，没有任何脱节。

第六，判定者运用间接证据证明案件事实所进行的一系列推理必须合乎逻辑，得出的结论必须合乎情理。

第七，运用间接证据体系证明案件事实所得出的结论必须是唯一的，并且具有排他性。

## 第二节 法律规定的几种证据证明力的判定

我国刑事诉讼法规定的证据种类有七种：（一）物证、书证；（二）证人证言；（三）被害人陈述；（四）犯罪嫌疑人、被告人供述和辩解；（五）鉴定结论；（六）勘验、检查笔录；（七）视听资料。上述七种证据的证明力，各自具有不同的特点。而且，即便是同一种类的证据，不同形式的证据的证明力亦有所不同，如在认定人身同一性上，常规血型鉴定结论的证明力即弱于 DNA 鉴定结论等。因此，研究法定七种证据的证明力，对指导司法实践具有十分重要的意义。

## 一、物证、书证证明力的判定

虽然我国刑事诉讼法将物证和书证规定为同一种类的证据，但二者的区别却是十分明显的。正是基于此，英美法系证据法将证据大体分为人证、物证、书证三种形式，认为物证与书证是不同种类的证据，“物证即实物证据，指法官能够通过其感官感知得出结论的一切物体。书证指文书证据，包括各类笔录，也包括新的文书形式如录音带、影片等”。①

囿于篇幅，笔者不对我国法律将物证、书证归为同一证据种类的做法是否合理加以评判。但是，考量二者的区别，仍对物证、书证的证明力判定分别论述。

### （一）物证证明力的判定

物证作为一种以“物”为表现形式的传统证据，具有很强的可信性，对查明案件事实真相具有重要的作用，是世界各国普遍采用的一种诉讼证据。

#### 1. 物证的概念

对物证概念的界定，世界各国存在不同的观点。例如，在英国，物证被称为“实物证据”、“指示证据”、“客体证据”，包括送检物品、当事人的身体外形、现场勘验和文件的外形；在德国，物证被描述为“感知证据”，既包括有形物体，还包括一定的无形的客观存在，如路口的交通噪音情况等；在俄罗斯，物证被认为是用来作为证据来源的各种物品，包括物品的原物及原物的照片、模型等复制品；在美国，物证被看做是“为自身说话”的一种最可信的证据，包括私人用品、物体和其他有形物，等等。

我国理论界对物证概念的界定亦众说纷纭，主要有以下几种观点：其一，“物证是指能够以其存在形式、外部特征、内在属性证明案件真实情况或其他待证事实的实体物和痕迹”；② 其二，“物证是指能够以本身所具有的物质特征证明诉讼案件真实情况的物品和物质痕迹”；③ 其三，“物证是指以其外

---

① 龙宗智著：《证据法的理念、制度与方法》，法律出版社 2008 年版，第 190 页。

② 何家弘主编：《新编证据法学》，法律出版社 2000 年版，第 180 页。

③ 陈一云、严端、王新清主编：《证据学》（第 2 版），中国人民大学出版社 2002 年版，第 271 页。

部特征、存在场所和物质属性证明案件事实的实物和痕迹”;[①] 其四,“广义的物证是指包括书证在内的一切实物证据。……狭义的物证仅指能证明案件真实情况的物品及物品痕迹”;[②] 其五,“物证是以其客观存在或与外界的客观联系来证明与案件相关的一切事实的物质和痕迹”。[③] 显然,以上几种定义的分歧,主要在于物证的范围上。

笔者认为,首先,尽管物证与书证的表现形式相同且实践中有时同一物品既可作物证又可作书证,但由于物证是以物质特征证明案件事实,书证是以记载的内容证明案件事实,二者在证明方法上有较大不同,将书证归于物证的范围之内即在划分标准上存在多重和混乱之嫌。其次,随着人类社会科学技术的发展,人们对“物”的外在表现形式的理解不应仅仅局限于有形的“物品”、“实体物”、“物品的痕迹”,而应包括以原子、场、波等形式存在的“物质”及“物质的痕迹”。否则,在外延上难以囊括所有的客观存在着的“物”。综上两点并结合理论界诸种定义的相同之处,笔者对物证界定如下:物证是指据以查明案件真实情况的一切物质和痕迹。

对物证概念的理解,应当注意以下几点:

第一,物证与实物证据是两个不同的概念,二者既相联系,又有区别。在我国理论界,有学者以证据的表现形式为划分标准,将证据划分为言词证据和实物证据,认为“凡是表现为人的陈述,即以言词作为表现形式的证据,是言词证据”,“凡是表现为物品、痕迹和以其内容具有证据价值的书面文件,即以实物作为表现形式的证据,是实物证据”。[④] 在国外,不少国家也有言词证据与实物证据的分类,如美国即将证据划分为言词证据、实物证据和司法认知。此外,在大陆法系国家,物证也被称为“实物证据”。[⑤] 与之相应,在我国实务界,不少人也将物证等同于实物证据。对此,应当予以厘清。应当说,尽管物证与实物证据都以物质为表现形式,但二者仍然存在以下明显区别:其一,实物证据是理论分类上的一种证据,物证是法定种类的一种证据;其二,在外延上,实物证据大于物证,即实物证据除包括物证外,还包括勘验、检查笔录、视听资料和书证。

---

① 陈光中、徐静村主编:《刑事诉讼法学》,中国政法大学出版社 1999 年版,第 193 页。

② 王国枢主编:《刑事诉讼法学》,北京大学出版社 1989 年版,第 131 页。

③ 江伟主编:《中国证据法草案(建议稿)及立法理由书》,中国人民大学出版社 2004 年版,第 199 页。

④ 陈光中、徐静村主编:《刑事诉讼法学》(修订版),中国政法大学出版社 2000 年版,第 186 页。

⑤ 参见周国均、刘根菊著:《刑事证据种类和分类的理论与实务》,中国政法大学出版社 1992 年版,第 62 页。

第二，物证的客观实体的范围应在物质范畴之内，即包括一切能以自身属性、外部特征或存在状况证明案件事实的物质。物证是独立于人的意识之外，不以人的意志为转移的客观存在，是人所能够看见、摸着或者可以闻到的“感知证据”。因此，宏观的、微量的、无形的、有形的、有生命的、无生命的物质，都可能成为物证。而且，在物质范畴之内的物证，可以分为两种：其一，原物，即“实实在在的东西”，也可以称为“实在证据”。① “实在证据可以是用来证明案件本身事实的直接证据，如作为脸上可见伤痕之后果的被害人的毁容程度。实在证据也可以是间接证据，如有关某客体的事实是作为推断其他事实之真实性的基础而提供的”。② 其二，传来物，它“……不是‘真正的原物’或‘实在的东西’。而是仅仅用作说明或解释目的的实物材料。它是一种视觉或视听的辅助材料，……”③ 例如，对易腐烂、变质的物品、倒塌的建筑物、犯罪现场遗留的指纹、脚印等拍摄、复制形成的摄影照片、复制模型等。“这些被拍照、录像、复制的物证都是传来证据而不是原始证据。”④

第三，物证对案件事实的证明凭借的是其物质特征和存在状况。其中，物证的物质特征包括内部特征和外部特征。内部特征，是指作为物证的“物”的物理结构和化学成分，包括重量、质量、成分、材料、结构、性能等；物证的外部特征，主要指作为物证的“物”的形状、大小、体积、数量、颜色、新旧、破损程度等。物证的存在状况，是指作为物证的“物”所处的位置、所耗费的时间、所占有的空间范围等。从物证的证明方式看，以物质特征和存在状况来证明案件事实，是物证最显著的特点和其与言词证据的最重要的区别。只要客观存在的物质与案件事实发生一定的联系，则该物质的物质特征和存在状况即会因案件事实的作用而发生改变，从而对案件事实起到一定的证明作用。当然，这种证明作用亦有直接与间接之分。实践中，绝大多数物证都不能直接地证明案件主要事实，而只能以间接的方式或以与其他证据一起形成证据体系的方式来发挥证明案件主要事实的作用。

2. 物证的证明力特点

物证以物质和痕迹为载体，是一种“客观存在”。这一基本特征，决定

---

① ［美］乔恩·R. 华尔兹著：《刑事证据大全》，何家弘译，中国人民公安大学出版社2004年版，第55页。

② ［美］乔恩·R. 华尔兹著：《刑事证据大全》，何家弘译，中国人民公安大学出版社2004年版，第55页。

③ ［美］乔恩·R. 华尔兹著：《刑事证据大全》，何家弘译，中国人民公安大学出版社2004年版，第61页。

④ 刘金友著：《证据法学》，中国政法大学出版社2001年版，第146页。

物证的证明力具有如下特点：

（1）客观性强。物证作为客观存在的物质和痕迹，是犯罪行为与其他事物发生作用的直接结果。在具体案件中，反映案件事实的物证信息往往能够原封不动地直接记载于特定物之上，它们所具有的物质特征与案件事实的特别联系非常牢固，一般不易受人的意志的左右。裁判者通过逻辑推理、科学技术的手段，即可从物质或痕迹的客观存在或从物质、痕迹与案件事实的客观联系中推导出所要证明的事实真相。而这种通过科学技术和逻辑推理所固定的证明力，显然几近于“客观存在”。因此，较之案发以后形成并易受人的意志影响的言词证据，物证的证明力更为客观。

（2）稳定性强。物证在案件事实发生时即以物质和痕迹的形式存在，并与案件事实产生特别的联系。案件发生后，物质、痕迹及其与案件事实的联系仍然存在。只要没有人为的影响或自然力的作用，就不容易发生改变。与之相应，物证的证明力亦具有较强的稳定性。至于裁判者是否认同具有证明力以及对证明力强弱的认同如何，与物证证明力的稳定性并不属于同一语境下的问题。裁判者认同与否，证明力都不会发生改变。当然，所谓稳定性强也是相对的。有些物证，如易腐烂的物品、雪上的痕迹等，案发后也可能变形或灭失，其原来所具有的证明力也可能发生改变。

（3）可信度高。物证证明力的客观性、稳定性强的特点，决定其具有较高的可信度。美国证据理论将物证视为一种最可靠的、最可信的、“为自身说话”的证据，认为在使用物证直接证明争议事实时，只需出示相关的物证并在正确识别后即可采用，而无须进行推理论证。这种认识，是很有见地的。物证可信度高的特点，决定其在刑事案件中具有独特的地位和作用。首先，在某些案件中，物证本身就是案件事实的一部分，因而它可以单独地、直接地证明案件主要事实。其次，在具体案件的证据体系中，物证是检验、鉴别其他证据，尤其是言词证据的真实性的客观依据。

（4）具有被动性。物证作为客观存在的物质和痕迹，本身并无意识，是一种“哑巴证据”，不能自明其义，其证据意义需要人的解读，因而不能主动地证明案件事实。物证的被动性主要表现在：首先，物证必须借助人的一定行为，才能进入刑事诉讼证明过程。其次，物证的证明力必须通过人的一定行为才能表现出来。尤其是在无法通过感官直接感知的物质属性来证明案件事实的情况下，物证的证明力即需依靠人力完成。例如，指纹证据、微量证据的证明力的展示，即须完全借助于人力。再次，在许多情况下，物证的证明力需要人运用科学技术才能揭示出来。

（5）具有片断性。主要表现在：第一，物证往往只能证明案件事实的某一局部、某一侧面或某一环节，而不能全面生动地反映案件事实的全貌。因此，物证的证明范围较窄。第二，大多数物证与案件事实的联系并非一目了然。在此情况下，物证对案件主要事实的证明作用较为间接。物证证明力的片断性，是物证的一个缺陷，在运用上要注意弥补。具体案件中，单独一个物证一般不能证明案件主要事实，而需与其他证据相结合才能发挥证明作用。而且，在许多情况下，物证证明力的显现需要通过勘验和鉴定，有赖于科学技术的发展水平以及人的认识能力。

3. 物证的证明力判定

根据物证证明力的特征，判定物证证明力的有无，应当着力于物证的真实性、可靠性；而判定物证证明力的大小，则应注重物证与其他证据的组合及其与案件事实的关联程度。具体而言，判定物证的证明力，主要应当遵守以下规则：

（1）凡是以其物质属性、存在状况体现对案件事实的存在能够产生有效影响的物证，都具有证明力。

具有证据能力的物证是否具有证明力，关键是看其能否对案件事实产生有效的影响，或者看其是否与案件事实具有关联性。物证与案件事实的关联性，分为直接和间接两种方式。直接的关联性，是指在某些案件中，物证与案件事实的重要部分或其中某一部分直接相连，因而具有直接的证明力，能够在事实认定上发挥实际作用；间接的关联性，是指在某些案件中，物证与案件事实间接相连，不能单独起到证明作用，其证明力只能在与其他证据的结合中才能得到体现。而无论直接关联性还是间接关联性，都是一种客观存在的联系，即作为物证的物质和痕迹独立存在的、不以人的意志为转移的与案件事实的客观联系。

（2）物证证明力的大小与物证客观属性的状况及变化密切相关；本质属性强、变化小的，证明力即大，反之则小。

物证是以其物质和痕迹来证明案件事实的，具有很强的客观属性。实践中，由于自身可能发生变化和可能受到外部各种因素的影响而发生变化，物证的客观属性常常受到限制或阻碍，从而对其证明力产生一定的影响。因此，判定物证的证明力要注意物证物质属性的状态及变化情况对物证证明力的影响。物证客观属性的变化如果具有实质性，而且在施加作用上达到一定的程度，即足以影响物证的证明力。一般而言，判定物证的物质属性的状态及变化情况，可以从以下几方面入手：其一，物证的物质属性是否已经发生实质性的变化且这种变化是否已经达到足以影响其证明力的程度；其二，物证是否为原物；其三，物证是否为伪造物。物证不是原物而是复制品或类似物、相似物等替代品的，其证明力低于或等于原物。物证是伪造物的，不具有证明力。

（3）物证证明力的大小与其同案件事实的关联程度成正比，关联密切的，证明力大，反之，则证明力小。

物证证明力的关联性，是指物证认定或否定案件某一事实的属性。“从证明性的意义上说，相关性必须涉及证据肯定或否定某实质性问题的能力。”[①] 在认定案件某一事实上，物证证明力的关联性包括两层含义：一是该物证是否与案件事实存在实质性的联系；二是该物证对具有实质性联系的问题是否具有证明性以及证明性的大小。“如果所提出的证据对案件中的某个实质性问题具有证明性（有助于认定该问题），那它就具有相关性。”[②] 而证明性的多少也即证明力的大小，取决于物证与案件事实的实质性联系的紧密程度。联系愈紧密，证明力愈大；反之，证明力愈小。实践中需要注意的是，由于物证不能自明其义，具体案件中判定物证与案件事实是否具有实质性的联系以及这种联系是否紧密，往往需要借助于该物证以外的其他证据的证明。

（4）物证证明力的大小，只有在其与其他证据的结合中才能得以显现。

判定物证的证明力大小，需要与其他证据一并综合进行。这是因为，绝大多数物证都是间接证据，都不能直接证明案件主要事实，而只能从某一侧面、某一环节证明案件的有关事实；这些物证对案件主要事实的证明作用，需要得到其他证据的佐证、支持、配合，否则，仍然只能证明案件的某一次要的、局部的事实而不能证明案件的主要事实。例如，作案凶器匕首的关联性、可靠性，是其证明力判定的主要内容。判定时，即需与该匕首的勘验结果、提取记录、被害人陈述、关于匕首上遗留血迹的鉴定结论、被告人供述等证据结合起来进行。如果该匕首能够得到其他证据的佐证、支持、配合，则具有极强的证明力；反之，则不具有证明力或只具有较小的证明力。实践中，结合其他证据判定物证的证明力，可以采用辨认、检视、鉴定、侦查实验等比照方法。

（5）同等条件下，物证原物的证明力大于其照片、录像、复制品。

一般而言，在来源性和真实性已经查明的情况下，物证的原物与其照片、录像、复制品在实质上并无区别，二者的证明力相同。实践中，适用本项规则，需要具备以下条件：其一，核实无误。判定原物与照片、录像、复制品

---

① ［美］乔恩·R. 华尔兹著：《刑事证据大全》，何家弘译，中国人民公安大学出版社2004年版，第81页。

② ［美］乔恩·R. 华尔兹著：《刑事证据大全》，何家弘译，中国人民公安大学出版社2004年版，第81页。

是否具有相同证明力的最简洁的方法，在于审查核实后者是否出自前者。后者出自前者且内容一致的，可以直接采用后者，而不必非要将原物提交法庭。[①] 其二，照片、录像、复制品的制作过程得到科学的说明。在原物已经不存在的情况下，照片、录像、复制品制作的技术、方法、设备、过程是否科学即是物证证明力判定的重要内容。只有制作过程得到科学的说明，才能作出原物未被歪曲或曲解的结论。其三，经鉴定证实照片、录像、复制品具有真实可靠性。上述三项条件不能得到满足的，照片、录像、复制品不具有证明力或其证明力小于原物。

(二) 书证的证明力判定

书证作为一种古老的证据，在人类诉讼史上始终发挥着有效的证明作用。时至今日，随着人类社会文化特别是法律文化的发展进步，书证更是在诉讼活动中起着越来越重要的证明作用，成为现代世界各国证据法律制度中的一种重要证据。

1. 书证的概念

对书证的概念，各国的法律规定和理论见解不尽相同。在英美法系国家，书证被称为“文件证据”，一般指以文字、数字或音像作成的文件，包括以字母、单词、数字或其他同类物，通过书写、打字、印刷、影印、拍照、磁脉冲、机械或电子录音或其他形式的数据汇编记载下来的文件；而在大陆法系国家，书证则一般指以其记载的内容来证明案件事实的书面材料，不包括以音像做成的视听资料。在我国，通说认为，书证是以文字、符号、图形、表格等记载的内容和表达的思想来证明案件事实的书面材料和其他材料。这一界定，大致与大陆法系国家书证的内涵相同。

对书证概念的理解，应当注意以下几点：

第一，书证是以物质材料承载的信息来证明案件事实的。对此，可作如下解读：首先，文字、符号、图形、表格等只是书证内在信息的载体，它们本身并不能证明案件事实。其次，书证的载体所记载的内容和表达的思想必须与案件事实具有关联，才能证明案件事实。再次，书证必须借助一定的物质材料而生成和存在，否则即会丧失客观存在的必要条件。最后，某一物质材料如果既有与案件事实相关联的思想内容，又能以其外在特征证明案件事实，则其既是书证又是物证。以其记载的思想内容证明案件事实的，为书证；以其外在特征证明案件事实的，为物证。

第二，书证是在诉讼外形成的。刑事案件发生后，有关它的信息即以如

---

① 实际上，有些原物也无法提取或无法提交法庭。——笔者注

下两种方式保留下来：其一，人所感知，即案件事实转化为信息为人所感知；其二，物所承载，即反映案件事实的信息为一定的物质材料所承载。由于书证一般由物所承载，其内容即只能形成于案件或纠纷发生之前也即诉讼之外。诉讼内形成的勘验检查笔录、扣押笔录、搜查笔录、鉴定书、审讯笔录、庭审笔录等书面材料，虽然所记载的内容大多与案件事实相关，但这些书面材料本身与案件事实之间并不存在客观联系，因而只能是程序过程中形成的司法文件而非书证。

第三，书证是具有思想性的证据。书证是人的有意识的思想的反映，这是书证的最本质的特征。书证之所以可用以证明案件事实，根本原因不在于它的外在形式，而在于它所记载或表达的思想内容与案件事实具有关联性，能够为人们认知和理解。涂抹乱画、并未表达任何思想内容的材料，谁也看不明白的“天书”，都不能成为书证。当然，为人们认知和理解的思想内容，并非仅指人们普遍熟知的文字、符号、图形等所含的思想内容。事先约定的密码、暗语、标记等，只要其所蕴涵或记载的信息具有实际意义且该意义与案件事实关联，都应视作能为人们认知和理解。

2. 书证的证明力特点

书证是以其记载的内容和所表达的思想来证明案件事实的。书证的这一本质特征，决定其证明力具有如下特点：

（1）直接性。书证的内容一般都清楚、具体、明确，人们往往通过阅读、查看即可明白其含义以及该含义与案件事实的联系。因此，通常情况下，书证的证明力可以直接判定，而无须通过任何媒介或中间环节。书证证明力的这种直接性特点，在证明案件事实上表现得十分突出。由于书证记载的内容和反映的思想往往与案件事实的全部或部分存在一种重合关系，一旦查证属实即可使案件事实真相大白。特别是某些法律文书，其真实性、合法性经过公证或鉴证得到确认后，往往无须与其他证据结合就能直接证明案件主要事实，并且具有极强的说服力。

（2）稳定性。书证形成于诉讼之前，是案件事实的历史记载。因此，只要确认不是伪造、内容未经篡改，其真实性即无可辩驳。相对于时常反复的口头表述而言，书证作为一种“白纸黑字”凭证，显然极为稳定。而且，由于书证须以物质材料作为客观载体，其思想内容在载体上生成或保存下来后即与载体一样不易发生变化，能够被真实地长期保存下来，其证明力因而具有较强的稳定性。即便有时作为物质材料的书证的载体遭到毁损，但只要该载体所记载的内容和所表达的思想未受影响，仍然清楚、具体、明确，该书证的证明力即未因其载体受到毁损而减弱，

(3) 强力性。与其他证据相比较，书证的证明力更为强力。首先，书证的思想内容与案件事实的全部或一部分具有重合性，因而其证明作用更为直接明了，更易被人理解和认同。其次，现实生活中，人们为使眼下的行为和事件在日后得到法律的保护、避免留下纷争隐患，往往“立字为证”或“立字为据”。此时，由于尚未发生诉讼，这些“证”、“据”通常是符合当时的真实情况或立“证”人、立“据”人的思想状况的。一旦日后发生纷争，它们即犹如历史的见证者，能够起到很强的证明作用。最后，书证中，国家职能机关制作的公文书本身即具有法律效力，因而具有很强的证明力。

3. 书证的证明力判定

根据书证证明力的特点，判定书证的证明力，主要应遵守如下规则：

(1) 书证证明力的有无及大小，直接取决于所用载体、所载信息、所表思想的真实性和完整性。

书证所用载体、所载信息、所表思想是否真实，关系到书证证明力的有无及大小。载体、信息、思想全部虚假的，书证的证明力完全丧失；载体、信息、思想部分虚假的，书证的证明力受到削弱。判定书证所用载体、所载信息、所表思想的真实性，可从形式真实性和实质真实性两方面入手。书证不具有形式真实性或实质真实性，即不具有证明力。所谓形式真实性，是指书证的物质载体为书证制作者所制作。伪造或变造的书证，要么非书证制作者制作，要么与原始状态截然相反或发生实质性改变，形式上虚假，因而不具有证明力。所谓实质真实性，是指书证所记载的信息真实可靠、体现着制作者的真实意志。信息虚构或相悖、相异于制作者本意的书证，与案件事实之间并不存在真实的客观联系，实质上虚假，因而不具有证明力。书证的形式真实性和实质真实性，都是书证证明力判定的内容，而且在判定上密切相关。形式真实性没有或者缺乏，必然动摇书证的实质真实性，使其证明力丧失或者削弱；而实质真实性没有或者缺乏，也必然影响书证的形式真实性，使其证明力丧失或者削弱。

书证所用载体、所载信息、所表思想是否完整，主要关系到书证证明力的大小。书证所用载体、所载信息、所表思想不完整的，其证明力必然不完全，在证明案件事实上必然存在缺陷。书证的完整性包括两方面：其一，形式上的完整性，即书证的物质载体及表现形式完整。书证的物质载体及表现形式存在缺陷，如作为书证载体的纸张、金属、石块、布帛、竹木等有破损、残缺或记载书证内容的文字、符号、图形、表格等有涂改、添加、删减等，并且足以影响内容的，必然导致书证证明力的不完全性，从而削弱书证对案件事实的证明作用。其二，内容上的完整性，即书证所记载的信息和所表达的思想完整。书证内容不完整的表现有二：一是制作者在记载信息和表达思想上未能全面反映原始状况和本来意愿；二是因物质载体和表现形式的缺陷而导致书证所载信息、所表思想的缺失、遗漏。内容不完整的书证与案件事实的重合只能在某一局部、某一侧面、某一情节上体现，而不能在案件主要事实上体现，其证明力必然不足。

（2）公文性书证的形式要件真实的，一般可推定其具有证明力。

公文性书证，是指国家职能机关在法定权限范围内依职权制作并被用以证明案件有关情况的公文书，包括各种命令、决议、决定、指示、信函、证明文件等。例如，民政部门颁发的结婚证书、离婚证书，房产管理部门制作和发出的房产证，行政机关颁布的任免书、奖惩令，法院制作的判决、裁定，公安机关制作的治安处罚决定书等，都是公文书。一旦它们被引入诉讼以证明案件有关情况，即成为公文性书证。

公文性书证的制作，一般是国家职能机关基于公共政策的实际需要而依照法定职权实施的公务行为。这种行为的合法性、正当性具有很高的可信度，通常会为社会公众所接受。因此，公文性书证在证明力上具有真实性自明的效果，可以凭借形式要件真实推定出实质要件真实。“有关形式上证据力的认定，或多或少都存有推定。亦即，如根据文书的方式即内容认定公文时，则推定为真实成立”；[①] 但对方当事人提出反证予以推翻的除外。换言之，只要公文书具备公文性书证应当具备的形式要件，且该形式要件未被证实存在瑕疵或者伪造的情形，即可推定其具备公文性书证的实质要件，从而得出其具有证明力的判定结论。

对本项规则，不少国家的法律予以认同。在具体规定上，主要有两种情形：第一，公文性书证的形式要件真实的，推定其实质要件具有真实性。例如，《德国民事诉讼法》第 437 条［本国公文书的真实性］第（1）项规定，“从形式和内容两方面都可以认为是由官署或由具有公信权限的人所制作的证书，推定其本身是真实的”；[②] 《日本民事诉讼法》第 228 条［文书的制作］第 2 款规定，“文书，依制作的方式及目的应认为公务员在职务上做成的，推定为该文书制作是真实的公文书”，[③] 等等。第二，公文性书证的内容未被证明不真实的，可以推定该公文书所证明的事实具有真实性或该公文书

① ［日］三月章著：《日本民事诉讼法》，汪一凡译，转引自张灵泉著：《民事证据采信制度研究》，中国人民大学出版社 2003 年版，第 92 页。

② 转引自毕玉谦、郑旭、刘善春著：《中国证据法草案建议稿及论证》，法律出版社 2003 年版，第 274 页。

③ 转引自毕玉谦、郑旭、刘善春著：《中国证据法草案建议稿及论证》，法律出版社 2003 年版，第 275 页。

具有完全的证明力。例如，《瑞士联邦民法典》第9条第（1）项规定，“官方登记簿及公文，只要其内容未被证明为不真实的，就可作为被其证明的事实的充分根据”；[①]《意大利民法典》第2700条［公证书的效力］规定，“在被提起不实之诉之前，由公共事务官员制作的公证书以及由公共事务官员出具的证实当事人声明的公证书、或其他当着他的面或由他完成的行为的公证书具有完全的证明力”，[②] 等等。上述规定，具有相当的合理性，我国应当予以借鉴。

适用本项规则，需要注意的是，当事人之间就公文书形式要件的真实性发生争执的，应由提出异议的一方承担提出并证明该公文书的形式要件不具有真实性的举证、证明责任，也即提出异议的一方需承担本证的责任。私文书则不然。当事人之间就私文书形式要件发生争执的，应由提出私文书的一方承担提出并证明该私文书的形式要件具有真实性的举证、证明责任，也即对私文性书证形式要件的真实性提出异议的一方仅负反证的责任，本证的责任由提出书证方承担。

（3）私文性书证经签章、捺印或公证、认证的，一般可推定其具有证明力。

私文性书证又称非公文性书证，是指私人制作或者国家职能机关以及其他享有法定职权的单位在其职责范围之外制作并被用以证明案件有关情况的私文书，包括各种保证书、承诺书、欠条等。例如，民事主体之间在民事活动中签订的各种合同，公民之间因借用钱款而出具的借据，个人或单位领取有关物品的收据，国家职能机关为某一事项而发出的与其职权无关的信函等，都是私文书。只要它们具有证据能力和证明力，即能以私文性书证的形式证明案件有关情况。

私文书经本人或其代理人签名、盖章、捺印，或者经公证机构公证或其他有关机构认证的，一般也可以推定其具有证明力。适用该项规则，需要注意以下几点：其一，适用该项原则的前提，在于当事人对私文书上的签名、盖章、捺印或者公证机构、其他有关机构的公证、认证等事实不存异议。其二，推定最终是否成立，有赖于是否存在足以推翻推定结论的反证；但在足以推翻推定结论的反证出现之前，判定者不得作出与推定结论相反的结论。其三，一方当事人对对方当事人提出的私文书的真实性无异议的，提出方无

---

① 转引自毕玉谦、郑旭、刘善春著：《中国证据法草案建议稿及论证》，法律出版社2003年版，第275页。

② 转引自毕玉谦、郑旭、刘善春著：《中国证据法草案建议稿及论证》，法律出版社2003年版，第272页。

须提供证据证明私文书的真实性，判定者可以直接确认该私文书具有证明力；一方当事人对对方当事人提出的私文书的真实性提出异议的，对方当事人应当对该私文书的真实性承担相应的证明责任，判定者应当结合其他证据判定该私文书是否具有证明力。

对本项规则，不少国家的法律都有相关规定。主要有以下几种情形：第一，经签名、盖章、捺印或者公证、认证的私文书，具有完全的证明力。例如，《意大利民法典》第2702条［私证书的效力］规定，“在被提起不实之诉之前，如果出具的文书被确认出自签字人，或者文书被视为依法确认，则签名人出具的私文书具有完全的证据力”。[①] 第二，制作人签名的私文书具有完全的证明力。例如，《奥地利民事诉讼法》第294条［私文书］规定，“私文书如果有制作人的署名，或者有经法官或公证人认证的制作人的亲笔记录，并在该文书中表明该文书由制作人制作的，具有完全的证明力”。[②] 第三，私文书经签名、盖章、捺印或者公证、认证的，推定其具有真实性。例如，《德国民事诉讼法》第440条［对私文书的真实性的证明］第（2）项规定，“证书上署名的真实性已被确定，或者证书上的手印也得到公证时，具有该项署名或手印的文字记载，也推定其本身是真实的”。[③] 上述规定的合理性依据，在于书证实质要件的真实性往往通过形式要件的真实性得以体现。因此，我国应当予以借鉴。

应当注意的是，私文性书证经签章、捺印或公证、认证的，一般可推定其具有证明力。但是，适用中不能将该项规则绝对化。对于仅记载某些客观事实的发生和经过的报道性书证，如财务账本、病历、住宿登记簿等，由于其表述的内容并不与特定的法律后果相联系，即不能以其形式要件真实推定其实质要件也真实。

（4）公文性书证的证明力一般大于私文性书证。

公文性书证具有如下特点：其一，体现着国家职能机关履职意志，且该意志一般体现着社会的整体利益；其二，通常情况下会产生一定的法律后果；其三，制作主体特殊，即制作主体为国家职能机关及其工作人员；其四，制作程序法定，即制作和发出一般应当具备法定条件并依法定程序进行；其五，文书形式规范，即有严格、统一、通用的格式。基于以上特点，不少国家认

① 转引自毕玉谦、郑旭、刘善春著：《中国证据法草案建议稿及论证》，法律出版社2003年版，第283页。

② 转引自毕玉谦、郑旭、刘善春著：《中国证据法草案建议稿及论证》，法律出版社2003年版，第284页。

③ 转引自毕玉谦、郑旭、刘善春著：《中国证据法草案建议稿及论证》，法律出版社2003年版，第283页。

为公文书具有毋庸争辩的证明力或完全的证明力。例如，《德国民事诉讼法》第 145 条规定，如果公文书中所记载的是在公共机关或制作文书的人面前所为的陈述，那么，对于这种由公共官署或制作文书的人以文字记载的事项，公文书提供完全的证明力;①《奥地利民事诉讼法》第 293 条规定，根据特别法的规定，被宣布为公文书的文书具有完全的证明力，② 等等。

私文性书证，无论是由公民制作还是由国家职能机关或其他单位制作，都不具有公文性书证的前述特点，在程序和形式上都不够严格，有时甚至具有一定的随意性。因此，一般情况下，公文性书证的证明力大于私文性书证。对此，各国证据法学理论均予以认可，且不少国家的法律也予以明确规定。在大陆法系国家，法官在很多情况下都会通过公文书来直接对案件作出裁判，而对于私文书法律则会设置一些严格的认定程序。例如，在法国，公文书被提起伪证之诉之前，应被推定为真实，具有证明力；而私文书的证明力则不适用该推定，一方当事人要否认对方提供的私文书形式和内容的真实性，均不必提起伪证之诉。在英美法系国家，通常赋予公文书较私文书更高的证明力。例如，在美国，国会制定的公文书具有毋庸争辩的证明力，无须当事人举证；在英国，上诉法院、高等法院的判决以及审判记录、出生与死亡登记等公文书具有很强的证明力，被用以证明案件事实时只需提出副本而无须提出原本。在我国，最高人民法院 2002 年颁行的《关于民事诉讼证据的若干规定》规定，国家机关、社会团体依职权制作的公文性书证的证明力一般大于其他书证，档案和经过公证、登记的书证的证明力一般大于其他书证。

公文性书证与私文性书证在内容上相抵触时，一般应采信公文性书证。适用该项规则，需要注意两点：第一，公文性书证的证明力一般大于私文性书证，是就单一的公文性书证与单一的私文性书证相比较而言的。非单一比较的，不能适用本项规则。第二，在有证据证明公文书制作主体超越法定权限或制作程序违反法律规定的情形时，公文书的证明力则应降为与私文性书证相同。对此，不少国家的法律予以规定。例如，《巴西民事诉讼法》第 367 条规定，公务员越权制作的，或者不按照法律规定形式制作的，并有各方当事人签名的文书具有与私文书相同的证明力;③ 《意大利民法典》第 2701 条

---

① 参见江伟主编:《中国证据法草案（建议稿）及立法理由书》，中国人民大学出版社 2004 年版，第 221 页。

② 参见毕玉谦、郑旭、刘善春著:《中国证据法草案建议稿及论证》，法律出版社 2003 年版，第 273 页。

③ 参见毕玉谦、郑旭、刘善春著:《中国证据法草案建议稿及论证》，法律出版社 2003 年版，第 270 页。

规定，由无管辖权或者不能制作公证书的公共事务官员制作的文件，或者未遵循规定的程序出具的文件，如果当事人已签字，则该文件具有私文书的证明力。①

（5）特殊书证的证明力通常大于一般书证。

根据书证的形成是否需要特定形式、格式、要件的标准，可以将书证分为特殊书证和一般书证。凡是依照法律规定应当具备特定形式、格式、要件的书证，即是特殊书证；凡是在形式、格式、要件上法律没有特殊要求的书证，即为一般书证。

一般书证由于在制作上没有特殊要求、制作程序较为简单，容易存在表意不明确、不具体和内容不完整等缺陷，有时甚至还会出现虚假的情况。而特殊书证则不然。它除与一般书证一样应当具有明确的意思表示外，还在形式、格式、要件上具有特殊的要求。与一般书证相比，特殊书证由于在形式上得到更为有力的保证，其真实性更强、证明力更大。

实践中，需要注意以下两点：第一，特殊书证的证明力通常大于一般书证，在考量上主要是就前者较后者具有更强的形式真实性保证而言的。因此，判定特殊书证的证明力，首先而且十分重要的是从形式真实性上审视。第二，在制作要求上，特殊书证与公文性书证、一般书证与私文性书证存在一定程度的相同性。据此，前述公文性书证和私文性书证证明力判定的一些规则，在一定条件下也可适用于特殊书证和一般书证。

（6）书证原件的证明力一般大于其复制件。

书证原件的证明力一般大于其复制件，或者说书证复制件的证明力等于或小于原件，是世界各国普遍认同的“最佳证据规则”（亦称“原始文书规则”）的重要组成部分。对其含义的理解，美国学者塞耶的如下见解具有代表性：为证明文书的内容，文书的原件是第一位证据，除非不能提供原件的原因得到合理解释，否则第二位证据不可采纳。②

具体而言，本项规则的内容包括三部分：

其一，优先提出原件，即书证应以原件的形式提出，只有在原件因某些原因无法或难以提供时，才能以复制件的形式提出。对此，各国法律大多予以明确规定。例如，《美国联邦证据规则》第 1002 条规定，“为证明文书、记录或照片的内容，除国会所制定的法律或本规则另有规定外，应当提出该

---

① 参见毕玉谦、郑旭、刘善春著：《中国证据法草案建议稿及论证》，法律出版社 2003 年版，第 272 页。

② 参见刘小丹主编：《美国证据规则》，中国检察出版社 2003 年版，第 344 页。

文书、记录或照片的原件”；[①] 我国最高人民法院《关于执行〈中华人民共和国刑事诉讼法〉若干问题的解释》第 53 条第 1 款规定，“收集、调取的书证应当是原件。只有在取得原件确有困难时，才可以是副本或者复印件”，等等。

其二，原件的证明力大于复制件，即在书证的原件和复制件并存时，应当判定原件的证明力大于其复制件。对此，不少国家的法律亦予以明确规定。例如，美国《加利福尼亚州证据法典》第 1500 条规定，“除非制定法有其他规定，不得采纳文书原件之外的其他证据证明文书的内容”；[②] 1872 年《印度证据法》第 64 条规定，除原件灭失、毁损，无法得到、不易移动，属于特定公文或被对方所占有等情形外，书证涉及的内容必须通过原件予以证明，[③] 等等。

其三，一定条件下复制件的证明力同于原件，即在无法或难以提供原件的情况下，复制件经与原件核实无误，或经证据、鉴定证明真实可靠的，具有与原件相同的证明力。不少国家的法律都有相关规定。例如，《法国民法典》第 1335－1 条规定，经公证或依司法官的命令、有当事人在场或者依法传唤当事人到场制作，或者在当事人面前并经诸当事人相互同意而制作的书证复制件，具有与原件相同的证明力。无法或难以提供原件的情形，主要包括原件灭失、遗失、毁损、无法得到、不易移动、为对方占有、属于特定公文、与案件争议问题没有密切关系等。

本项规则成立的理由，主要包括三方面：第一，复制件源于原件，如二者都真实可靠，则在证明力上只能是前者等于或小于后者，而不能是大于后者。因此，在提出和采用书证上，原件具有优先权。只有在无法或难以提供原件且能够说明原因的情况下，才可以提出和采用复制件。第二，较之其他证据，书证在精确性上应当具有更高的要求。在对涉及有效的或者决定性的处分性文书的证明力判定上，尤其如是。例如，契约、合同、遗嘱往往会因用语的细微差别而导致享有权利的显著不同，从而对其证明力判定产生重大影响。第三，复制原件的过程中具有发生偏差的可能。现实生活中，复制原件的方式方法是多种多样的，如复印、印刷、照相、机械或电子重录、化学显现和以精确的再制原件的其他相同技术所制作等。在复制过程中，既可能

---

① 陈界融译著：《〈美国联邦证据规则（2004）〉译析》，中国人民大学出版社 2005 年版，第 153 页。

② 引自刘小丹主编：《美国证据规则》，中国检察出版社 2003 年版，第 344 页。

③ 参见何家宏、张卫平主编：《外国证据法选译》（下卷），人民法院出版社 2002 年版，第 1320 页。

因人为操作失当而发生偏差危险，也可能因机械故障或技术问题而出现错误。为避免复制风险，人们自然偏好优先提出和采用原件。

适用本项规则，还应注意以下几点：第一，复制件如要具有与原件同等的证明力，一般应当符合以下三个条件：（1）经与原件核实无误或有证据证明原件在某一时间确实存在；（2）经技术鉴定或文字说明证明复制件具有真实可靠性或制作真实、科学；（3）不能提出和采用原件的理由合理、充分。如果不能同时满足以上三个条件，则复制件没有证明力或其证明力小于原件。第二，公文书与私文书相比较，前者在许多情况下不便提交原件。由于公文书的真实性能够在制作主体、制作程序和格式、形式等方面得到保证，提出复制件既符合情理，一般也不会被人质疑。因此，在公文书和私文书的提出和采用上，私文书的提出和采用以原件为原则、复制件为例外，而公文书的提出和采用则以复制件为原则、原件为例外。第三，一方当事人在对方提出的文书复制件上签名或盖章，而原件无法或难以提供的，可视该复制件具有与原件相同的证明力。

（7）缺陷书证的证明力小于无缺陷书证。

本项规则中的缺陷书证，主要是指以下两种情形：其一，书证在制作设备、制作方式及形式上存在缺陷，如拍摄照片的相机性能较差、低速快门拍摄时没有固定相机的设备、照片纸张泛黄等；其二，书证在内容上存在缺陷，如有删除、涂改、增添、插行、抹消、擦刮等。由于缺陷书证可能导致内容模糊、凌乱、失实的情况，其证明力自然小于无缺陷书证。

适用本项规则，需要注意几点：第一，书证存在缺陷并不必然完全丧失证明力。如果某一书证存在的缺陷对其真实性和完整性并不产生全局性的、根本性的影响，则该书证仍有一定证明力。第二，缺陷书证的证明力是否全部或部分消失、是否减少或减少到何种程度，应当结合在案其他证据和案件具体情况予以判定。第三，文书、记录、照片等的摘要虽记载的内容不完整，但却不是缺陷书证；只要其真实地记载了文书、记录、照片等的重要内容或主要内容，即具有相应的证明力。

## 二、证人证言的证明力判定

证人证言是人类在司法活动中最早使用的一种言词证据。时至今日，尽管人类社会的司法证明已经进入科学证据时代，它依然是刑事诉讼中运用最为广泛的常规证明手段，对于查明案件事实真相具有非常重要的意义。

### （一）证人证言的概念

对证人证言的概念，世界各国存在不同的法律规定和不同的学理理解。

英美法系国家奉行言词审理原则，强调一切证据都要通过人的言语表达。因此，在其证据制度中，证人证言是一个非常宽泛的概念，泛指所有在诉讼过程中向司法机关作证的人就其知晓的案件情况所作的陈述，包括当事人、鉴定人以及其他知晓案情而向司法机关作证的第三人。英美法系国家的法律规定，证人证言分为两种：一种是普通证人证言，也称感知证言，指非专家证人就其亲身经历知晓的案件情况向司法机关所作的证言；另一种是专家证人证言，也称意见证言，指专家证人运用自己所具有的专门知识就案件争议事实作出判断而提出的意见。

大陆法系国家偏好书面审理原则，证据以书证、物证等实物证据为主，证人证言的地位相对较弱。在其证据制度中，证人证言概念的范围较英美法系国家窄，一般指对于他人的诉讼案件而向司法机关作证的人就其观察到的案件情况所作的陈述，不包括当事人和鉴定人的陈述。在大陆法系国家的证据理论看来，证人证言属于传述报告，即证人将其所经历过的事实情况向司法机关所作的如实陈述，而专家陈述属于意见报告，即陈述者就案件争议事实提出的分析判断意见。因此，专家意见不是证人证言，只能作为鉴定结论。

我国证据法律和理论予以认同的证人证言概念，与大陆法系国家基本相同，即证人证言是诉讼外的第三人就其知道的案件情况向办案人员所作的陈述，不包括当事人的陈述和鉴定人、专家的意见。但是，在证人陈述的对象也即证人向谁陈述上，理论界和实务界却有不同观点。例如，有人认为，“证人证言，是指证人就其所了解的案件情况向司法机关所作的陈述”；[①] 有人认为，“证人证言是证人就其直接或间接感受到的有关案件事实向侦查人员、检察人员、审判人员所作的陈述”；[②] 有人认为，“证人证言，是指证人在诉讼过程中向当事人和司法机关所作的与案件情况有关的陈述”；[③] 有人认为，“证人证言是知道案件真实情况的人，向办案人员所作的有关案件部分或全部事实的陈述”；[④] 有人认为，证人证言是证人根据法院的指令在法庭上就其亲身感知的事实所作的陈述，陈述者在侦查、起诉阶段所作的陈述不是证人证言，[⑤] 等等。

笔者认为，证人应向谁陈述的问题与谁应收集和使用证据的问题密切相关。向应收集和使用证据者陈述自己知道的案件情况，证人的证言才有诉讼

---

① 刘金友主编：《证据法学》，中国政法大学出版社 2001 年版，第 153 页。

② 陈卫东著：《中国刑事诉讼法》，法律出版社 1998 年版，第 110 页。

③ 卞建林主编：《证据法学》，中国政法大学出版社 2000 年版，第 122 页。

④ 樊崇义主编：《证据法学》，法律出版社 2001 年版，第 73 页。

⑤ 参见毕玉谦、郑旭、刘善春著：《中国证据法草案建议稿及论证》，法律出版社 2003 年版，第 317 页。

意义；反之，则没有诉讼意义。从我国证据法律和证据理论的相关内容看，刑事诉讼中，证人应向如下机关或人员陈述：一是司法机关，二是侦查人员、检察人员和审判人员，三是辩护人，四是自诉人。其中，证人向司法机关陈述是以书面形式，而向侦查人员、检察人员、审判人员、辩护人、自诉人陈述则一般是以口头形式，但在某些情况下也可以书面形式提出。基于以上认识，笔者认为可以对刑事证据制度中的证人证言定义如下：证人证言，是指证人在刑事诉讼活动中向司法机关、办案人员和自诉人所作的有关案件部分或全部事实的陈述。

对我国证据制度中的证人证言概念的理解，应当注意以下几个问题：

第一，证人证言不同于“人证”。现实生活中，人们习惯将证据二分为“人证”和“物证”：凡是以人的形式来证明待证事实的，即是“人证”；而凡是以物的形式来证明待证事实的，则为“物证”。与之相应，证人证言即为“人证”的一部分。国外证据法学亦有同样的划分法，如俄罗斯、日本等国的证据理论在证据分类上即存在人证与物证的划分。我国理论界亦有不少学者将证人证言称为“人证”，如有人认为，“言词证据”等同于“人证”，而“实务证据”等同于“物证”；[①] 有人认为，“以人之知识经验为资料之证明方法，为人证。因其证据价值之不同，则分为被告之陈述、共犯之陈述、证人之证言、鉴定人之鉴定、被害人之陈述、自诉人或告诉人之陈述诸种”[②]，等等。但是，我国刑事证据制度中的“证人证言”却不同于现实生活中人们习惯所说的“人证”和国外证据制度以及我国台湾地区证据制度中的“人证”。因为，首先，“证人证言”形成于诉讼过程中，而现实生活中人们习惯所说的“人证”则形成于诉讼外。其次，“证人证言”是以证人陈述的内容为证，以人本身为证属于物证的范畴，而现实生活中人们习惯所说的“人证”则既包括以人陈述的内容为证，又包括以人的外部特征，如身高、体重、伤痕等为证。再次，“证人证言”中的证人指当事人、鉴定人、专家之外的知道案件情况的人，而国外和我国台湾地区证据制度中的证人则包括当事人、鉴定人和专家。

第二，传闻证言一般不予排除。这一点，与国外法律规定不同。在英美法系国家，传闻证言主要指两种情况：一是证人在法庭外亲笔所写的陈述书以及他人制作并经证人认可的陈述笔录；二是证人对他人感知事实的转述。根据证据规则，证人只能就其直接感知的案件情况作证，其对他人感知事实

---

① 参见汪建成、刘广三著：《新刑事诉讼法论——刑事诉讼理论与实务研究》，红旗出版社1996年版，第450~451页。

② 陈朴生著：《刑事诉讼法实务》（增订版），台湾海天印刷厂有限公司1981年版，第200页。

的转述不能作为证人证言。传闻证言由于缺乏真实可靠性，难以令人置信而且在程序上无法对第一陈述者进行交叉询问，一般应予排除。但在第一陈述者死亡或无法到庭等特殊情况下，也允许不予排除。在大陆法系国家，法律虽也要求证人在法庭上以口头的形式陈述，且内容也需是证人亲身了解的案件情况，但允许证人根据其所体验的案件情况作一些必要的分析、判断或推测。在我国，根据《刑事诉讼法》第48条，“凡是知道案件情况的人，都有作证的义务”的规定，证人证言的内容限于证人所了解的案件情况；与案件无关的事实或者证人的估计、猜测、想象等，都不能作为证言的内容。而对传闻证言，法律并无限制性规定，理论界和实务界均持适度容忍的态度。具体认识和做法，主要包括：（1）传闻证据一般不予排除；（2）证人确有困难不能出庭的，经法院许可可以向法庭提交书面证言；（3）证人陈述的情况，既可以是亲身经历的，也可以是他人耳闻目睹而转告的；（4）证人对他人耳闻目睹情况的转述，必须说明来源方能作为证人证言使用，来源不明的道听途说，缺乏证人证言的适格性；（5）证人根据常识就其所见所闻所作的简单判断、推测，如称某人酒醉、车速很快等，也可以作为证人证言使用。

第三，书面证言也属证人证言。对此，不少学者持有异议。代表性的观点认为，“书面证言根本不能够满足证人证言的程序规则要求，也不符合证人证言的本质特征，因而不是适格的证人证言”，① 只能是适格的书证。笔者不能苟同上述观点。“书面证言，是指证人在法庭审判之前对侦查、检察、审判人员和辩护人作证所形成的证言笔录及亲笔证词。”② 它作为证人证言的一部分，既有法律依据，又有现实必要。首先，《刑事诉讼法》第157条规定，未到庭的证人的证言笔录，应当当庭宣读；审判人员应当听取公诉人、当事人和辩护人、诉讼代理人对证言笔录的意见。最高人民法院《关于执行〈中华人民共和国刑事诉讼法〉若干问题的解释》第58条亦规定，未出庭证人的证言宣读后经当庭查证属实的，可以作为定案的根据。可见，现行法律认可证人不能到庭时，其证言可以以书面形式提交法庭。其次，书面证言与书证有所不同。书面证言形成于诉讼过程中，是证人就其知道的案件情况向办案机关、办案人员和自诉人所作的陈述；而书证则形成于诉讼外，是案件或纠纷发生之前物质材料所承载的有关案件或纠纷的信息。再次，书面证言和口头证言是证人意思表示的两种方式，二者在证明意义上并无不同。书面证言虽不如口头证言那样直观、生动、丰富，但仍能有效地传达证人的意思。“因此，以合法、适当的法律程序中产生的书面证言，可能在相当程度上传

① 张永泉著：《民事证据采信制度研究》，中国人民大学出版社2003年版，第152页。

② 龙宗智著：《证据法的理念、制度与方法》，法律出版社2008年版，第113页。

递作证者给出的信息，这应当是毋庸置疑的。”最后，在证人因死亡、重病、失语、远在境外等原因而不能到庭作口头陈述或不能向法庭作口头陈述的情形下，提交书面证言即成为必要。一味强调证人必须到庭以口头形式提供证言，显然缺乏现实可能性。这里，应当指出，书面证言虽属证人证言，但它在保证证据的可靠性、保障诉讼参与人的诉讼权利、维护诉讼程序的正当性等方面不及证人到庭所作的口头证言，存在一定的缺陷。因此，应当以证人出庭和口头陈述作为证人法庭作证的基本形式；只有在例外的情形下，才能使用书面证言替代口头证言。

（二）证人证言证明力的特点

证人证言是证人的主观感性认识对客观事物能动反映的产物，其形成过程符合心理学和认识论的普遍规律，一般包括感知、记忆、表达三个阶段。与之相应，证人证言的证明力具有如下特点：

第一，相关性。所谓相关性，是指证人证言的证明力与证人的感知、记忆、表达能力密切相关。详言之，证人证言是否具有较强的证明力，有两个重要的决定因素：一个因素是证人对案件情况是否具有正确感知、记忆、表达的能力；另一个因素是证人是否愿意如实陈述其知晓的案件情况。在证人愿意如实陈述的前提下，证人感知、记忆、表达能力的强弱，一定程度上即决定着证人证言证明力的大小。具体而言，在感知阶段，证人的视觉、听觉、嗅觉、味觉、触觉等感知能力以及惊讶、紧张、淡漠、关注等感知心态，都会影响其对案件情况的感知。证人的感知能力强、感知心态好，其证言的证明力即可能强。此外，证人是案件的旁观者而非参与人，其感知案件情况的途径和范围存在一定局限。因此，证人对案件情况的感知一般是片断的、非系统的；与当事人相比较，证人证言在此阶段存在先天的不足。在记忆阶段，一方面，证人的遗传因素、年龄、职业、健康状况等都会对证人记忆案件情况的能力产生影响；另一方面，客观事物发生时证人是否高度关注或细心观察以及客观事物发生后多久才表达等，都会影响其证言的准确性以及清晰度。在表达阶段，证人的语言文字水平和逻辑思维模式会对证人再现客观事物的表达能力产生重大影响。一般而言，语言文字水平高的证人能够客观、准确地陈述案件情况，逻辑思维能力强的证人能够按照一定的逻辑顺序，清晰地展现案件原貌；而语言文字水平低或逻辑思维能力弱的证人，其证言则容易出现思维混乱、内容模糊的情况。

第二，主观性。这一特点主要表现在：一方面，从证人证言的内容看，证人陈述的对象本应是过去实际存在的客观情况，但即便是在如实陈述的情况下，证人实际陈述出来的也不完全等同于实际存在的客观情况，而是带有证人主观思维痕迹的描述性的、判断性的事实。正所谓证人的“感觉包含判断行为，而且可以说就是判断行为。我们所看到的事，很明显是我们过去经验的某种加权平均数的函数”，[①]“记录阶段所记录的信息，并不是对待证事实原封不动的拷贝，而是包含证人对有关信息的理解”，[②]所以“证人的证言所描述的是自己与事件的结合”。[③]另一方面，从证人证言的形成看，感知是认识活动的起点，包含一系列整合所知信息的复杂心理活动；记忆是对过去经验的保持和再现，其形成过程中包含选择、巩固、恢复的主观思维内容，如情景记忆的信息与证人个人生活中的特定事件、特定时空相关并以个人的经历为参照，情绪记忆与个人的愉快或苦恼的体验相关；形象记忆具有鲜明的直观性和一定的“加工”性等；表达则不仅具有认识上的意义，而且还是一种在诉讼程序中具有严格法律效力的法律行为，包含着筛选、过滤、判断、组织等主观思维的内容。因此，无论在感知、记忆、表达三个阶段的哪一阶段，证人进行的都是一种主观思维活动。证人证言证明力的主观性很强的特点，决定证人证言易受证人主观因素的影响。“这种影响，不仅在证人对案件的认识过程中始终存在，而且在以证人为主体的陈述证明过程中同样存在。”[④]因此，证人证言证明力的客观性不如书证、物证，容易出现虚假性，而且具有不稳定性和多变性。

第三，直白性。证人证言不是物证那样的“哑巴”证据，其内容与案件事实的关联性一般较为直白，有无证明力及证明力的大小一般较为明显，容易为人们所理解，不必像物证、书证等证据那样需要“解读”。很多情况下，案件事实，尤其是犯罪人作案的过程以及犯罪人与案件事实的关系，单凭物证、书证等证据，仍然是一头雾水；而将证人证言或其他言词证据与物证、书证等证据结合起来，即能弄清案件事实具体发生、发展的来龙去脉，同时还有助于核实物证、书证等证据的真伪及其证明力的大小。

第四，生动性。证人证言是证人对其知晓的案件情况的陈述。其中，目击证人的证言往往不仅能够较为全面地陈述其目击的案件事实，而且还能够较为生动地勾勒出案件发生发展过程中的某些环节、情景、情节，令人产生犹如身临其境的“直观”感觉，因而具有一定的说服力和感染力。也正因此，审判实践中，一般都要求目击证人到庭接受双方的质询，以考察验证其陈述的可信性。而一旦目击证人的证言经庭审质询查证属实，则其证明力将

① 沈达明编著：《英美证据法》，中信出版社 1996 年版，第 3 页。

② 王进喜著：《刑事证人证言论》，中国人民公安大学出版社 2002 年版，第 4 页。

③ 沈达明编著：《英美证据法》，中信出版社 1996 年版，第 3 页。

④ 王进喜著：《刑事证人证言论》，中国人民公安大学出版社 2002 年版，第 7 页。

大为增强，足以证明案件事实。

（三）证人证言证明力的判定

证人证言一般能直接对案件有关情况作出明确的肯定或否定的回答，其与案件事实的关联性大多数情况下并不难判定。因此，判定证人证言证明力的重心即在于证人证言的可信性。概括说来，判定证人证言的可信性，主要有以下规则：

（1）证人证言证明力的判定应以证人为中心，围绕证人的可信性和证言的可信性两个方面展开。

如前所述，证人证言是否具有证明力以及证明力的大小，很大程度上取决于证人是否可信和证言是否可信两个方面，即证人是否愿意如实地陈述其感知的案件事实和证人是否对案件事实具有正确的感知、记忆、表达能力。证人和证言的可信性强的，证人证言的证明力则强；反之，则弱。因此，证人证言证明力的判定应以证人为中心，围绕证人的可信性和证言的可信性展开。正如《日本刑事诉讼法》第199条之六的规定："询问对争辩证人供述的证明力有必要的事项，应当针对证人的观察、记忆或表达的正确性等有关证言信用性的事项，以及证人的利害关系、偏见、预断等有关证人信用性的事项进行。"①

证人的可信性主要涉及证人是否说实话的问题，也即证人是否存在说谎、偏见、预断等问题。判定证人的可信性，可以从以下几方面着眼：

其一，证人是否具有说真话的品性。一般而言，证人的品性与其是否如实作证没有绝对的、必然的联系。但是，实践中，证言又很少能与证人的品性完全分离。许多情况下，品性好的证人能如实作证，而品性坏的证人不能如实作证。因此，在对证人品性的审查受到严格限制的前提下，是可以将品性作为判定证人是否说谎的参考因素并据此形成内心确信的。对此，英美法系的证据制度亦予肯定。例如，在美国证据制度中，品性证据一般应予排除，但有少数例外。其中一个例外，即是在限制范围并严格遵守证据可信性规则的前提下，可以根据证人的品性来判断证人是否说谎。

其二，证人是否与当事人或案件本身存在利害关系。证人如果与当事人存在亲属、朋友、恋爱、同学、恩怨等关系的，或者案件本身与其自身利益休戚相关的，即可能从维护亲友、恋人、同学感情或报恩、泄愤或保护自身利益的动机出发，故意提供不真实或不完全真实的证言。因此，判定证人的可信性时，应当注意考察证人与当事人或案件本身是否存在利害关系。否则，

① 《日本刑事诉讼法》，宋英辉译，中国政法大学出版社2000年版，第180页。

即可能作出错误判定。当然，证人与当事人或案件本身存在某种利害关系，并不意味着证人一定会提供虚假证言，而仅是一种可能性而已。

其三，证人是否受到外界的不良影响。一是要看证人获取信息的来源是否合法、合理。证言来源于道听途说或者系证人自己的主观想象、猜测的，不具有可信性。二是要看证人提供证言是否出于真心。证言系证人受到司法人员刑讯、威胁、引诱、欺骗而作出的，不具有证据能力；证人受到司法人员以违法或不当的方式、方法询问的，或者受他人胁迫、贿买、指使等违法行为影响的，其证言的可信性较弱。

其四，证人提供证言时的情态表现是否正常、自然。心理学认为，尽管人的思想不能为他人直接观察得知，但人的内心活动会通过外在的表现得到反映。按照这一原理，证人提供虚假证言时的表情、神色、语速、举止、呼吸等一种或多种情态必然会表现得不正常、不自然。据此，对证人提供证言时的情态表现进行考察，也有助于对证人可信性的判定。

证言的可信性主要涉及证人是否具有说实话的能力的问题，也即证人对案件事实是否具有正确的感知、记忆、表达能力的问题。判定证言的可信性，可以从以下几方面入手：

其一，证人对所证事实是否亲身感知。一般而言，证人亲身感知所证事实的，其证言具有可信性的可能性较大；证人非亲身感知所证事实，而是听他人讲述的，其证言具有可信性的可能性较小。尤其是在有多个转述环节的情况下，转述性证言往往容易出现信息内容在转述过程中受到扭曲的情形，其可信性可能更小。

其二，证人感知所证事实的情形如何。证人感知所证事实的具体情形，将对证人感知能力的实际要求和实际效果产生一定影响。例如，距离的远近、光线的明暗、声音的强弱、气味的浓淡、表面的粗细等客观环境和条件，都可能对证人能否感知以及感知的程度产生重要影响。一般而言，感知的客观环境和条件能够满足感知所必需的视觉、听觉、嗅觉、触觉、味觉等感知能力要求的，证人即能感知到案件情况；能够充分满足的，证人对案件情况的感知程度就会很高。

其三，证人是否具有适当的感知能力、记忆能力和表达能力。证人证言的形成过程中，证人的感知、记忆、表达能力直接影响着证言内容的真实性和准确性。感知阶段，证人的视觉、听觉、嗅觉、触觉、味觉等感知能力丧失或者较差的，则其感知到案件情况的可能性即没有或较少；记忆阶段，证人的年龄大小、遗传因素、健康状况、文化程度、生活阅历等主观条件，都可能对其能否记忆以及记忆的准确性产生一定影响；表达阶段，证人语言文字水平和逻辑思维能力的高低，则可能对证人是否准确陈述其感知的案件情况产生一定的影响。

应当指出，证人的可信性与证言的可信性是密不可分的。判定证人的可信性，必然涉及证言的可信性，反之亦然。因此，实践中，应当以证人为中心，将证人与证言视为一体进行判定。同时，还应将证人证言与其他证据和案件情况结合起来，采用验证（如实物验证）、检查（如人身检查）、实验（如侦查实验）、对比、分析、对质等方法，综合判定证人证言的可信性。

（2）证明同一案件事实的数个证人证言证明力的大小，可按以下情形分别判定：

①与当事人没有亲属关系或者其他密切关系的证人提供的证言的证明力，一般大于与当事人有亲属关系或者其他密切关系的证人提供的对该当事人有利的证言的证明力；

②证人出庭作证提供的证言的证明力，一般大于未出庭作证的证人提供的证言的证明力；

③口头证言的证明力一般大于书面证言的证明力；

④对案件中的专门性问题具有相关知识或经验的证人提供的证言的证明力，一般大于其他不具有相关知识或经验的证人提供的证言的证明力；

⑤亲自感知案件情况的证人提供的证言的证明力，一般大于听他人转述的证人提供的证言的证明力；

⑥感知能力不存在缺陷的证人提供的证言的证明力，一般大于感知能力存在缺陷的证人提供的证言的证明力。

（3）以下证人证言需要得到其他证据补强，才具有完整的证明力：

①未成年人所作的与其年龄和智力状况不相适应的证言；

②与一方当事人有亲属关系或者其他密切关系的证人所作的对该当事人有利的证言，或者与一方当事人有不利关系的证人所作的对该当事人不利的证言；

③无正当理由未出庭作证的证人的证言。

④内容前后矛盾且无其他证据佐证的证人证言，不具有证明力。

⑤举证方不能反驳对方就其提供的证人证言提出的确实反证的，举证方提供的证言不具有证明力。

⑥证人证言的证明力一般小于物证、鉴定结论、勘验笔录或经过公证、登记的书证。

⑦证人记忆力较强的，其证言的证明力较大，反之较小。

⑧证人陈述的时间与其感知案件情况的时间间隔较短的，其证言的证明

力较大，反之较小。

### 三、被害人陈述证明力的判定

被害人陈述作为刑事诉讼中的一种独立的诉讼证据，其证明力以及证明力的判定都具有区别于其他言词证据的特点。尤其是被害人诉讼角色的独特性，决定其陈述对于证明案件事实具有特殊的证明作用。

#### （一）被害人陈述的概念

对被害人陈述的概念及其证据种类的属性，各国有所不同。英美法系国家中，关于被害人陈述的法律规定，分为两种情形：一是将被害人陈述视为证人证言的一种，有关证人证言的法律规定，大都可适用于被害人陈述。二是在由被害人提起自诉的案件中，将被害人陈述视为当事人陈述的一种；而在司法人员提起公诉的案件中，则将被害人陈述视为证人证言的一种。大陆法系国家中，关于被害人陈述的法律规定分为两种情况：一是将被害人陈述规定为证人证言的一种；二是将被害人陈述规定为一种独立的证据种类。此外，也有将被害人陈述与证人证言并列规定的做法，如《俄罗斯联邦刑事诉讼法典》第74条第2款第（2）项即将“被害人陈述”和“证人证言”并列规定等。

在我国大陆地区，刑事诉讼法将被害人陈述规定为一种独立的证据种类。[①] 学理上，一般认为，被害人陈述是指受犯罪行为直接侵害的人就其遭受侵害的事实和有关犯罪嫌疑人、被告人的情况向公安机关、检察院、法院所作的陈述。被害人陈述的内容，包括三个方面：一是关于其生命权、姓名权、肖像权、住宅权、人身自由权、通信自由权等人身权利受到侵害的陈述；二是关于其财产权利受到侵害的陈述；三是关于其选举权、被选举权、言论自由权等民主权利受到侵害的陈述。

对被害人陈述的概念，在理解上应当注意以下几个问题：

第一，被害法人的法定代表人或诉讼代理人就其单位遭受侵害和案件有关情况所作的陈述，也属于被害人陈述。对此，有人持有异议，认为由于法人被害人无法陈述，被害人陈述只能是被害自然人的陈述。这种观点，应当说有一定道理。但是，在刑事诉讼中，存在不少法人的财产、知识产权、正常生产秩序等合法权益遭受侵害的案件。这些案件中，法人既然遭受侵害，其成为被害人参与诉讼并享有陈述的权利也就具有充分的正当性和必要性。那种将被侵害的法人视为非刑事被害人的观点，无论在法理上还是在情理上，

---

① 在我国港澳台地区的刑事规则中，被害人陈述被视为证人证言。

都是难以成立的。法人虽不能口头陈述，但其意志可以由法人的法定代表人或法人委托并授权的诉讼代理人代行。法定代表人或诉讼代理人全面了解法人被侵害的情况后所作的陈述，完全可以代表法人如实地、全面地陈述法人遭受侵害的事实。此外，既然法律规定法人可以成为某些犯罪的主体而参与诉讼，那么，法人同样可以成为刑事被害人而参与诉讼。综上所述，法人被害人的代表人或诉讼代理人所作的体现法人意志的陈述，也属于被害人陈述。

第二，被害人陈述与证人证言有别。在收集途径、方法和证明作用等方面，被害人陈述与证人证言存在相似之处，这是毋庸置疑的。也正因为此，世界上许多国家将二者视为同一种证据。但是，被害人陈述与证人证言的区别也是十分明显的。这种区别，除表现在陈述人的心理基础、诉讼地位、与案件的利害关系及作虚假陈述的法律后果等方面外，还在于被害人陈述有时所具有的双重性。所谓被害人陈述的双重性，是指在某些情况下，如在被害人的身体受到伤害的情况下，被害人以其陈述的内容为证系“人证”，以其受伤的身体为证系“物证”，二者集被害人陈述这一证据形式为一体。这一特征，是证人证言所不具有的。可见，我国刑事诉讼法将被害人陈述作为独立的证据种类单列出来，是科学、合理的。它对于理论研究和实际操作中更准确地把握这类证据的特点，具有十分重要的意义。

第三，被害人陈述的主体专属、对象排他、内容特定。首先，被害人陈述的证据来源主体具有专属性，即只有遭受犯罪行为直接侵害的自然人和法人才能成为被害人陈述的主体，其他任何自然人和法人，包括遭受犯罪行为间接侵害的法人和自然人，都不能成为被害人陈述的主体。据此，被害人的近亲属及其他人就其感知的案件情况所作的陈述和被害人所作检举、揭发与本案无关的犯罪行为的陈述，都只能属于证人证言；受犯罪行为间接侵害的人所作的陈述，如因子女被害而无人赡养的父母、因妻子被杀而精神崩溃的丈夫所作的陈述等，都不属于被害人陈述。其次，被害人陈述的对象具有排他性，即被害人陈述对象的范围限于公安机关、检察院和法院，其他机关和个人都不能成为被害人陈述的对象。被害人向其他机关和个人所作的陈述，是一种诉讼外的不发生法律效力的陈述，不属于刑事证据种类中的被害人陈述。最后，被害人陈述的内容具有特定性，即被害人陈述的内容只能是其遭受犯罪行为侵害的案件情况，包括自己遭受侵害的事实和有关犯罪嫌疑人、被告人的情况。被害人的其他陈述内容，如关于法律适用的意见、案件情况的分析判断等，都不属于被害人陈述的内容。

### （二）被害人陈述证明力的特点

被害人作为犯罪行为的直接侵害者，对案件事实最为了解并具有揭露犯罪的强烈愿望，其陈述因而带有明显的亲临性、体验性和指控性。据此，被害人陈述的证明力主要具有以下特点：

第一，直接性。被害人因受犯罪行为的直接侵害，感受、承受和记忆犯罪事实往往都较为深刻，对犯罪人作案的时间、地点、方法、过程、结果等案件全部事实或主要事实一般都能作比较详细的、全面的陈述，特别是那些与犯罪人有过直接接触的被害人，如绑架、抢劫、伤害、强奸等暴力犯罪案件的被害人，不仅能够较为详细地陈述其遭受侵害的经过，而且往往能够比较详细地描述犯罪人在身高、年龄、体型、口音、面容、衣着打扮、行走姿势等方面的个人特征；有的还能直接辨认犯罪人，讲述犯罪人受伤的情况，指出犯罪人的胎痣、文身等特殊“标记”，揭露犯罪人作案的动机和目的。因此，被害人的陈述具有极强的直接证明力，一般能够直接、具体、准确地反映案件情况，对案件事实具有直接的证明作用。一旦查明被害人的陈述客观真实，判定者即可直接用以证明案件事实，而不必像物证、书证等证据那样，还需对证据与待证事实是否存在关联以及关联程度如何进行分析判断。而且，由于被害人是犯罪行为的直接受害者，其对案件事实的感受与案件客观事实存在一种内在的必然的联系，或者说二者几近同一，被害人陈述在证明作用的直接性上一般较证人证言更甚。

第二，倾向性。被害人由于肉体、精神、财产以及其他方面的合法权益遭受犯罪行为的直接侵害，对犯罪行为十分愤恨；其陈述即往往集中于犯罪事实和惩处犯罪的意见，而对有利于犯罪嫌疑人、被告人的案件事实或者中性的事实则避而不谈。而且，有时由于偏激情绪，被害人还可能或多或少地夸大犯罪事实，从而导致案件中的某些中性事实也染上指控色彩。因此，一般情况下，被害人陈述的证明力都带有明显的倾向性，也即具有指向犯罪嫌疑人、被告人有罪或罪重的控诉性质，对犯罪嫌疑人、被告人明显不利。被害人陈述证明力的这种倾向性特点，是证人证言等其他证据所不具有的。证人证言是与被害人陈述最为相似的一种言词证据，但证人独立于犯罪之外，与案件无利害关系，因而其证言既可能不利于犯罪嫌疑人、被告人，也可能有利于犯罪嫌疑人、被告人。实践中，对被害人陈述证明力的倾向性，应予高度警惕。因为，“惟其陈述，与一般证人之陈述究不相同，即一定不利于被告，而且其真实性较为薄弱，自应依其他必要证据，以增强其证明力，不得仅凭被害人或告诉人不利于被告之陈述，即采为被告有罪判决之惟一基础”。①

---

① 蔡墩铭主编：《刑事证据法裁决百选》，台北月日出版股份有限公司 1994 年版，第 171 页。

第三，混合性。所谓混合性，是指被害人陈述的内容往往既有真实性又有虚假性，二者混合在一起使被害人陈述的证明力既实证又伪证。具体而言，一方面，被害人作为亲身感受、承受犯罪行为的人，对案件情况最了解，惩处犯罪的愿望最强烈。因此，被害人一般愿意并且能够说出真实情况，其陈述具有一定的真实性。另一方面，受主客观因素的影响，被害人的陈述往往又具有虚假性。被害人的虚假陈述中，大多是关于案件部分事实或情节的虚假陈述，少数情况下也有对案件全部事实的虚假陈述。主要表现在以下几个方面：（1）因受犯罪行为侵害所产生的报复心理或偏激情绪的驱使，自觉或不自觉地、或多或少地夸大被侵害的事实。这种情况，实践中经常发生。（2）基于各种个人利益方面的考虑，隐瞒或缩小被侵害的事实，如因害怕被打击报复而不敢如实陈述上级加害的事实，因顾及自己的名誉、地位、前途或家庭关系受损而否认被强奸的事实，在犯罪人的哀求或他人劝说下产生恻隐之心而掩盖真实情况等。（3）为掩盖自己的犯罪行为而捏造事实、情节陷害他人或将自己的罪行强加到他人头上。（4）由于受害时精神高度紧张、恐惧，观察不细或发生错觉而导致陈述失实。（5）受害后精神受到刺激、记忆混乱、模糊，陈述因而发生误差。（6）因被金钱收买或外力威逼恐吓而作虚假陈述。实践中，被害人陈述往往表现为真中有假、假中有真，二者混合交织，辨别上较为困难。被害人陈述中真实的部分，自然具有证明力；虚假的部分，必然丧失或者减弱证明力。具体判定被害人陈述的证明力时，一是应当注意将重视被害人陈述证明力的真实性与警惕被害人陈述证明力的虚假性有机结合起来，去伪存真，运用真实陈述的部分去证明案件事实。二是应当强调被害人仅就案件部分事实或情节作虚假陈述的，其陈述的证明力并不必然全部丧失，而只是有所减弱而已，其真实陈述的部分，仍然具有证明对应事实的证明力。

（三）被害人陈述证明力的判定

根据被害人陈述证明力的特点，判定被害人陈述的证明力，需要遵守以下规则：

（1）综合判定规则。本项规则的含义，是指对被害人陈述的证明力，应当将被害人陈述各方面的因素及案件其他证据结合起来综合判定。

被害人陈述是一种十分复杂难辨的证据形式。在证明作用上，它既有控诉倾向性，又有真假混合性；而在证明方式上，它又具有直接性、具体性、生动性和形象性。因此，对被害人陈述证明力的判定，不能仅着眼于证明作用、证明方式的某一方面，而应将被害人陈述的各方面综合起来进行。

具体而言，应当从以下几方面入手判定：

其一，被害人陈述内容的来源。被害人陈述内容的来源是亲自感知还是他人转告，直接关系到被害人陈述有无证明力或证明力的大小。被害人亲自感知的，如果其感知案件有关情况所需的条件能够得到满足，如光线、能见度、距离等环境以及被害人的感知能力能够达到目睹案件有关情况的要求，则其陈述具有证明力；被害人亲自感知的能力较强、条件较好的，其陈述的证明力即较大。被害人在犯罪行为发生时不在现场或当时处于昏迷状态，事后听他人讲述案件情况的，其陈述只要能够得到讲述者的印证并且听说的时间、地点以及具体情景能够得到查证，即具有一定的证明力。

其二，被害人陈述的内容是否符合情理。任何案件发生、发展过程的各个环节、各个要素之间，都存在内在的必然联系。虚假的陈述无论怎样精心编撰，都会因无法正确、完全地揭示这种内在的必然联系而存在不合情理之处。因此，审查被害人陈述的内容是否符合情理，是判定被害人陈述是否具有证明力以及证明力大小的一种简便易行、行之有效的方法。被害人陈述的内容在犯罪时间、地点、环境、手段、情节、后果等众多或某一要素、环节上违反逻辑、前后不一、漏洞百出或者难以自圆其说的，必然导致被害人陈述证明力的缺失或减弱。被害人对案件情况想象、估计、推测的，必然因无客观依据和无法揭示案件内在的必然联系而有悖情理，其陈述自然也不具有证明力。

其三，被害人与犯罪嫌疑人、被告人的关系。被害人与犯罪嫌疑人、被告人之间是否相识、是否积怨以及是否存在亲属、朋友、抚养、从属、隶属等关系，可能直接影响到被害人是否能作如实陈述，亦即一定程度上可能会对被害人陈述证明力的有无及大小产生影响。一般而言，被害人与犯罪嫌疑人、被告人素不相识，没有积怨和亲属、朋友、抚养、从属、隶属等关系，则其作出真实陈述的可能性较大。而如果被害人与犯罪嫌疑人、被告人关系密切或素有仇隙，则其可能隐瞒某些事实以替犯罪嫌疑人、被告人开脱罪责或夸大、捏造事实以报复犯罪嫌疑人、被告人。

其四，被害人是否具有正确陈述的能力。被害人能否正确陈述其遭受侵害的事实，也是判定证明力时应当考虑的重要因素。在没有外力干扰的情况下，身心健全的成年被害人陈述其遭受侵害的事实大多没有困难，因而其陈述大多具有较强的证明力；而生理上、精神上有缺陷的被害人，如盲、聋、哑被害人、弱智被害人，以及年幼被害人、文盲被害人等陈述其遭受侵害的事实则往往存在或多或少的障碍，其所作陈述可能因其没有或仅有较弱的辨别是非、正确表达的能力而没有证明力或者仅有较小的证明力。

实践中，判定被害人陈述的证明力，除应将以上四个方面的情况和被害人陈述时的态度、方式，被害人的记忆能力、品性等因素综合起来进行分析判断外，还应结合其他证据进行分析判断。而结合其他证据判定被害人陈述的证明力，重点在于审查被害人陈述与其他证据是印证还是矛盾。被害人陈述与案件其他证据相互印证的，具有较大的证明力，可以作为定案的依据；被害人陈述与案件其他证据相互矛盾的，如果矛盾的性质是根本性的、冲突性的，或者虽然矛盾的性质不是根本性的、冲突性的但矛盾无法得到合理解释的，其证明力即会丧失或者大大减弱。

（2）运用被害人陈述认定案件事实，须以其他证据补强被害人陈述的证明力；仅有被害人陈述的，不得定案。

被害人陈述是一种特殊的证据，其证明力具有明显的指控倾向性、强烈的主观直接性和难辨的真假混合性。这些特点，决定被害人陈述的证明力较为薄弱，在运用上需要得到限制，也即需要得到其他证据的补强。其他证据对被害人陈述的补强作用，一是对其印证、支撑，使其具有完全的证明力；二是增强其证明力，并与其构成证据体系证明案件事实。被害人陈述没有得到其他证据的印证、支撑的，其证明力较弱；被害人陈述是收集在案的唯一证据的，不得作为定案的依据。

此项规则，我国民事诉讼法亦予以认同。该法第71条规定，“人民法院对当事人的陈述，应当结合本案的其他证据，审查确定能否作为认定事实的依据”。根据这一规定，当事人的陈述能够作为认定事实的依据的前提，在于结合本案的其他证据能否作出对其肯定的判定结论。将当事人陈述与本案其他证据结合起来分析，尚不能得出对其肯定的判定结论的，则其不能作为认定事实的依据。刑事诉讼中，对被害人陈述证明力的判定，亦可参照上述规定执行。主要理由，一是刑事诉讼的证明标准高于民事诉讼，立法要求对民事诉讼当事人陈述的证明力予以限制，自然更应对限制刑事被害人陈述的证明力持肯定态度。二是刑事案件中，如果证据仅有被害人的陈述，则对其有无证明力以及证明力大小的判定即只能集中于陈述本身，而无法予以验证。在此情况下，由于被害人陈述亦可能虚假、倾向、主观，将其作为认定案件事实的唯一依据显然存在巨大的风险。三是刑事诉讼中，一般情况下，应当坚持“孤证不得定案”的原则。

需要指出，“仅有被害人陈述的，不得定案”中的“被害人”，并非仅指单一的被害人。具体案件中，有多个被害人的，即便他们的陈述在内容上具有一致性，也需得到其他证据的补强，才能发挥证明作用。仅有多个被害人内容一致的陈述，而无其他证据补强的，不得将被害人陈述作为定案的唯一依据，也即不得定案。

（3）被害人陈述前后矛盾且系根本性、冲突性矛盾的，如果先前陈述或后来陈述得到其他证据的印证，并与其他证据结合起来能够证明案件事实，则先前陈述或后来陈述具有一定的证明力；如果先前陈述或后来陈述不能得到其他证据的印证，或者与案件基本事实不符，或者与其他证据结合起来也不能证明案件事实，则先前陈述或后来陈述没有证明力。

适用本项规则的难点和重点，在于如何正确判断被害人陈述前后矛盾的性质。被害人如实陈述后如果遭到威胁、报复或者被人收买，可能作出与先前陈述截然相反的陈述或相对于先前陈述而言的避重就轻陈述；而被害人虚假陈述后因受教育或产生恻隐之心而翻然悔悟，也可能作出如实陈述。上述被害人前后陈述的矛盾，显然是根本性的、冲突性的矛盾。在此情形下，被害人的前后陈述中，前真后假的，只有先前的如实陈述或先前陈述中的"重要"部分，后真前假的，只有后来的如实陈述；才可能与案件其他证据相印证，与案件的基本事实相符，与案件其他证据结合起来证明案件事实。因此，无论是被害人的先前陈述还是后来陈述，只要不能得到案件其他证据的印证，不能与案件基本事实相符以及不能与其他证据结合起来证明案件事实，即不具有证明力。至于被害人由于记忆的原因，前后陈述在枝节上存在的矛盾，则是非根本性的、差异性的矛盾。在此情形下，前后陈述均具有证明力。其中，应予采信的，是在枝节矛盾事实上得到其他证据印证或者与案件基本事实相符的陈述。

（4）违反经验常识的被害人陈述，不具有证明力。经验常识是以特定社会经验为基础并经多次验证之后逐渐形成的一种确定性知识。它作为人们对日常生活中耳闻目睹或众所周知的普遍事实的认识，来源于直接经验并经过长期的现实生活的验证。因此，经验常识具有相对正确性，可以作为判定被害人陈述是否为真的一项重要标准。一般而言，内容上违反经验常识的被害人陈述不具有证明力。但是，经验常识的正确性是相对的。"在实际生活中，我们对许多规律性命题毫不怀疑，无时无刻不靠它们来指导我们的活动。没有这些规律性知识，我们一天也活不下去。但是，在另一方面，我们又确实不能证明这些规律命题绝对无误，而且事实上曾有过不少规律被证明是错误的。"① 一旦有其他证据证明被害人陈述具有真实可靠性，或者作为判定依据的经验常识被证明是错误的，被害人陈述即具有证明力。

（5）与鉴定、勘验显著不符的被害人陈述，不具有证明力。鉴定、勘验都具有鉴别真伪的功能。由于鉴定是鉴定人运用专门知识、技能以及必要的

---

① 杜汝楫：《归纳推理的疑难》，载《归纳逻辑》，中国人民大学出版社1986年版，第5页。

技术手段，对案件中的专门性问题进行检测、分析、鉴别的活动，勘验是侦查、检察、或审判人员对与犯罪有关的场所、物品和尸体等进行勘察、检验的活动，二者的正确性都有一定的保证。因此，作为鉴定、勘验结果的鉴定结论和勘验笔录，可以作为判定被害人陈述的重要依据。被害人陈述的主要内容与鉴定结论、勘验笔录相符的，具有证明力；反之，则不具有证明力。这里，需要注意两点：第一，鉴定、勘验的正确性是相对的。如果有其他证据证明被害人陈述具有真实可靠性或鉴定、勘验存在错误，即不能适用本项规则。第二，被害人陈述只有显著不符鉴定、勘验，才不具有证明力。被害人陈述与鉴定、勘验不符的部分对事实认定没有影响或影响较小的，其相符的部分仍然具有证明力。

(6) 案件中有多个被害人的，与被告人有利害关系的被害人陈述的证明力，一般小于与被告人没有利害关系的被害人陈述的证明力。

(7) 被害人在临终前所作的陈述和在受害后及时作出的陈述，一般具有较强的证明力。

## 四、犯罪嫌疑人、被告人供述和辩解证明力的判定

“犯罪嫌疑人、被告人供述和辩解”，是一种最古老、最复杂、最普遍的证据形式。在封建社会，它一直被奉为“证据之王”，是定罪必需的证据。近现代以来，随着刑事诉讼中人权保障的逐渐推进和科学技术的广泛采用，犯罪嫌疑人、被告人供述和辩解的证据地位已经降低为如同其他种类的证据，司法机关在收集运用证据上的观念和做法已经从“口供本位”转向“物证本位”。但是，由于犯罪嫌疑人、被告人供述和辩解对案件事实所具有的特殊证明作用，它仍然是人们十分看重的一种重要的证据种类。

### (一) 犯罪嫌疑人、被告人供述和辩解的概念

犯罪嫌疑人、被告人供述和辩解，是犯罪嫌疑人、被告人就案件有关情况向侦查人员、检察人员和审判人员所作的口头陈述或所写的书面供词。它包括以下三个方面的内容：第一，“供”，即犯罪嫌疑人、被告人以自首、坦白、承认的形式陈述其实施的犯罪行为；第二，“述”，即犯罪嫌疑人、被告人以叙述、申诉、控告等形式陈述个人基本情况、诉权主张以及办案人员的非法行为；第三，“辩解”，即犯罪嫌疑人、被告人以否认、申辩、反驳等形式解释、说明其没有实施犯罪行为或实施的犯罪行为较轻。上述三个方面虽有不同，但彼此相互联系：“供”、“述”中有“辩解”，“辩解”中有“供”、“述”，三者不能截然分开。

对犯罪嫌疑人、被告人供述和辩解的概念，在理解上应当注意以下几个

问题：

其一，“供述和辩解”不等同于“口供”。实践中，人们习惯将犯罪嫌疑人、被告人供述和辩解统称为口供，不少学者也将犯罪嫌疑人、被告人供述和辩解等同于口供。如此，对于简化称谓以方便使用固然有益，但却有失严谨。实际上，口供并不包括供述和辩解中的“述”和“辩”，即不包括无罪、罪轻的陈述和关于本人犯罪行为之外的其他案件情况的陈述。它仅是指供述和辩解中的“供”，即对犯罪行为的承认。理由如是：首先，从“口供”一词的历史沿革看，无论是古代证据制度“罪从供定”、“断罪必取输服供词”、“无供不录案”中的“供”，还是现代社会司法人员所说“根据口供”、“有无口供”、“拿下口供”中的“口供”或人们在日常生活中所说的“口供”，其含义都是指有罪供述。其次，从立法初衷看，1979 年制定刑事诉讼法时，立法者将“对一切案件的判处都要重证据，重调查研究，不轻信口供。只有被告人供述，没有其他证据的，不能认定被告人有罪和处以刑罚；没有被告人供述，证据充分确实的，可以认定被告人有罪和处以刑罚”作为第 35 条的内容，是吸取“文革”时期轻信有罪供述造成大量冤假错案的教训，针对性十分明显，意指不轻信有罪供述。最后，从法条表述看，现行《刑事诉讼法》第 46 条的文字与 1979 年《刑事诉讼法》第 35 条完全一样。其中，后一句规定的是被告人口供补强的证据规则。其内容，显然是对被告人有罪供述的补强。因为，如果前一句中的“口供”内容包括无罪、轻罪辩解或对有关情况的叙述，那所谓补强也就无从谈起。

其二，单位的负责人或直接负责的主管人员或直接责任人员就其单位实施犯罪的有关情况所作的供述和辩解，属于犯罪嫌疑人、被告人的供述和辩解。根据刑法关于单位犯罪的规定和最高人民法院、最高人民检察院《关于办理职务犯罪案件认定自首、立功等量刑情节若干问题的意见》中关于“单位犯罪案件中，单位集体决定或者单位负责人决定而自动投案，如实交代单位犯罪事实的，或者单位直接负责的主管人员自动投案，如实交代单位犯罪事实的，应当认定为单位自首。单位自首的，直接负责的主管人员和直接责任人员未自动投案，但如实交代自己知道的犯罪事实的，可以视为自首；……单位没有自首，直接责任人员自动投案并如实交代自己知道的犯罪事实的，对该直接责任人员应当认定为自首”的规定，可以代表单位作出供述和辩解的自然人包括单位负责人、单位犯罪中直接负责的主管人员和直接责任人员。具体而言，单位犯罪的供述和辩解包括两种情形：一是单位的负责人或直接负责的主管人员就其单位被指控的犯罪事实所作的供述和辩解。在此情形下，无论该负责人或直接负责的主管人员的陈述是否与其个人的罪责相关，都是该单位的供述和辩解。二是单位犯罪的直接责任人员对其参与的犯罪活动所作的供述和辩解。这种供述和辩解具有双重性，即既有单位犯罪的内容，又有个人犯罪的内容，因而也是单位的供述和辩解。这里，需要指出，单位的负责人和单位犯罪中直接负责的主管人员、直接责任人员以外的其他工作人员对其职务活动所作的陈述，可能涉及单位犯罪，但其在职务活动中并无罪责，同时其陈述也不能代表单位的意志，因而不属于单位的供述和辩解，而只能属于证人证言。

其三，共同犯罪案件的犯罪嫌疑人、被告人对同案犯实施的共同犯罪行为以外的其他犯罪行为或非同案犯的犯罪行为所作的检举揭发陈述，不属于犯罪嫌疑人、被告人的供述和辩解。对此，理论界有人持有异议，认为犯罪嫌疑人、被告人的供述和辩解包括检举揭发他人犯罪的内容，至于他人犯罪的具体情况如何，可以一概不问。这种观点，有失偏颇，混淆了犯罪嫌疑人、被告人供述和辩解与证人证言的区别。笔者认为，对共同犯罪案件的犯罪嫌疑人、被告人关于他人犯罪的检举揭发陈述，应视检举揭发的不同情形来确定是属于供述和辩解还是证人证言。具体而言，可以分为以下几种情形：第一，犯罪嫌疑人、被告人检举揭发同案犯犯罪行为的内容与其犯罪行为存在联系，可以作为共同犯罪的组成部分的，其陈述可以在本案中当做证据使用，应当属于犯罪嫌疑人、被告人的供述和辩解。第二，犯罪嫌疑人、被告人检举揭发的是同案犯实施的共同犯罪行为以外的其他犯罪行为或非同案犯的犯罪行为，其陈述的内容与本案共同犯罪的事实无关，不能作为证明本案共同犯罪事实的证据使用，因而不应属于犯罪嫌疑人、被告人的供述和辩解，而应属于证人证言。第三，在同一共同犯罪案件由于犯罪嫌疑人、被告人到案的时间不同而分为两案处理的情况下，前案已审结的被告人就后案被告人参与共同犯罪的行为所作的陈述，不属于其在前案的供述和辩解，而应属于后案的证人证言。这是因为，在后案的审理中，已审结前案的被告人只能以证人的身份出庭，其在前案中所作的陈述对后案犯罪事实证明作用的性质，实质上属于证人证言。

### （二）犯罪嫌疑人、被告人供述和辩解证明力的特点

犯罪嫌疑人、被告人供述和辩解是一种非常复杂的证据。导致这种证据复杂的原因，主要在于犯罪嫌疑人、被告人所处的特殊诉讼地位——刑事诉讼中的中心人物，以及所陷的特殊诉讼风险——可能被追究刑事责任。与之相应，犯罪嫌疑人、被告人供述和辩解的证明力主要具有以下特点：

（1）直接性和全面性。犯罪嫌疑人、被告人作为案件中被指控实施犯罪行为的当事人，对自己犯罪的具体过程和情节比其他任何人都知道得更清楚、

更全面。因此，犯罪嫌疑人、被告人所作的有罪供述，能够直接、全面地展现案件发生、发展、结束的全过程和其作案的动机、目的，从而对案件事实具有直接的、全面的证明作用。共同犯罪案件中，各犯罪嫌疑人、被告人所作的有罪供述，除能直接、全面地描述自己参与作案的全部情况外，还能从各个侧面反映案件的全貌，从而能够直接、全面地证明共同犯罪的事实。而犯罪嫌疑人、被告人如果确系无罪者或罪轻者，则其所作无罪或罪轻的辩解，亦能够直接、全面地反映其未参与作案或犯罪行为较轻的情况，起到否定其有罪或罪重的证明作用。应当说，相对于言词证据中的证人证言、被害人陈述，犯罪嫌疑人、被告人供述和辩解证明力的直接性特点更加明显、突出，而全面性特点则其他证据无法比拟。

（2）一定程度的虚假性。一般情况下，犯罪嫌疑人、被告人对其被指控的犯罪事实，都会予以否认、抵赖或作避重就轻的供述。即便是作有罪供述，也会或多或少地存在一些不实之处。究其原因，包括两个方面：一方面，从主观上看，犯罪嫌疑人、被告人作为被追诉的对象，深知案件的处理结果与其有着切身利害关系，而其供述和辩解又影响甚至决定案件的处理结果。因此，犯罪嫌疑人、被告人作出供述和辩解时的心理活动中心，在于如何避险利己。在此种心理驱使下，犯罪嫌疑人、被告人往往否认或隐瞒罪行，或者避重就轻；有的甚至编造谎言，百般狡辩。另一方面，“从客观上讲，客观的、自然的原因也有可能使犯罪嫌疑人、被告人供述存在着虚假的可能。例如，以下因素的影响：错觉与幻觉，来自他人的暗示，表述及书写错误，来自外界的威胁与欺骗，刑讯逼供，对法律理解错误，基于虚荣心等扩大事实及为他人承担罪责，因心理障碍不能如实陈述等”。[①] 综上所述，犯罪嫌疑人、被告人供述和辩解所具有的一定虚假性特点，必然导致其对案件事实的证明作用亦具有一定的虚假性。

（3）不稳定性。刑事诉讼中，犯罪嫌疑人、被告人“翻供”的现象极为普遍。由于案件的处理结果与犯罪嫌疑人、被告人有着切身利害关系，犯罪嫌疑人、被告人的供述和辩解对案件的处理结果起着一定的影响甚至决定作用，随着诉讼的进行，犯罪嫌疑人、被告人权衡利益、评估风险，心理活动不断发生变化，其供述和辩解也就随之出现反复，时供时翻，屡供屡翻。具体原因，主要包括三个方面：第一，犯罪嫌疑人、被告人最初被讯问时，由于惊魂未定、内心恐惧、反审讯的心理准备和经验均不足等，大多会如实供述犯罪事实，但心态逐渐稳定后，在同监舍罪犯教唆、同案犯串供、记忆发

---

① 罗大华主编：《刑事司法心理学理论与实践》，群众出版社 2002 年版，第 56 ~ 57 页。

生混乱、害怕被重判等因素的影响下，即容易推翻以前的供述。第二，有些犯罪嫌疑人、被告人由于对问题的性质缺乏认识或讲哥们义气，最初被讯问时可能替人定罪担责，但其后意识到问题的严重性即会翻供，作出如实的供述。此外，有些犯罪嫌疑人、被告人最初拒供或提供假供，经教育帮助真诚悔改后也会作出供述或翻供。第三，有些犯罪嫌疑人、被告人在遭到司法人员采取刑讯、威胁、引诱、欺骗等非法手段逼供的情况下，迫不得已地作出违心的虚假供述，而后一般都会翻供。综上所述，犯罪嫌疑人、被告人供述和辩解的多变性和反复性，导致其证明力具有不稳定性。且其证明力的不稳定性，较其他言词证据更甚。

（三）犯罪嫌疑人、被告人供述和辩解证明力的判定

具有证据能力的犯罪嫌疑人、被告人的供述和辩解，与案件事实的关联性一般较为清楚。因此，判定犯罪嫌疑人、被告人供述和辩解证明力的重心，在于犯罪嫌疑人、被告人供述和辩解的真实可信性，也即针对供述和辩解的虚假性、多变性特点审查其真实可信性。具体判定上，应当遵守以下规则：

（1）综合判定规则。本项规则的含义，是指对犯罪嫌疑人、被告人供述和辩解证明力的判定，应将对内容的真实可信性审查与在案其他证据同犯罪嫌疑人、被告人供述和辩解的印证关系审查二者结合起来进行。

实践中，判定犯罪嫌疑人、被告人的供述和辩解是否真实、“翻供”是否有理，一是要分析犯罪嫌疑人、被告人的供述和辩解是否符合情理、逻辑和案件基本事实；二是要分析犯罪嫌疑人、被告人的供述和辩解与案件其他证据有无根本性的、冲突性的矛盾。同时，将上述两种分析的过程和结果结合起来，进行综合性的判定。具体说来，可从以下几方面进行审查判定：

其一，犯罪嫌疑人、被告人供述和辩解的动机、目的是否正当。实践表明，犯罪嫌疑人、被告人供述和辩解的动机、目的是复杂多样的。有的出于真诚悔罪，投案自首，如实供认犯罪事实；有的避重就轻，隐瞒重罪事实，交代轻罪事实；有的在确凿证据面前无法抵赖，被迫供认犯罪事实；有的在政策感召或办案人员的教育下，如实供述犯罪事实；有的因受刑讯、威胁、欺骗、引诱等违心地“坦白”并非自己实施的犯罪行为；有的出于“哥们义气”或其他原因，替他人顶罪；有的为蒙混过关，虚构事实，曲解法律，百般狡辩，等等。可见，犯罪嫌疑人、被告人供述和辩解的动机、目的如何，在很大程度上对其真伪起着决定性作用。一般而言，犯罪嫌疑人、被告人供述和辩解的动机、目的正当的，其内容即具有真实性；否则，即掺有虚假成分。因此，判定犯罪嫌疑人、被告人供述和辩解是否具有真实性，必须对犯罪嫌疑人、被告人供述和辩解的目的、动机进行审查、分析。

其二，犯罪嫌疑人、被告人的供述和辩解是否符合逻辑、情理和案件基本事实。犯罪嫌疑人、被告人的供述和辩解是否真实以及真实程度如何，往往反映在其是否符合逻辑、情理和案件事实上。虚伪的陈述，无论陈述人怎样费尽心机编撰，都会存在漏洞、破绽，因而必然与逻辑、情理和案件基本事实不符。因此，犯罪嫌疑人、被告人的供述和辩解与逻辑、情理和案件基本事实不符的，其真实性缺乏或较弱，其证明力也相应缺乏或较弱。实践中，判定犯罪嫌疑人、被告人的供述和辩解是否符合逻辑、情理和案件基本事实，应当结合犯罪嫌疑人、被告人的具体情况，对犯罪时间、地点、动机、手段、目的、手段和后果等各个方面进行全面分析，以判断犯罪嫌疑人、被告人是否存在实施犯罪行为的可能、犯罪嫌疑人、被告人关于犯罪过程和情节的供述和辩解是否符合形式逻辑、一般社会经验和案件基本事实。由于犯罪嫌疑人、被告人供述和辩解的复杂性，进行上述分析时，还应审查犯罪嫌疑人、被告人的供述和辩解与逻辑、情理和案件基本事实不符，是否属于特殊情况下出现的反常现象。如果属于，则应查明特殊情况后再进行判定。

其三，犯罪嫌疑人、被告人“翻供”的理由是否存在、是否正当。刑事诉讼中，犯罪嫌疑人、被告人“翻供”是一种普遍现象。与之对应，采信“原供”还是“翻供”，一直是困扰司法的一个重大问题。解决这一问题的方法，除结合案件具体情况对“原供”和“翻供”的真实性进行审查外，还应重点查清“翻供”的真实原因。“翻供”的真实原因存在且正当的，则“原供”的真实性存疑，应当对“原供”与“翻供”的真实性再次进行综合审查判定。一般而言，“翻供”既不能有效地否定其他对立证据，也不足以推翻“原供”且“原供”又有其他证据印证的，则“原供”具有证明力，应予采信；“翻供”得到新的证据印证，而控方又不能举证证明“翻供”虚假或不能反驳“翻供”的，则“翻供”具有证明力，应予采信；犯罪嫌疑人、被告人庭审前的供述和辩解反复，庭审中亦反复的，则其供述和辩解没有证明力，应以其他证据证明案件事实；犯罪嫌疑人、被告人庭审前的供述和辩解反复，庭审中的供述和辩解得到其他证据印证的，则庭审中的供述和辩解具有证明力，应予采信。

其四，犯罪嫌疑人、被告人的供述和辩解与在案其他证据是否存在矛盾。鉴别犯罪嫌疑人、被告人的供述和辩解是否真实的有效方法之一，在于结合其他证据进行综合审查判定。实践中，要注意采用比较分析的方法。首先，应审查犯罪嫌疑人、被告人的“原供”与“翻供”之间及其与同案犯罪嫌疑人、被告人的供述和辩解之间是否存在矛盾。如果存在矛盾，则应分析矛盾性质和矛盾存在的原因，采用解决证据矛盾的方法予以解决。其次，应将犯罪嫌疑人、被告人的供述和辩解与其他证据进行对比，审查彼此是否存在矛盾。如有矛盾，应当分析矛盾的性质和存在的原因。如果矛盾系根本性的、冲突性的矛盾，或者矛盾存在的原因得不到合理解释，则犯罪嫌疑人、被告人供述和辩解的真实性缺乏或较弱，其证明力也随之缺乏或较弱。如没有矛盾，则应分析二者的一致性是表面的还是客观的、是本质的还是假象的。如果二者存在客观上的、本质上的一致性，则犯罪嫌疑人、被告人的供述和辩解具有真实性，其证明力较强。

（2）犯罪嫌疑人、被告人的供述和辩解只有在得到其他证据补强的情况下，才能用以认定案件事实。

犯罪嫌疑人、被告人供述和辩解的虚假性，有时可能导致裁判者在认定事实上发生错误。从历史上和近年来发生的冤假错案看，绝大多数案件都错在轻信虚假的供述上。为防止轻信供述、错误认定或发生侵犯人权的危险性，运用犯罪嫌疑人、被告人的供述和辩解认定案件事实时，即须要求以其他证据予以补强；否则，不得据以认定案件事实。我国《刑事诉讼法》第46条关于“对一切案件的判处都要重证据，重调查研究，不轻信口供。只有被告人供述，没有其他证据的，不能认定被告人有罪和处以刑罚；没有被告人供述，证据充分确实的，可以认定被告人有罪和处以刑罚”的规定，即明确要求对犯罪嫌疑人、被告人供述和辩解的证明力予以补强。根据这一规定和证据法学理论，犯罪嫌疑人、被告人的供述和辩解需要补强的情形，主要包括以下几种：

第一，犯罪嫌疑人、被告人的供述和辩解作为定案的唯一依据。根据“孤证不能定案”的一般证据原则，犯罪嫌疑人、被告人的供述和辩解不得作为定案的唯一依据。因此，对于属于案件犯罪事实的内容，如果只有犯罪嫌疑人、被告人的供述和辩解予以证明，则需其他证据予以补强以担保、增强其证明力；否则，不得定案。

第二，犯罪嫌疑人、被告人的供述和辩解与其他证据相矛盾。犯罪嫌疑人、被告人的供述和辩解与在案某些证据相矛盾时，其真实可信性处于不确定状态。而要变不确定为确定，则须得到其他证据的补强。犯罪嫌疑人、被告人的供述和辩解得不到其他证据补强或虽得到其他证据的补强，但其与某些证据的矛盾仍未得到解决或合理解释的，其证明力缺乏或较小。

第三，审判人员对犯罪嫌疑人、被告人供述和辩解的真实可信性心存疑虑。在此情形下，由于审判人员的疑虑产生于证据的质证、认证过程中，一定程度上表明犯罪嫌疑人、被告人供述和辩解的证明力存在疑问，可能影响审判人员内心确信的形成，因而也需其他证据予以补强。

(3) 共同犯罪案件中，仅有共犯的供述和辩解而无其他证据的，在满足一定条件的前提下，共犯的供述和辩解可以互相补强后被用以证明案件事实。

所谓“一定条件”，包括以下几个方面：

其一，穷尽合法的侦查、调查手段仍无法收集到其他证据；

其二，每一共犯的供述和辩解均系合法取得；

其三，各共犯之间没有串供的可能；

其四，每一共犯均只可能被判处有期徒刑以下刑罚。

经补强形成的证明方向一致的证据组合，得到其他证据补强的，具有较强的证明力，可用以认定案件事实；未得到其他证据补强的，亦具有一定的证明力，可用以认定所有共犯均只可能被判处有期徒刑以下刑罚案件的事实；共犯中有人可能被判处无期徒刑以上刑罚的案件，即使共犯的供述和辩解完全一致，也需得到其他证据的补强才能定案。

具体案件中，若干共犯各自的供述和辩解之间，在证明方向上既可能同向，也可能逆向。如果数个共犯各自的供述和辩解在证明方向上同向，则没有区分彼此证明力强弱的必要。具体判定上，可循如下规则：“数个证据，系属同一方面者，每因证据数量之增加，而增强其证明力；如属于反对方面者，每因证据数量增加，而减弱其证明力”。[①] 如果若干共犯各自的供述和辩解中，既有数个共犯有罪、罪重的供述和辩解，又有数个共犯无罪、罪轻的供述和辩解，如何判定其证明力则无定规，需要裁判者结合其他证据和案件情况，根据经验法则和逻辑法则进行自由判断。

## 五、鉴定结论证明力的判定

鉴定结论是一种与现代科技发展密切联系的证据形式。它解决的是案件中有争议的专门性问题，依赖的是专门知识和科技手段，因而在刑事诉讼中起着一种较为特殊的证明作用。

### (一) 鉴定结论的概念

大陆法系国家大多将鉴定结论规定为一种独立的证据形式，鉴定人只能由司法人员依照职权，根据当事人或其律师的请求而决定；而英美法系国家大多则未将鉴定结论作为一种独立的证据形式，而是将其归属于证人证言，称鉴定人为“专家证人”、鉴定结论为“专家证言”。在我国，鉴定结论是法定的证据种类之一。理论界的通说认为，鉴定结论是指鉴定人根据公安司法机关的指派或聘请，运用自己的专门知识和技能对案件中需要解决的专门性

---

① 陈朴生著：《刑事证据法》，台湾三民书局1979年版，第578页。

问题进行鉴定后所作出的书面结论性意见。

对鉴定结论概念的理解，需要注意把握以下几点：

第一，鉴定结论有别于证人证言。鉴定结论作为一种“鉴定人意见”，是当事人以外的诉讼参与人发表的关于案件有关情况的意见。就此意义而言，它与证人证言存在某些相同之处。也正因为此，英美法系国家大多将其归属于证人证言。但是，鉴定结论与证人证言是有显著区别的，不能将二者混淆。首先，鉴定结论需要鉴定人运用自己的专门知识和技能对专门性问题进行分析、判断，是一种具有科学根据的意见；而证人证言则只需证人对其感知的案件事实进行如实陈述，不能进行分析、评断，是一种案件事实的客观反映。其次，鉴定人是公安司法机关指派或聘请的具有专门知识和技能的人员，因而鉴定人和鉴定结论均具有可替代性；而证人是亲自感知案件有关情况的人，因而证人及其证言均具有不可替代性。

第二，鉴定结论针对的是事实问题而非法律问题。鉴定结论是鉴定人在对关于案件事实的专门性问题进行分析的基础上，运用自己的专门知识和技能，对案件事实的专门性问题作出的判断。因此，鉴定结论解决的问题并不涉及法律上的评断问题。解决法律上的问题，是公安司法机关的职责，因而只能由公安司法人员予以评断。鉴定人的职责仅限于对鉴定事项涉及的全部或部分案件事实提供结论性判断意见，超越这一范围和权限而对法律问题发表的意见，没有法律效力。例如，伤害案件的鉴定，鉴定人只能作出重伤、轻伤还是轻微伤的鉴定意见，而不能对加害人的主观罪过和应判处的刑罚提出意见。对此，各国法律大多予以明确规定。例如，《美国联邦证据规则》第704条（b）规定，“在刑事案件中，关于被告人精神状态或状况的专家证人证言，不能就被告人是否具有属于被指控犯罪的构成要素或相关辩护要素的精神状况或状态，发表意见和推理，此类最终争议应由事实审理者独自处理”。①

第三，鉴定结论是专门活动的结果。这一特征，主要表现在以下几个方面：其一，鉴定结论的专业性。鉴定结论是专家凭借专门知识和科技手段对鉴定对象进行鉴别、评断所提出的意见，而不是专家以外的一般人凭借经验、常识对案件某一事项进行判断、评价所提出的意见。鉴定结论的专业性，要求专家提供的意见超出裁判者的知识、经历范围。“如果专家向法庭提供的是超出法庭知识和经历范围的意见，专家的意见具有可采性。如果法庭在没有专家意见帮助的情况下可以得出结论，专家的意见就不具有可采性。”② 其

① 何家弘、张卫平主编：《外国证据法选译》（下卷），人民法院出版社2000年版，第728页。

② Alan Taylor, Principles of Evidence, Cavendish Publishing Ltd, 2000, p. 397.

二，鉴定结论的科学性。除鉴定人在鉴定过程中所使用的手段、方法具有科学性外，鉴定结论的表述也具有科学性，即是纯粹的科学分析、推理和概括。其三，鉴定结论的程序性。具体体现在两个方面：一是鉴定结论须由鉴定人依照法定程序对鉴定对象进行鉴定后作出。除鉴定人必须符合法律所要求的鉴定资格外，鉴定对象的提取、保管、移送、鉴定等各个环节的活动都必须符合法定程序的要求。二是鉴定结论的确认必须经过法庭审理程序。无论控辩双方中的哪一方向法庭出示的鉴定结论，都需经过法庭的质证、认证，裁判者才能作出是否予以确认的判定。

（二）鉴定结论的证明力特点

从鉴定结论概念的分析中可见，鉴定结论针对的是案件事实问题，具有科学性、专业性和程序性的特点。据此，鉴定结论的证明力具有如下特点：

（1）专门性。鉴定结论是鉴定人对案件中需要解决的专门性问题，运用专门知识和科技手段进行分析、判断所作出的结论。因此，鉴定结论对案件事实起着专门的证明作用。详言之，鉴定结论证明力的专门性，主要体现在以下两个方面：其一，鉴定结论的证明对象为专门性问题。专门性问题不是常识问题或法律问题，侦查、检察、审判人员不能直接作出肯定或否定的回答，而需由具有专门知识和技能的人员经过鉴定作出回答。有时，鉴定人还需借助特定的技术设备进行鉴定，才能对专门性问题作出鉴定结论。从法律规定和实践情况看，专门性问题一般包括以下几种情况：一是涉及科学、技术、艺术的专门性问题，如毒物分析鉴定、责任事故鉴定、文物鉴定等；二是涉及国家或行业标准的专门性问题，如文件密级鉴定、赃物价格鉴定、产品质量鉴定等；三是国家授权认定的专门性问题，如货币真假鉴定等。其二，鉴定结论的判断、认定方式具有专门性。刑事诉讼中，对一些实物证据与案件事实的关联性的鉴定，除应运用经验法则、逻辑法则外，还需依靠特殊的专业知识、技能以及相应的专业仪器、设备来查验、测试、分析。因此，鉴定结论的作出往往需要专门的判断、认定方式。而鉴定结论判断、认定方式的专门性，使鉴定结论产生如下一种专门功能，即揭示其他证据的证明价值或对其他证据的证明价值作出判断。尤其是对某些实物证据的揭示上，鉴定结论能够使这些实物证据与案件事实之间的关联性得以显现，从而使这些实物证据在认定事实上最终产生证明力。

（2）客观性。根据法律规定，鉴定人必须同时具备以下两个条件：一是具有鉴定所需要的专门知识和技能；二是没有依法应当回避的情形。鉴定人应当回避的情形，包括其与鉴定的案件及其当事人有利害关系或者其他关系两种。由于鉴定人与案件及其当事人没有利害关系或者其他关系，也未在诉讼开始前对案件有先入之见，因而其能够以客观的、超脱于案件之外的身份进行鉴定。同时，鉴定人的责任也不是像证人那样向办案人员陈述其亲身感知的案件事实，而是在充分占有材料的基础上，运用自己的专门知识、技能和凭借科学的设备、仪器，对案件中需要解决的专门性问题进行分析、判断，提出结论性的意见。因此，鉴定人进行的是一种科学性的、技术性的分析、判断活动。这种活动，一般不会受到他人意志的左右，具有较强的客观性。与之相应，鉴定人作出的鉴定结论也具有较强的客观性，是鉴定人依据客观事实标准作出的、具有科学性和符合客观规律的专业性定论或技术性定论。这里需要指出，鉴定结论证明力的客观性，是就鉴定人的超脱性和鉴定方式、鉴定结果的科学性、技术性而言的，它并不排斥鉴定人主观上的分析、推理。实际上，鉴定人作出鉴定结论也需经过主观上的分析、推理过程。在此过程中，鉴定人要根据鉴定对象的普遍联系和本质反映，就该类鉴定对象的各个别情形的共同点的抽象和概括，以个别及经验的事实为媒介，借助已有的事实，运用专门知识和手段进行分析判断和逻辑推理。

（3）鉴别性。鉴定结论是鉴定人对案件专门性问题进行分析、判断所得出的结论，因而其具有对鉴定对象的鉴别作用。这种鉴别作用，主要表现在以下几个方面：其一，鉴别其他证据是否真实。例如，物证、书证的真伪，有时需要鉴定结论加以鉴别；被害人陈述、被告人供述和辩解、证人证言等言词证据是否真实，通常需要结合鉴定结论进行综合分析，才能作出判定，等等。其他证据经鉴别为真实的，即具有较强的证明力。其二，鉴别证据与案件事实是否存在关联。例如，关于指纹、脚印、交通工具印痕、犯罪工具破坏痕迹、弹头及枪与膛线的痕迹鉴定结论，可以鉴别出痕迹是否与作案人相应部位和作案工具的作用结果是否同一；笔迹鉴定结论，可以对证据材料上的笔迹与特定人的笔迹是否同一作出鉴别，等等。具有同一性的，裁判者即可作出证据与案件事实存在关联，因而具有证明力的判定。其三，鉴别案件有关事物情况的性质、程度、状态、含量、成分等。例如，法医学鉴定结论，可以鉴别出被害人死亡的原因、被害人伤情的轻重等；司法精神病鉴定结论，可以鉴别出被告人犯罪时的精神状态；化学鉴定结论，可以鉴别出毒品的成分、含量、作用等。一旦对案件有关事物情况的性质、程度、状态、含量、成分等作出鉴别，裁判者即可据以认定案件相关事实。鉴定结论证明力的鉴别性特点，是其他种类的证据所不具有的，其特殊的鉴别证明作用，正是人们将鉴定结论称为“科学法官”、“科学判决”的重要原因之一。

### （三）鉴定结论的证明力判定

鉴定结论是一种具有科学性、权威性的证据。较之其他证据，它一般具有更强的证明力。但是，将其喻为“科学判决”、“科学法官”却言过其实。作为一种专家意见，鉴定结论的正确性和准确性仍然受到诸多主客观因素的影响，仍然可能出现虚假或错误。因此，对鉴定结论证明力的判定，应当遵守以下规则：

（1）从有无影响鉴定结论正确性、准确性的主客观因素存在以及影响的大小上着眼，判定鉴定结论的证明力。

根据司法实践经验，以下几种因素会对鉴定结论的证明力产生影响：

①鉴定人是否具有解决专门性问题的专门知识和技能，以及其具有的专门知识的多少和技能的高低。鉴定结论所要解决的专门性问题，需要鉴定人具有解决专门性问题的专门知识和技能。无论是法定鉴定机构的人员作出的特别鉴定结论，还是一般专家作出的一般鉴定结论，均是如此。鉴定人是否具有解决案件某一专门性问题的专门知识和技能，乃是鉴定结论是否正确、准确的主观方面的保证。鉴定人不具有专门知识和技能的，其作出的鉴定结论没有证明力。鉴定人的专门知识和技能较高的，其作出的鉴定结论的证明力较大；反之，则证明力较小。

②鉴定人是否与案件有利害关系。鉴定结论是一种专家意见证据，鉴定的过程是鉴定人进行分析判断的过程。在鉴定活动中，鉴定人如果与案件有利害关系，即可能产生一定的预断和偏见，从而使鉴定结论的证明力大大削弱。因此，鉴定人是否与案件有利害关系，也是鉴定结论证明力判定上的一项重要的主观标准。这里需要指出，鉴定人与案件有利害关系的，依法应当回避。但是，鉴定人应当回避而没有回避的，并不意味着鉴定结论没有证据能力。在此情形下，鉴定结论仍然具有证据能力，只是其证明力受到较大程度的削弱而已。

③鉴定人使用的仪器、设备是否先进。鉴定人进行鉴定，往往需要使用相应的仪器、设备。尤其是对一些科学技术性问题进行鉴定，更是离不开精密、良好的先进仪器、设备。例如，DNA 鉴定、声纹鉴定、指纹鉴定等，都需要在鉴定所使用的仪器、设备的科学性、先进性上得到充分保证。鉴定人所使用的仪器、设备是否先进以及先进的程度，是衡量其作出的鉴定结论是否具有证明力以及证明力大小的重要标志。一般而言，鉴定人使用的仪器、设备愈先进，其作出的鉴定结论的证明力即可能愈大；反之，则其作出的鉴定结论的证明力可能愈小。

④鉴定手段和方法是否符合科学常规。鉴定是一种具有科学性的活动。这一性质，必然要求鉴定手段和方法具有科学性。只有鉴定的手段和方法符合科学常规，鉴定结论的正确性、准确性才能得到保证，鉴定结论才具有较

大的证明力。一般而言，某种鉴定手段和方法是否符合科学常规，可以从以下几方面进行考察：一是该鉴定手段和方法的科学性可否被检验或已经被检验；二是该鉴定手段和方法在科学界是否已经得到普遍认可；三是该鉴定手段和方法是否存在已知或潜在的错误率，如果存在，是否较低；四是该鉴定手段和方法可否被清楚和简洁地解释。

⑤鉴定结论所依据的送鉴材料是否可靠、充分。可靠、充分的送鉴材料，是鉴定人作出正确鉴定结论的前提和基础，对鉴定结论证明力的有无及大小具有决定性的作用。如果送鉴材料不真实或不充分，则不论鉴定人具有多高的专业知识和技能，也不论所使用的仪器、设备如何先进和采用的技术、方法如何科学合理，都不可能得出正确和准确的鉴定结论。送鉴材料不真实的，鉴定人据其所作的鉴定结论没有证据能力；送鉴材料不充分的，鉴定人据其所作的鉴定结论虽然具有证据能力，但该鉴定结论存在不正确或不准确的可能，其证明力较小。

⑥鉴定结论的依据是否科学。鉴定结论必须以一定的科学规律和知识作为依据，其正确性和准确性才能得到根本性的保证。鉴定结论的依据违反科学规律和知识的，不具有证明力。实践中，判定关于某一学科专门性问题的鉴定结论的依据是否科学，一般可采用“普遍承认标准”。“普遍承认标准”的含义，是指鉴定结论依据的科学性，必须已经在该学科领域内得到较为普遍的认可，才能被裁判者所确信。特殊情况下，即在判定一些因高科技的应用而产生的专门性问题时，则可采用“实质证明标准”，即以鉴定结论是否具有实质合理性为判定标准。

⑦鉴定结论与案件其他证据或案件基本事实有无矛盾。鉴定人进行鉴定会受到诸多主客观因素的影响，可能出现虚假或错误；同时，鉴定所运用的科技手段、方法本身也存在一定的局限性。就此意义而言，鉴定结论既不是“科学法官”，也不是“最终结论”。与其他证据相比较，它也不必然具有绝对高出一筹的证明力。因此，鉴定结论有无证明力以及证明力的大小，还需结合案件其他证据或案件基本事实进行判定。鉴定结论与案件其他证据或案件基本事实存在根本性、冲突性矛盾的，其证明力情况存疑，需要通过对比分析加以判定，必要时，应当进行补充鉴定。

应当指出，尽管上述因素仅是就一般情况而言的，并不具有规范作用，对鉴定结论的证明力还需裁判者根据案件具体情况自由判定，但通过对影响鉴定结论正确与否、准确与否的种种相关主客观因素的审查，却可以有效地弥补裁判者因鉴定问题专业性太强而无法作出准确判定的缺陷，避免采信错误的鉴定结论。因此，实践中，一定要重视对影响鉴定结论正确性、准确性的各种主客观因素的审查。

（2）鉴定结论没有预定的证明力。

鉴定结论作为证据的一种形式，与其他种类的证据一样，没有预定的证明力。按照自由心证原则的基本要求，对其是否具有证明力以及证明力大小的判定，需由裁判者自由进行而非其自白。从各国的刑事证据制度看，鉴定结论没有预定的证明力，乃是共识。各国法律均要求鉴定结论必须经过法庭查证，裁判者才可以对其证明力作出判定。而在具体规定上，又分为以下两种情形：第一，鉴定结论对裁判者没有任何法定的拘束力。鉴定结论有无证明力以及证明力的大小，全凭裁判者自由判定。第二，鉴定结论对裁判者有一定的消极拘束力。这种消极拘束力主要体现在以下两个方面：一是在某些特殊情况下，对鉴定结论证明力的判定，裁判者需要按照立法设定的关于证明力判定的证据规则进行；二是裁判者在不采用鉴定结论时，必须在裁判文书中说明不采用的理由。

鉴定结论没有预定的证明力的规则，包括以下两个方面的内容：其一，鉴定结论没有任何预定的证明力。对具体案件中的鉴定结论有无证明力以及证明力的大小，法律没有也不可能予以规定，诉讼参与人不能也不可能进行约定。法律只规定，由裁判者自由判定。鉴定结论作为一种专家意见，与其他种类的证据一样，都只是证据的存在形式，并不具有当然的证明力。对其证明力有无以及证明力大小的判定，仍应由裁判者通过法庭查证并结合其他证据分析判断后作出。其二，鉴定结论之间不存在预定的证明力等级。实践中，对同一专门性问题所作的数个鉴定结论之间存在矛盾的，在证明力孰大孰小的判定上，不少裁判者倾向于权威、级别较高的鉴定机构作出的鉴定结论。这种做法，具有一定的合理性，因为，级别、权威较高的鉴定机构具有较好的鉴定条件和能力较强的鉴定人员，能够为鉴定结论的正确性、准确性提供更有力的保证。但是，这种做法又是错误的。因为，鉴定结论证明力的大小与鉴定机构的级别、权威并不存在必然的联系。数个鉴定结论，只要鉴定程序都合法，鉴定人都具有相应的鉴定能力，鉴定所使用的技术手段都同样先进、科学，就具有同等的法律地位。至于证明力孰大孰小的问题，只能由裁判者根据案件具体情况判定解决，而不能以鉴定机构的级别、权威为标准。“在这个意义上讲，司法鉴定只有科学性，没有权威性。司法鉴定形成的结论只能尊重和服从科学，而不能下级服从上级，少数服从多数。”①

实践中，对同一专门性问题所作的数个鉴定结论之间出现不一致时，除

---

① 江一山：《司法鉴定的证据属性与效能》，载《证据学论坛》（第1卷），中国检察出版社2000年版，第31页。

应结合其他证据和案件具体情况判定各鉴定结论的证明力大小外，还可通过对数个鉴定结论的某些因素的比较来判定彼此之间证明力的大小。一般而言，鉴定结论具有下列情形的，其证明力可能较大；反之，其证明力则可能较小：

①送鉴材料充分具体、来源直接、关联性强的；

②作出鉴定结论的时间距案发时间较近的；

③鉴定书论证部分的理由充分、翔实，依据科学、合理的；

④鉴定所采用的技术手段和方法更先进、更科学的；

⑤鉴定人的学历、学识、经验、职业经历、品性等个人条件更优的；

⑥其他证据的佐证或补强更有力的；

⑦鉴定过程、鉴定报告和鉴定结论没有瑕疵的；

⑧对专门性问题所涉领域的权威人士进行咨询并得到认可的。

（3）在对同一事实的认定上，鉴定结论的证明力一般大于证人证言。

鉴定结论是一种专家意见。在英美法系国家，它不是一种独立的证据形式，而是归属于证人证言，被称为“专家证言”。与普通证人证言相比较，它并不具有必然和绝对更大的证明力。但是，将普通证人在知识、经验上存在的缺陷、局限与鉴定人在所拥有的专门知识、技能以及所使用的仪器、设备、技术手段、操作规程等方面具有的科学性、专门性、规范性相比较，后者又显然具有较强的优势。就此意义而言，鉴定结论的真实性、可靠性较证人证言更有保障。因此，一般情况下，在对同一事实的认定上，鉴定结论的证明力大于证人证言。

对本项规则，不少国家的法律予以明确规定。例如，美国法律规定，涉及有关科学上的物理自然现象问题时，如果普通证人与专家证人的证言存在矛盾，那么，在民事诉讼中，法官应当指示陪审员不可采信该普通证人的证言；而在刑事诉讼中，法官却不得为陪审团衡量证据。[①] 虽然这一规定仅对民事诉讼中专家证人证言的证明力大于普通证人证言予以明确，而未涉及刑事诉讼中专家证人的证言与普通证人的证言在证明力上孰大孰小的问题，但这是美国的陪审制度使然。刑事诉讼中，事实、证据问题既然由陪审团而非由法官决定，自然也就无须由法官为陪审团衡量证据的证明力。而且，陪审团判定鉴定结论的证明力，也会按照上述规定中关于民事部分的要求进行判定。再如，《俄罗斯刑事诉讼法典》第 80 条规定，“鉴定人的意见对于调查人员、侦查人员、检察长和法院，不是必须采纳的，但是他们必须说明不同

① 参见周叔厚著：《证据法论》，国际文化事业有限公司 1989 年版，第 915 ~ 916 页。

意鉴定意见的理由”。[①] 显然，据此规定，一般情况下，裁判者对鉴定结论的证明力必须予以承认而不论该鉴定结论是否与包括证人证言在内的其他证据相矛盾；只有在具有不同意鉴定结论的充分理由并予以说明的情况下，裁判者才可以对鉴定结论的证明力不予承认。

## 六、勘验、检查笔录证明力的判定

勘验、检查笔录被作为证据在诉讼中使用，具有悠久的历史。古巴比伦的《汉穆拉比法典》、我国的《礼记·月令》等古代典籍中，都有关于勘验、检查笔录作为证据的记载。现代世界各国，勘验、检查笔录作为办案人员在办案中实施的勘验、检查行为、结果的客观记载，更是在保全和固定证据、审查判断案件其他证据、恢复案件中的某些事实原状以及帮助判明案件真实情况等方面，发挥着特有的重要作用。

### （一）勘验、检查笔录的概念

世界各国的刑事诉讼法对勘验、检查笔录的证据意义的规定不尽相同。在大陆法系国家，一般都明确规定有勘验、检查笔录作为证据使用的相关规则。例如，日本刑事诉讼法规定，记载法院或法官勘验结果的书面材料和记载检察官、检察事务官或者司法警察职员勘验结果的书面材料，均可作为证据使用；[②] 德国刑事诉讼法规定，只有在法官为主体进行勘验时所制作的笔录才能够以宣读的方式直接作为证据在诉讼中使用，[③] 等等。在英美法系国家，刑事诉讼法大多没有将勘验、检查笔录单独规定为一种证据形式。但是，在司法实践中，勘验、检查笔录实际上也被作为证据使用。例如，在美国，勘验结果，特别是以专家意见产生的勘验结果，被认为是证明事实的证据；[④] 在英国，通说将勘验笔录作为证据，认为“绝大多数的勘验是为了让法官或陪审团评判所发生的事情，是谁讲了真话。根据勘验中他们所见到的一切和从证人席上听证的证据，他们可以作出自己的结论。因此，勘验是证据”，等等。[⑤]

在我国，人们对勘验、检查笔录概念的界定大同小异，基本上都是按照刑事诉讼法第二章第四节“勘验、检查”的规定略加扩展而成。具有代表性

---

① 《俄罗斯刑事诉讼法典》，苏方遒、徐鹤喃、白俊华译，中国政法大学出版社 1999 年版，第 50 页。

② 参见《日本刑事诉讼法》，宋英辉译，中国政法大学出版社 2000 年版，第 74 页。

③ ［德］克劳思·罗科信著：《刑事诉讼法》，吴丽琪译，法律出版社 2003 年版，第 268 页。

④ 参见罗筱琦、陈界融著：《证据方法及证据能力研究》，人民法院出版社 2006 年版，第 367 页。

⑤ 齐树洁主编：《英国证据法》，厦门大学出版社 2002 年版，第 443 页。

的表述为："勘验、检查笔录是指办案人员对与案件有关的场所、物品、人身进行勘验、检查时所作的文字记载，并由勘验、检查人员和在场见证人签名的一种书面文件"。①

在对勘验、检查笔录概念的理解上，应当明确以下几点：

第一，勘验、检查笔录是一种笔录证据。笔录证据是办案人员在调查、侦查中形成的证据，对案件实体的事实情况和诉讼程序的正当、合法情况均具有重要的证明作用。它不仅包括勘查案件现场和检查人身、场所所形成的勘验、检查笔录，还包括侦查过程中形成的侦查实验笔录、辨认笔录、提取笔录、搜查笔录等侦查笔录和审判过程中形成的审判笔录。从证据属性上看，笔录证据应当单独作为一种证据形式，国外不少国家的刑事诉讼法亦是如此规定。但是，在我国，刑事诉讼法仅将勘验、检查笔录作为一种独立证据形式予以规定，而未明确侦查过程中形成的其他笔录和审判过程中形成的审判笔录的证据属性。为弥补这一立法缺陷，可从语义、性质的相近上考虑，将辨认、搜查、提取、实验等侦查笔录归入勘验、检查笔录；从内容与其他证据的相近上考虑，将审判笔录中的被告人的供述和辩解、证人证言、被害人陈述、书证等分别归入相应的证据种类。

第二，勘验、检查笔录是对勘验、检查活动的客观记载。日本学者铜川正雄指出，"笔录的使命就是为了日后在看到它的第三者，特别是检察官、审判官面前能再现勘查时的情况，像直接见到活生生的现场一样容易被理解、被认识，从而发挥其作为证据的价值"。② 勘验、检查笔录的这种使命，必然要求其记载的内容与办案人员勘验、检查时所见所闻的实际情况相一致，做到客观、准确。勘验、检查笔录应当如实记载勘验、检查的时间、地点、对象、目的、经过和结果等情况，其内容只能是办案人员自身或借助仪器设备所感知的情况，而不能包含制作者本人的主观分析和判断。勘验、检查笔录的客观记载特征，是其发挥证明作用的基础所在。勘验、检查笔录的证明价值，正是源自其所记载内容的证明力。换言之，勘验、检查笔录除可被用以证明程序性事实外，其对案件事实的证明价值完全取决于客观存在并为勘验、检查所发现的证据信息。

第三，勘验、检查笔录有别于书证。与其他证据种类相比较，勘验、检查笔录与书证具有较大的相似性。二者同样表现为特定的表意证据，都是以其记载的思想内容来证明案件事实。但是，二者的区别也十分明显。主要表现在以下几个方面：其一，形成的时间不同。勘验、检查笔录形成于诉讼活

① 樊崇义主编：《证据法学》，法律出版社 2001 年版，第 117 页。

② 何家弘、刘品新著：《证据法学》，法律出版社 2004 年版，第 185 页。

动中，而书证则形成于诉讼活动外。其二，制作方式不同。勘验、检查笔录系侦查、检察、审判人员制作，并应由勘验、检查人员和见证人签名或盖章，而书证的制作方式则多种多样，既可以是国家机关、事业单位、社会团体在其职权和法律授权的范围内或者章程规定的业务范围内依照一定程序制作的公文书，也可以是公民个人随意制作的并无一定程式的私文书。其三，制作主体不同。勘验、检查笔录的制作主体只能是具体办理案件的侦查、检察、审判人员，而书证的制作主体则可以是任何人。

### （二）勘验、检查笔录证明力的特点

勘验、检查笔录是办案的侦查、检察、审判人员对案件事实的客观记载和亲自认识，其内容包括多种证据及其之间存在的关系以及各证据形成、存在的具体环境。与此特征相应，勘验、检查笔录的证明力除具有客观性外，还具有以下特点：

第一，间接性。勘验、检查笔录的证明作用，除在证明勘验、检查活动的程序是否正当、合法上得到体现外，多数情况下则是通过其记载的实物证据的状态、位置、相互关系等来证明案件事实而得到体现。在证据分类上，勘验、检查笔录属于间接证据。它记载的内容本身不能直接证明案件主要事实，而需与物证、书证、鉴定结论等其他证据结合起来，形成证据锁链，才能起到证明案件主要事实的作用。因此，尽管勘验、检查笔录是办案的侦查、检察、审判人员运用自己的感官或器材直接观察和测量所作的实况记录，勘验、检查人员作为勘验、检查笔录证明力的判定者对勘验、检查笔录内容的感知具有直接性，但其证明力仍然只具有间接性，仍然不能单独地、直接地证明案件的主要事实。

第二，多样性。“勘验、检查笔录作为证据在诉讼中使用，不仅可以证明程序法事实，也可以证明实体法事实；既可以作为‘事实的证据’而存在，也可以作为‘证据事实’的证据而存在，证明作用上具有多样性。”① 具体而言，首先，勘验、检查笔录可以证明勘验、检查活动是否符合法定程序以及收集、固定证据的方法是否科学、可靠，从程序上保证其记载的各种证据材料的合法性和真实性、可靠性。其次，勘验、检查笔录可以全面、准确地反映案件的性质，犯罪的时间、地点，作案工具、方法，案发过程等与案件事实有关的详细情况，只要得到其他证据的印证，即可证明案件实体事实。最后，勘验、检查笔录还可以通过发现和提取有关物品、文件、痕迹等证据材料的情况记载，证明相关证据收集的合法性、来源的真实性以及内容的可

---

① 袁志著：《勘验、检查笔录研究》，西南财经大学出版社2007年版，第38页。

信性。

第三，综合性。勘验、检查笔录是对一定场所、人身客观存在的各种物品、痕迹的综合记载。它反映的不是单一的事实，而是各种物品、痕迹之间的存在或形成的具体环境条件以及它们之间的相互关系。与反映单一事实的证据相比较，勘验、检查笔录具有综合性的证明力。这一特点，决定于勘验、检查笔录的内容和形式。首先，在勘验、检查活动中，勘验、检查人员除发现、提取物证外，还直接感知与犯罪有关的场所、物品、痕迹等证据材料以及这些证据材料所处的位置、状态、相互关系等情况。勘验、检查人员的这种亲临性，必然导致其制作的勘验、检查笔录具有综合性，即反映各种证据材料的相互关系，综合证明案件的事实。其次，勘验、检查笔录在形式上所具有的直观性、明确性、生动性特征和在内容上所具有的综合性、全面性特征，使得勘验、检查笔录较其他证据更易让人全面、准确地理解其与案件事实及其他证据的关联，有助于证据证明力的判定者对案件的总体情况形成较为全面的、客观的判断，从而能够运用勘验、检查笔录综合地证明案件事实。

（三）勘验、检查笔录的证明力判定

根据勘验、检查笔录证明力的特点和诉讼实践经验，判定勘验、检查笔录的证明力，需要遵守以下规则：

（1）对勘验、检查笔录的证明力，应当着重从笔录内容和笔录制作者的审查入手，结合与其他证据的对比分析进行综合判定。

首先，应当审查勘验、检查笔录的内容是否客观、完整、准确。勘验、检查笔录的内容客观、完整、准确的，其证明力即强；反之，其证明力则弱。实践中，可从以下几方面进行审查：其一，笔录的内容是否客观，如笔录记载的现场情况、物品、痕迹等有无破坏或伪造，人身特征或生理状态是否造假或伪装，笔录上有无篡改或伪造的现象，笔录上记载的物品、痕迹、场所环境情况等与从现场收集到的实物证据是否吻合，笔录中的文字记录、绘图、录像、拍照等相互是否照应等。其二，笔录的内容是否完整，如笔录记载的现场情况是否存在遗漏，笔录中的文字记录、绘图、录像、拍照等是否完整地反映现场或其他勘验、检查对象的情况，笔录的具体组成部分是否详细、具体等。其三，笔录的内容是否准确，如笔录采用的数字是否准确，文字表述是否确切，笔录的内容有无推测、臆断，照片、绘图、录像是否清晰等。

其次，应当审查笔录制作者是否具有必须的业务水平和正确的工作态度。勘验、检查均是专业性强、责任心和业务水平方面要求高的工作，需要勘验、检查人员具有较强的专业知识、业务能力和高度负责的敬业精神、深入细致的工作作风。在勘验、检查工作的进行和勘验、检查笔录的制作上，勘验、检查人员业务水平的高低和工作态度的好坏，很大程度上决定着勘验、检查笔录的质量。一般而言，勘验、检查人员业务素质较强、工作勤奋严谨、作风深入细致的，其制作的勘验、检查笔录即客观、可靠、全面，即具有较强的证明力；反之，勘验、检查人员业务素质较低、工作懈怠松弛、作风拖拉粗糙的，其制作的勘验、检查笔录即可能失实或存在错漏，其证明力即会减弱。

最后，应当结合案件的其他证据对勘验、检查笔录进行审查。与其他种类证据证明力的判定一样，对勘验、检查笔录的审查也不能孤立进行，而需与案件的其他证据结合起来对比分析，看其与现场提取的实物证据是否相符，与证人证言、被害人陈述、被告人的供述和辩解是否矛盾。如果勘验、检查笔录与现场提取的实物证据相符、与案件其他证据相互印证，则其证明力较强；而如果存在不相符或相矛盾的问题，则其证明力存疑，需要采用矛盾分析法加以解决。

（2）存在瑕疵或某些特殊情形的勘验、检查笔录的证明力需要得到补强。

勘验、检查笔录具有较强的客观性。而且，由于勘验、检查活动的规范性所致，勘验、检查笔录的全面性和准确性也有较大保障。但是，尽管如此，由于笔录制作人制作笔录时会受到各种主客观条件的限制或影响，勘验、检查笔录错记、漏记以及有失客观、全面、准确的问题仍然在所难免。实践也表明，判定勘验、检查笔录的证明力时，往往会遇到如何对待瑕疵的问题。此外，在有些特殊情形下，勘验、检查笔录的证明力也存在某些不足。因此，有必要确定瑕疵笔录或特殊情形笔录证明力的补强规则。

本项规则的内容，主要包括以下几方面：

①存在重大遗漏或者控辩双方在可信性上存在严重分歧的勘验、检查笔录，经补充勘验、检查制作的笔录补强的，具有证明力。

勘验、检查笔录存在重大遗漏或者控辩双方对勘验、检查笔录的可信性存在严重分歧的，法庭应当作出重新勘验、检查的决定。重新勘验、检查制作的笔录如果在主要内容或关键部分与原勘验、检查笔录截然相反的，则原勘验、检查笔录的证明力丧失，除非有证据证明其客观、全面、准确。重新勘验、检查制作的笔录如果只是对原勘验、检查笔录遗漏的部分进行补充，则原勘验、检查笔录和重新勘验、检查制作的笔录均具有证明力。

②勘验、检查笔录的瑕疵得到制作人合理的补充、说明或解释的，该勘验、检查笔录具有证明力。

这里所说的瑕疵，是指勘验、检查笔录存在的不规范、不详细、不确切的缺陷。这些缺陷如果不能得到弥补，即可能减弱勘验、检查笔录的证明力。根据相关法律和司法解释的规定，勘验、检查笔录存有瑕疵或控辩双方对勘验、检查笔录的某一细节、某一局部存有疑问的，笔录制作人应当制作附件予以补充或说明；必要时，笔录制作人还应到庭对相关情形作出解释。由于勘验、检查笔录的瑕疵只是减弱其证明力，因而一旦瑕疵得到合理的补充、说明或解释，即可视为得到必要的补救，勘验、检查笔录的证明力也就没有减弱。

③勘验、检查笔录各组成部分所反映的案件情况不相吻合或不相照应的，如果能够得到笔录制作人或有关侦查人员的合理解释，则该勘验、检查笔录具有证明力。

这里所说的不相吻合或不相照应，是指勘验、检查笔录中的文字部分、绘图部分、拍照部分、录像部分等彼此不相吻合或照应。勘验、检查笔录各组成部分所反映的案件情况不相吻合或照应，说明必然其中有一个或多个部分存在问题，该笔录的证明力存疑。在此情形下，法庭应当要求笔录制作人或有关侦查人员制作附件作出合理的解释，并出庭对相关情况予以解释、说明。笔录制作人或有关侦查人员的解释、说明具有合理性的，该勘验、检查笔录具有证明力。

④勘验、检查笔录记载的情况与现场收集的实物证据不相吻合的，如果该笔录能够得到制作人或有关侦查人员针对不相吻合问题制作的说明附件的支持，则其具有证明力。

现场勘查笔录记载的物品、痕迹、场所环境情况等与现场收集的实物证据不相吻合，说明该笔录可能存在错误，其证明力可能丧失。在此情形下，法庭应当要求制作人或有关侦查人员制作附件予以说明、解释，并出庭对相关情况予以说明、解释。该附件能够支持现场勘查笔录的，则该笔录具有证明力；该附件不能支持现场勘查笔录的，则该笔录不具有证明力。

⑤行政执法部门制作并移送侦查机关的勘验、检查笔录，经侦查机关核查并出具说明材料予以认可的，具有证明力。

实践中，海关、边检、税务、工商、监察等行政执法部门在行政执法过程中，有时也要对有关场所进行勘验、检查并制作笔录。行政执法部门认为自己办理的案件依法已经构成刑事犯罪而需向司法机关移送时，移送的材料即包括自己勘验、检查时制作的笔录。这种笔录虽不是刑事诉讼法规定的勘验、检查笔录，但二者对违法事实的证明作用却是基本相同的。因此，只要接受案件移送的侦查机关对移送笔录进行核查并出具说明材料予以认可，该移送笔录即可转换为具有证据能力和证明力的刑事勘验、检查笔录。

⑥采用不当方法或轻微违法行为进行勘验、检查所制作的笔录，如果经审查认为该不当方法或违法行为不是出于故意，或是迫于情况紧急，或是为国家安全和重大社会利益，而且该方法或行为也未严重侵犯当事人的人身权利，则该笔录具有证据能力和证明力。

（3）勘验、检查笔录的证明力一般大于其他书证、视听资料和证人证言。

勘验、检查笔录是对国家专门机关工作人员依照法定程序对客观存在的事实——勘验，对检查对象进行勘验、检查的过程及结果的客观记载，属于一种实况记录，因而具有较强的客观性。相对于书证、视听资料和证人证言，其更为真实、可信。正是基于此，最高人民法院《关于民事诉讼证据的若干规定》第77条规定，在数个证据对同一事实的证明力大小比较上，勘验笔录的证明力一般大于其他书证、视听资料和证人证言。由于刑事诉讼中的证据证明力判定活动与民事诉讼中的证据证明力判定活动并无本质区别，对刑事勘验、检查笔录证明力的判定，亦应采用上述规定所确认的规则。

适用本项规则需要注意的是，勘验、检查笔录的客观性是相对的而非绝对的，在遇有勘验、检查对象被更换、损坏或伪造，以及勘验、检查方法不当或办案人员业务素质较低、工作责任心不强等情形时，勘验、检查笔录也可能存在虚假性。因此，对勘验、检查笔录的证明力也要进行审查判定，而不能盲目轻信。只有经过审查，判明勘验、检查笔录的内容真实可靠并且反映勘验、检查对象的客观情况，才能在证明力大小的比较上适用“勘验、检查笔录一般大于其他书证、视听资料和证人证言”的规则。

### 七、视听资料证明力的判定

视听资料作为随着现代科学技术的发展而产生的一种新型的诉讼证据，除具有与其他种类证据一样的证明作用外，还对某些人类器官无法直接感知的事实具有特殊的证明作用。由于出现的时间较晚、适用案例不够丰富以及电子、声光技术发展的日新月异，人们对它的认识还不够全面、深入，加强研究和扩大适用尤为迫切。

#### （一）视听资料的概念

对视听资料的概念及证据种属，国内外均众说纷纭，莫衷一是。

国外很少将视听资料作为一种独立的证据，而是将其划归为书证或物证。例如，在美国，视听资料被视为“文书”的一种。美国联邦证据规则第1001条规定，“文书”和“记录”是由字母、文字、数字或其他相同物所组成，而以手写、打印、印刷、影印、照相、磁脉冲、机械或电子记录或其他编撰资料形式构成;[①] 在英国，源自计算机记录的证据属于书面证据;[②] 在日本，视听资料被看做“准文书”;[③] 在德国，视听资料一般被视为物证,[④] 等等。值得注意的是，随着现代信息技术的发展，不少国家出现将视听资料的部分组成看做电子证据的趋势，如澳大利亚《昆士兰法院与电子记录证据》认为电子证据包括“以计算机软盘文件、计算机硬盘文件、电子邮件文件、网络交易文件、激光唱盘、光盘阅读存储器、录音磁带、磁存储件、数字化视频光盘、激光影碟存储的文字或符号、数字或数学方程式、图像（无论是动态的还是静态的，无论是图形还是画面）或者声音”[⑤] 等。

在我国，刑事诉讼法、民事诉讼法、行政诉讼法都将视听资料规定为一种独立的证据种类，但理论界对该种类证据却有音像资料、音像证据、音像资料证据、计算机证据、视听资料、视听资料证据、证据资料等不同称谓。而在对视听资料概念的界定上，则主要存在“独立证据说”与“非独立证据说”的争议。“非独立证据说”认为，录音、录像以及计算机证据与书证等证据的证明机理相同或相似，甚至其外部形态与其他证据也难以区分，因此不应将其规定为一种独立的证据类型。而“独立证据说”则认为，任何一种传统证据都不可能将录音、录像以及计算机证据囊括进去，加之这些证据在诉讼中的证明作用越来越大，因而有必要将其规定为一种独立的证据类型。“独立证据说”的赞同者对视听资料概念的界定大同小异，代表性的观点认为，视听资料是“可据以听到声音、看到图像的录音、录像，以及电子计算机储存的数据和材料”。而对刑事诉讼法规定的视听资料的概念，最高人民检察院《关于印发检察机关贯彻刑诉法若干问题的意见的通知》第3条第1款作了如下界定：“视听资料是指以图像和声音形式证明案件真实情况的证据。包括与案件事实、犯罪嫌疑人以及犯罪嫌疑人实施反侦查行为有关的录音、录像、照片、胶片、声卡、视盘、电子计算机内存信息资料等”。

笔者认为，应否将视听资料划分为一种独立的证据类型以及应否将“电子信息资料”、“数字信息资料”、“计算机信息资料”单列为证据类型，在理

---

① 参见陈界融译著：《〈美国联邦证据规则（2004）〉译析》，中国人民大学出版社2005年版，第234页。

② 参见何家弘、张卫平主编：《外国证据法选译》（上卷），人民法院出版社2000年版，第83页。

③ 参见樊崇义、温小洁、赵燕编著：《视听资料研究综述与评价》，中国人民公安大学出版社2003年版，第260页。

④ 参见汪建成、黄伟明著：《欧盟成员国刑事诉讼概论》，中国人民大学出版社2000年版，第207页。

⑤ http://www.plrc.qld.gov.au.

论上确有研究的必要。但是，由于三大诉讼法都明确将视听资料规定为一种证据类型，在法律适用上即应有一个统一的概念，以便实务中理解和运用。根据法律规定和“独立证据说”的通论，笔者建议对视听资料的概念作如下界定：视听资料作为一种证据，是指采用各种现代科学技术手段所生成、存储、传递、保全的，用以证明案件事实的录音录像资料、计算机储存的信息资料以及其他科学技术设备储存的电子信息资料。

对视听资料概念的理解，需要注意以下几点：

第一，视听资料具有载体特殊性。视听资料以录音带、录像带、摄像带、激光唱盘或视盘、计算机磁盘、X 射线探测信息存储软盘、数字芯片等可记录模拟信息或数码信息的电脉冲材料、磁性材料、光学材料等为载体，并且需要通过录音、录像、计算机等高科技设备进行播放和演示。它的制作、收集、审查、鉴定和运用，都依赖于高科技技术设备。这一特征，是视听资料与其他种类证据的重要区别之一。其他种类的证据中，物证以物理场所或物体为载体，书证、鉴定结论和勘验、检查笔录以物质材料为载体，被害人陈述、证人证言、犯罪嫌疑人、被告人的供述和辩解以人的记忆为载体，都不以声、光、电、磁以及其他粒子等媒体形式为存在的前提条件。视听资料的物质、科技依赖性，使其具有较强的客观性、准确性和可靠性。

第二，视听资料具有动态直观性。它不仅以所表达的思想内容证明案件事实，而且能够再现与案件有关的形象和声音，直接、动态地反映与案件相关的一定行为和场景。这一特征，也是其他种类的证据所不具有的。其他证据中，在证明机理上与视听资料最相近的是物证和言词证据。但是，物证只能以静态的方式反映案件个别的、片断的情况，而不能动态地、连续地反映案件的整体情况；证人证言、被害人陈述、犯罪嫌疑人、被告人的供述和辩解只能以语言、手势等方式来再现其记忆的有关案件情况的信息，而不能完整、直观地再现案件中行为人的声音、语调、表情、连续动作及有关环境和背景。视听资料则不同，它能够使人通过直接观看、收听，对其“望之有形，闻之有声，查之有据”，形成直观的、完整的关于案件事实的印象，从而准确地作出证明力判定。

第三，视听资料具有证明双重性。诉讼中，视听资料的证明作用体现在以下两个方面：其一，实体性作用，即对案件事实的证明作用。视听资料通过其载体中反映的声音、图像、数据等信息来证明案件事实，在证明作用上能够使人产生如临其境、如见其人、如闻其声的感觉和对案件事实的整体性认识，因而具有较强的证明力。其二，程序性作用，即对程序事实的证明作用。一方面，视听资料可以对办案人员收集、固定、运用证据的行为是否合法起到证明作用。例如，办案人员讯问犯罪嫌疑人、被告人，询问证人、被害人时同步制作的录音录像资料，即可用以证明讯问或询问行为是否合法和弥补讯问或询问笔录的不足。另一方面，视听资料还可以对案件其他证据是否真实可靠起到证明作用。例如，办案人员勘查现场和讯问犯罪嫌疑人、被告人时同步制作的录音录像资料，即可对收集的物证、记录的场景和犯罪嫌疑人、被告人供述的真实性起到验证作用。

（二）视听资料证明力的特点

视听资料是一种新型的、特殊的证据类型，具有客观性、可靠性、准确性、直观性、动态性及科技依赖性、载体特殊性等特点。与之相应，视听资料的证明力主要具有以下特点：

第一，可靠性和准确性。视听资料是采用现代科技手段和设备记载的案件原始材料和与案件有关的信息数据。它的制作、收集、审查、鉴定和运用，都离不开科技手段和设备。就此意义而言，可以说视听资料就是科技手段和设备运用的结果。它所反映的案件事实和所记载的有关信息，不会受到办案人员思想感情的影响和诉讼参与人主观意志的制约，而且一旦形成就会稳固下来，不会发生遗忘、变形等影响证明力的情形。因此，视听资料只要收集符合法定程序、操作符合技术规程、设备仪器科学先进、输入信息没有差错，即具有可靠、准确的证明力。

第二，直接性和生动性。视听资料直接来源于案件事实，是对案件事实的直接反映。它可以将与案件有关的声音、图像，甚至案件发生的实际状况直观地再现在人们面前，使人对未曾经历的案件事实产生直观的感受，从而往往可以被用以直接地证明案件的主要事实，收到“一看就明白，一听就清楚”、无须逻辑推理的特殊效果。同时，由于视听资料对案件事实的反映具有动态连续性和再现逼真性，能够客观地展示案件的完整事实或相对完整的事实以及事件发生、发展的动态过程，其对案件事实的证明作用也较其他种类的证据更为形象、生动，更易令人信服。

第三，特定性和综合性。所谓特定性，是指视听资料通过所保存的人们无法直接感知的无形物质原声、原貌，对案件的某些情况能够起到特殊的证明作用。详言之，视听资料所载的信息中，有些是人们无法通过感官所感知的。这些信息只能借助现代音像科技手段获取，并且只能通过现代播放设备转化为声音、图像后才能发挥证明作用。较之其他种类的证据，视听资料的这种证明作用显然具有无可比拟的特殊性。所谓综合性，包括两个方面的含义：一是指视听资料所储存的信息丰富完整、动态连续，往往可以系统、全面地证明案件事实；二是指视听资料所载的信息可能包括书证、物证和言词证据的内容，能够发挥“以一当十”的证明作用。

（三）视听资料的证明力判定

由于具有客观性、可靠性、准确性、直观性、动态性及科技依赖性、载体特殊性等特点，视听资料的证明力较强并较易令人明白，容易被人们作为“铁证”使用。但是，视听资料也存在容易被伪造、篡改和伪造、篡改后不易被人发现的弱点。因此，对视听资料的证明力也不能盲目轻信，仍应进行审查判定。

视听资料的证明力表现在两个方面：一是可靠性，即视听资料自身的可靠性。它与视听资料的真实性密切相关：真实性较强则可靠性较强，真实性没有或较弱则可靠性丧失或较弱。二是关联性，即视听资料与案件事实之间存在的客观联系。视听资料的证明力与视听资料的可靠性、关联性之间存在正比关系：可靠性和关联性较强，则证明力较大；可靠性和关联性较差，则证明力较小。

根据视听资料证明力的特点和实践经验，判定视听资料的可靠性和关联性，应当遵守以下规则：

1. 可靠性判定规则

本项规则的含义，是指对视听资料可靠性的判定，应当着重于与视听资料制作相关的各种因素。

具体判定上，可从以下几方面入手：

（1）制作视听资料的技术设备和软件是否可靠。制作视听资料的技术设备和软件是否完善、正常，直接影响着视听资料的可靠性。视听资料的技术设备和软件性能可靠、灵敏度高、运转正常的，其可靠性即强；反之，其可靠性即弱。实践中，对视听资料制作技术设备和软件的可靠性，除应按科普常识和生活经验进行一般性的审查外，必要时，还应聘请专家进行技术鉴定。

（2）制作、储存、传递视听资料的方法是否可靠。视听资料制作、储存、传递的方法是否科学、得当，也是影响视听资料可靠性的重要因素。视听资料制作、储存、传递的方法不科学、不得当的，其可靠性即值得怀疑。例如，未经编辑而复制的录音资料，如果复制方法不当，即可能出现失真情形。失真程度严重的，即会影响对资料内容的分辨，甚至可能导致资料证明力的丧失。

（3）视听资料的制作过程是否可靠。实践中，许多视听资料是经过复制的。复制时，可能采用不同的复制方式，也可能使用不同的载体，而且有时要经过一个复杂的制作过程。如果制作过程较为复杂，制作过程中存在违背技术要领或操作规程的情形，也会影响视听资料的可靠性。例如，对录音资料先编辑、再复制、再多次转录，这一制作过程既不符合规程要求，又可能出现遗漏，该录音资料的证明力即可能丧失或减弱。

(4) 视听资料形成的背景情况是否可靠。这里所说的视听资料形成的背景情况，主要是指视听资料形成的时间、地点以及周围的环境。视听资料的制作设备和软件载体是否能够正常的工作，也会受到其周围的环境条件、地形、山脉、空气的干湿程度、声音嘈杂程度等的影响。如果某一视听资料形成的背景情况与现场情况吻合，则其具有较强的证明力；反之，则其证明力有所减弱。

(5) 视听资料内容的记载是否可靠。视听资料内容记载的可靠性建立在真实性之上，即其内容应是原始声音、图像或者数据的真实记载，客观真实地反映案件的实际情况。记载虚假的，则可靠性根本无从谈起。实践中，具体判定时，应当将视听资料的记载与案件发生、发展的过程和结果对照起来，审查该视听资料是否存在删节、剪接、编辑的情形。如有，则其证明力可能丧失或减弱。

(6) 视听资料的来源是否可靠。一般而言，视听资料无论来源于何处，都可能存在虚假的可能性。因此，对视听资料来源的可靠性进行审查，也是视听资料证明力判定的重要内容。对视听资料来源可靠性的审查，主要应着眼于以下几个方面：一是制作主体是侦查人员还是普通公民；二是制作方法是原始录制还是复制；三是在获取上是主动提供还是搜查、扣押所得，是合法取得还是非法取得。上述三方面的前后两种情况中，来源于前者的视听资料的证明力一般大于来源于后者的视听资料的证明力。

2. 关联性判定规则

本项规则的含义，是指对视听资料关联性的判定，应当着重于关联的性质和关联的程度。

视听资料所记载的信息一般较为丰富，往往混杂各种声音、图像。判定其中的哪些声音、图像与案件事实存在关联或哪些声音、图像与案件事实没有关联，有时存在较大的困惑。具体判定上，一是要注意审查视听资料所记载的声音、图像与案件事实是否存在实质的关联，不要被视听资料所反映的表面现象所迷惑；二是要注意审查视听资料所记载的声音、图像与案件事实的关联程度的大小，防止以关联性很小的视听资料担负较重的证明任务。

实践中，对视听资料关联性的判定，应当采用比较印证的方法。首先，应将视听资料所记载的声音、图像与案件事实对照起来进行分析、鉴别，确定哪些声音、图像与案件事实存在实质的关联，哪些声音、图像与案件事实没有关联、关联较小或仅存在表面的关联。其次，应将视听资料与案件中的其他证据对照验证，确定视听资料是否与其他证据相冲突、是否能够得到其他证据的印证、是否能够与其他证据一起形成证明案件事实的证据锁链。采用比较印证的方法，有助于判定者对有无关联以及关联程度形成内心确信。一般而言，具有关联性的视听资料与其他证据必然能够协调一致，必然能够与案件事实吻合或基本吻合，即使个别地方存在矛盾也能得到合理排除或合理解释；而不具有关联性的视听资料，必然与案件事实及其他证据不相协调。

3．存在疑点的视听资料不能单独作为定案的依据

任何证据都不能自证其真实性。视听资料亦不例外，其真实性亦需其他证据的印证才能得以确定。视听资料存在疑点时，如果脱离案件的具体背景和其他证据，该疑点所导致的对视听资料内容的解读即会多种多样，该视听资料与案件事实的关联即存在不确定性，其证明作用即会因证明方向不明而丧失。因此，存在疑点的视听资料不能单独作为定案的依据。它只有在得到其他证据的印证，疑点得到合理排除或合理解释的前提下，才能作为定案的依据。

4．公开获取或发布的视听资料的证明力，一般大于秘密获取或发布的视听资料的证明力

视听资料获取和发布的方式存在公开与秘密之分。一般而言，公开获取或发布的视听资料被伪造或篡改以及掺入不正当元素的可能性相对较小，且一旦存在虚假或瑕疵也容易被发现；而秘密获取或发布的视听资料被伪造或篡改以及掺入不正当元素的可能性则相对较大，且不易被发现。因此，当公开获取或发布的视听资料与秘密获取或发布的视听资料相冲突时，一般应当采用公开获取或发布的视听资料。

5．视听资料复制件的证明力同于或小于原件

适用本项规则的前提包括以下两个方面：一是复制件的真实性、关联性不存疑点或当事人未提出疑问；二是采用复制件不会导致出现不公正的情形。如果复制件不符合适用前提要求，即不应适用本项规则。此外，由于模拟视听资料和数字视听资料在复制时失真的情况有所不同，以及二者各自与原件的关系有所区别，一般情况下，模拟视听资料的证明力同于或小于原件，而数字视听资料的证明力则同于原件。

6．若干视听资料对同一事实均具有证明作用

一般情况下，证明力的大小排序如下：

（1）经公证的视听资料的证明力最大，经鉴证的视听资料的证明力次之，普通制作的视听资料的证明力再次之。

（2）正常业务活动中制作的视听资料的证明力最大，无意中拍摄、录制

的视听资料的证明力次之，为诉讼目的而制作的视听资料的证明力再次之。

（3）国家机关、事业单位、社会团体等组织制作的视听资料的证明力，大于私人制作的视听资料的证明力。①

7. 法院制作的庭审视听资料具有与审判笔录相同的证明力

本项规则，涉及笔录特性规则的适用。

根据笔录特性规则，对庭审活动是否合法的证明，一般以审判笔录为证；该笔录具有绝对的证明力，除非它被证据证明系伪造。这一规则的正确性和必要性无可非议，但在具体适用上，有时却存在如下问题：由于记录人员的精力较难保持始终一贯，记录速度无论多快也难与庭审进程、变化以及诉讼参与人的陈述完全同步等原因，审判笔录也存在错记、漏记的可能。为此，实践中，对大案要案的审判，不少法院即采取全程录音、录像的方法以弥补笔录的缺陷。这样，即产生了庭审视听资料证明力与审判笔录证明力大小的比较问题。

应当说，在证明作用上，庭审视听资料与审判笔录并无不同。但是，较之审判笔录，庭审视听资料记载的内容更全面、更客观、更完整。因此，庭审视听资料的证明力应当大于或等于审判笔录。这里，需要指出的是，由于庭审笔录需交诉讼参与人核对，而庭审视听资料却往往没有反映核对的情况，在此情形下，对核对修改部分所记载事实的证明即应以审判笔录为据。

① 参见何家弘主编：《刑事审判认证指南》，法律出版社2002年版，第377页。

# 第七章 刑事证据证明力判定疑难问题探讨

实践中，刑事证据证明力判定的情况非常复杂，存在许多长期困扰司法的疑难问题。认真研究解决这些难题，对于确保刑事案件质量和提高刑事司法能力，具有十分重要的意义。

## 第一节 刑事“自认”的证明力判定

“自认”是国外证据法上的一项重要证明规则，广泛运用于民事诉讼、行政诉讼和刑事诉讼的证据判定中。由于民事诉讼、行政诉讼和刑事诉讼的基础理念存在区别，“自认”在三大诉讼中的含义有所不同。例如，在大陆法系国家的民事诉讼中，一方当事人就对方当事人针对对其不利的事实主张予以承认，称之为“自认”；刑事诉讼中，被告人对其犯罪事实明确予以承认，则称之为“自白”。此外，由于刑事诉讼制度的差异，各国刑事证据制度中的“自认”含义也有所不同。例如，美国等国家，将被告人对主要犯罪事实或者全部犯罪事实的承认称为自白，而将被告人对部分犯罪事实的承认称为自认；[①] 英国等国家，则将被告人对与犯罪有关的问题所作的相同的承认称为自白，[②] 等等。

我国三大诉讼法以及相关司法解释都没有“自认”或“自白”的概念，但有若干相关规定。例如，最高人民法院《关于民事诉讼证据的若干规定》规定，一方当事人对另一方当事人陈述的案件事实明确表示承认的，另一方当事人无须举证；最高人民法院《关于行政诉讼证据若干问题的规定》规

① 参见［美］乔恩·R. 华尔兹著：《刑事证据大全》，何家弘等译，中国人民公安大学出版社 2004 年版，第 329 页。［美］埃德曼·M. 摩根著：《证据法之基本问题》，李学灯译，世界书局 1982 年版，第 280 页。

② 参见牟军：《自白解说——对自白概念及构成的比较法分析》，载徐静村主编：《刑事诉讼前沿研究》（第 1 卷），中国检察出版社 2003 年版，第 80 页。

定，原告自认的，法院仍要调查其自认的事实是否真实；刑事诉讼法规定，犯罪嫌疑人、被告人的供述和辩解包括其承认有罪的内容，等等。

一般而言，刑事“自认”是指犯罪嫌疑人、被告人对控方指控其实施的犯罪行为自愿、明确地予以承认，且其承认的内容与犯罪事实相符。它包括两种情形：其一，审判中的自认，即被告人自愿、明确地向审判人员承认其被指控的犯罪事实；其二，审判外的自认，即犯罪嫌疑人、被告人在审判之外自愿、明确地向他人承认其实施了犯罪行为，包括在本案的侦查阶段、起诉阶段向侦查人员、检察人员所作的有罪供述，在他案的诉讼过程中所作的有罪供述，以及犯罪后向他人所作的有罪陈述。

从国外刑事“自认”的立法和判定实践看，刑事“自认”要作为证据使用，必须符合以下条件：第一，必须出于犯罪嫌疑人、被告人的自愿，是其内心的真实意思表示。犯罪嫌疑人、被告人在刑讯逼供、威胁、引诱、欺骗等非法手段的作用下所作的供述，不是自认且没有证据能力。第二，必须通过书面或口头形式明确作出。犯罪嫌疑人、被告人沉默或者拒绝回答的，不属于自认；口头供述的，需在笔录上签字才具有自认的形式。第三，必须由犯罪嫌疑人、被告人亲自作出。犯罪嫌疑人、被告人的代理人或其他人代为陈述的，不属于自认。第四，犯罪嫌疑人、被告人供述的内容，必须是犯罪构成要件事实的全部或一部分。犯罪嫌疑人、被告人供述犯罪构成要件事实以外的其他事实，不属于自认。

对刑事“自认”的法律效力，不少国家的法律规定，只要“自认”是自认者在法庭上自愿、明确作出的，控方的证明责任即可免除，“自认”即无须其他证据补强，法庭即可径行作出有罪判决；而庭外“自认”的，则需其他证据补强。此外，也有不少国家对刑事“自认”的效力予以严格限制。例如，《日本刑事诉讼法》第319条第2款明确规定，无论是法庭上的自白还是法庭外的自白，都需其他证据进行补强。[①] 我国刑事诉讼法也对“自认”的效力予以严格限制，规定对被告人的供述应当进行证据补强。因此，在我国刑事证据制度中，刑事“自认”并不具有必然的法律效力。实践中，对刑事“自认”的证明力，仍应按照犯罪嫌疑人、被告人供述和辩解证明力判定的一般规则进行判定。此外，判定中还应注意以下两个问题：

第一，刑事“自认”的情形不同，其证据属性及证明力判定也有所不同。审判中的刑事自认，属于被告人供述和辩解的一种情形。由于其一般与控方的指控意见相同且面对法官、法庭作出，因而具有较强的证明力。在自

---

① 参见《日本刑事诉讼法》，宋英辉译，中国政法大学出版社2000年版，第73页。

认成立的情形下，对待证事实，当事人主义认为没有证明的必要，而职权主义仍主张另求证据加以证明。[①] 我国刑事诉讼制度追求客观真实，因而不能以被告人已自认而免除控方的证明责任，裁判者仍应将其他证据与被告人的自认结合起来证明案件事实。审判外的刑事自认，可视以下不同情形判定其证明力：其一，犯罪嫌疑人、被告人在本案的侦查阶段、起诉阶段向侦查人员、检察人员所作的有罪供述以及在他案的诉讼过程中所作的有罪供述，均属于犯罪嫌疑人、被告人的供述和辩解，对其证明力需结合其他证据衡量。其二，犯罪嫌疑人、被告人犯罪后向他人所作的有罪陈述，需要他人向法庭转述，而他人又非司法人员，因此，该陈述不属于犯罪嫌疑人、被告人的供述和辩解。他人就犯罪嫌疑人、被告人自认向公安司法机关所作的转述，属于证人证言。由于该证人证言系传来证据，如果犯罪嫌疑人、被告人在诉讼中认罪的，则该证言对犯罪嫌疑人、被告人的供述具有一定的补强作用，如果犯罪嫌疑人、被告人在诉讼中拒绝认罪的，则该证言的证明力较小。

第二，刑事“自认”不得作为有罪判决的唯一证据。对此，各国法律在认同上存在异议。英美法系国家的立法，一般将自认分为庭外自认和当庭自认两种情形。当庭自认的，法官一般情况下可以直接作出有罪判决，不必要求其他证据补强；庭外自认的，则需得到其他证据补强方能定案。大陆法系国家的立法，一般对当庭自认和庭外自认不予区分，无论是当庭自认还是庭外自认，都不能将其作为有罪判决的唯一依据，都需得到其他证据补强方能定案。我国刑事诉讼法第46条规定，只有被告人供述，没有其他证据的，不能认定被告人有罪和处以刑罚。据此，在我国，无论是当庭自认还是庭外自认，都不能作为有罪判决的唯一依据，都需得到其他证据的补强才能定案。但是，这仅是一种实然。自认是否一律应予补强，立法似应重新审视。英美法系国家对当庭自认不予补强而径行据以作出有罪判决的做法，值得我国借鉴。笔者认为，从应然上看，当庭自认以及适用简易程序、普通程序简化审的轻罪案件中的自认，无须得到其他证据的补强即可用以认定案件事实。因为，当庭自认以及适用简易程序、普通程序简化审的轻罪案件中的自认，发生虚假的危险性极小。而且，犯罪嫌疑人、被告人对其在未受到非法施压的情况下作出的任意性自认，也应承担相应的风险责任。

---

① 参见陈朴生著：《刑事证据法》，台湾三民书局1979年版，第304页。

## 第二节 “孤证”的证明力判定

“孤证”，顾名思义，即一个证据。对孤证证明力的判定，一般适用以下规则：第一，根据经验法则和逻辑法则，从孤证的内容、形式以及收集等方面，分析、判断孤证本身是否具有真实可信性；第二，孤证是否具有证明力以及证明力的大小，需要得到其他证据的补强；第三，无论使用何种证据形式的“孤证”，一般都需遵守“孤证不能定案”的原则。

理论研究和实务运作中，不少人将在证明案件某一局部、某一侧面、某一情节上仅有的单一证据视为孤证，并以此作出不能定案的结论。应当说，这种认识和做法是对“孤证不能定案”原则的误解和滥用。“孤证不能定案”，应是指一个刑事案件，如果在证明案件主要事实上仅有一个证据，即不能据此证据认定案件事实；而不是指在证明案件某一局部、某一侧面、某一情节上如果仅有单一的证据，即不能对该局部、侧面、情节予以认定。实际上，许多刑事案件中，在证明案件的某一局部、某一侧面、某一情节上，往往只有单一的证据。这些单一的证据虽然不能单独地、直接地证明案件主要事实，但却能证明案件的某一局部、某一侧面、某一情节，并且能够组合起来形成证据锁链证明案件事实。孤证虽不能定案，但却能定局部、定侧面、定情节，这正是间接证据运用规则的题中之意。刑事诉讼中，要求在每一局部、每一侧面、每一情节上都有多个证据证明，是根本不切实际、完全无法做到的。

实践中，有人认为，被告人的有罪供述如果与其他证据不能形成完整的证据锁链，则被告人的有罪供述系“孤证”，案件的处理也应适用“孤证不能定案”的原则。对此，笔者也不敢苟同。此类案件中，在案证据除有被告人的有罪供述外，还有其他证据。因此，无论从证据数量还是从证据证明合力看，定案的证据都不“孤”。至于被告人的有罪供述不能与其他证据形成完整证据锁链的问题，应当说与“孤证不能定案”原则的适用并无多大关系。根据印证的证明力判定规则，被告人有罪供述之外的其他证据能够形成证明案件事实的证据锁链的，案件可以定案；被告人的有罪供述与其他证据虽不能形成完整的证据锁链，但得到其他证据的适当补强的，也可据以认定案情；其他证据的组合体不能证明案件事实，且其中的关键证据与被告人的有罪供述之间存在根本性矛盾或者冲突性矛盾的，属于“证据不足”的情形，裁判者不能作出有罪的认定。

值得探讨的一个问题是，“孤证不能定案”原则应否适用于所有刑事案件。在我国，虽然法律没有明文规定“孤证不能定案”，但学理和实践一直强调“互相印证”、“综合判断”，对“孤证不能定案”持肯定态度。“这当然有利于保护犯罪嫌疑人和被告人的权利，有利于防止‘错判’，但是在一切情况下都机械地坚持‘孤证不能定罪’的做法，则可能放纵罪犯，可能导致‘错放’。”① 笔者认为，一般情况下，“孤证不能定案”。但是，特殊情况下，“孤证”亦可定案。这里所说的特殊情况，包括以下几种：一是适用简易程序、普通程序简化审的轻罪案件；二是自诉案件；三是被告人“自认”的案件；四是在案多名被告人对其犯罪事实均供认不讳的共同犯罪案件；五是被告人在庭审中供认不讳且可能被判处有期徒刑以下刑罚的案件。笔者上述结论，主要是基于以下考虑：第一，在上述五种情况下，“孤证定案”发生虚假的危险性较小。而且，即便发生虚假危险性，案件存在的错误或损失也容易得到纠正或弥补。第二，上述五种情况的案件中，犯罪嫌疑人、被告人供认不讳的占有较大比重。而如果犯罪嫌疑人、被告人的供述具有“任意性”，则其对“孤证定案”的风险也应承担相应的责任。第三，“自由心证”原则并不否定“孤证定案”。无论案件中有多少证据，裁判者只要审查后形成内心确信即可认定案件事实。第四，在国外不少国家，尤其是英美法系国家的刑事审判中，陪审团或法官对目击证人、被害人陈述、被告人供述等人证中的“孤证”，只要经过质证对其真实性予以认同，即可据以认定案件事实。这种做法，值得我国借鉴。

## 第三节　“一对一”情形的证据证明力判定

所谓“一对一”情形，是指在证明案件某一事实上，控辩双方各自提供的单一证据，在证明作用上相互对立。例如，贿赂案件中，行贿人与受贿人各执一词；强奸案件中，被害人陈述被奸，加害人否认行奸；甲鉴定结论证明被告人具有刑事责任能力，乙鉴定结论证明被告人没有刑事责任能力，等等。它包括两种情形：一是纯粹的“一对一”，即在证明案件某一事实上，除控辩双方提供的相互对立的“一对一”证据外，没有其他证据。二是非纯粹的“一对一”，即在证明案件某一事实上，除控辩双方提供的相互对立的“一对一”证据外，或多或少地还有其他证据，但这些其他证据与“一对一”中的某一证据既不能形成完整的证据锁链，又不具有明显的或者较大的补强作用。

① 龙宗智、何家弘：《诉讼证明模式与证据审查判断》，载《证据学论坛》（第8卷），中国检察出版社2004年版，第175页。

从实践情况看，“一对一”情形主要具有以下特点：其一，大多存在于犯罪人单独实施犯罪行为的案件中。这些案件，由于没有中间人或第三者在场，收集犯罪人供述和被害人陈述之外的其他证据较为困难。尤其是在犯罪手段狡猾或发案时间间隔较长的情况下，往往只能收集到犯罪人供述和被害人陈述。其二，大多集中于贿赂案件、毒品案件、性犯罪、谋杀案件。贿赂犯罪、毒品犯罪、性犯罪、谋杀犯罪都具有很强的隐蔽性，而且体现出送与收、买与卖、奸与被奸、杀与被杀的单一对应性。因此，在这些案件中，往往只能收集到“一对一”的证据。其三，“一对一”证据大多表现为言词形式。贿赂案件的双方往往不留字迹、不打字据、不计账目或者不让第三者介入，毒品案件的犯罪人一般都采用单线联系的方式，性侵害案件的被害人大多没有保留证据或及时报案，不少谋杀案件的现场没有留下痕迹或痕迹已经湮灭。因此，这些案件中，不少案件都收集不到物证，而只能收集到人证，即言词证据。其四，“一对一”证据在证明作用上截然相反。表现为：一方提供的证据证明某一事实成立，另一方提供的证据证明该事实不成立；一方提供的证据证明被告人有罪或罪重，另一方提供的证据证明被告人无罪或罪轻。其五，“一对一”证据大多属于直接证据。无论是被告人供述，还是被害人陈述、证人证言，一经查实，都能单独地、直接地证明案件主要事实。

证据的“一对一”情形属于证据矛盾的一种。因此，对“一对一”情形的证据证明力判定，应当运用矛盾辨析法。从实践经验看，具体判定上，应在对“一对一”证据的真实可靠性进行审查的基础上，采用以下两种方法：第一，纯粹的“一对一”情形下，“一对一”证据中的任一证据都不能得到其他证据的印证或补强，属于“孤证”情形，因而不能定案。第二，非纯粹的“一对一”情形下，案件其他证据对“一对一”中的某一证据具有不太明显的、较小的补强作用。因此，根据证明标准的要求，对重大刑事案件不能作出认定，但可对轻微刑事案件作出认定。

实践中，对“一对一”证据的真实可靠性进行审查，应当采用对比分析的方法。判定者应当对“一对一”的两个截然相反的证据、“一对一”之中的每一证据与其他证据、“一对一”之中的任一证据与对方证据和其他证据的结合体进行逐一对比分析，看“一对一”证据中的哪一个证据的内容更符合逻辑和情理、哪一个证据与其他证据、案件基本事实更相吻合，并在此基础上作出证明力大小的判定。对比分析时，要正确运用相互印证法和矛盾辨析法的基本原理。尤其要注意以下两个方面的问题：其一，相互印证并不要求印证双方彼此在每一细节上都完全一致或吻合，只要大部分或主要方面一致或吻合，即可认为二者相互印证；但是，涉及定案的关键点不一致或不吻合的，不能认为二者相互印证。其二，对比分析中发现的证据矛盾如系非根本性的、冲突性的矛盾，一般不会对案件认定产生影响，只要矛盾形成的原因能够得到合理解释，即可对相关事项作出认定。

## 第四节 瑕疵证据的证明力判定

在我国刑事诉讼中，瑕疵证据是一种习惯用语。这一用语虽然并非法律专业术语，但涉及证据能力和证明力的判定问题；而且，实践中人们对瑕疵证据的理解和使用也存在较大差异。因此，探讨瑕疵证据的证明力判定问题，具有重大的理论意义和实践意义。

目前，对瑕疵证据含义的理解，主要存在以下几种不同观点：第一，瑕疵证据是非法证据的一种；第二，瑕疵证据是证据形式存在一定缺陷的证据；第三，瑕疵证据是在收集、使用证据上含有违法特征和残缺因素的证据；第四，瑕疵证据是内容或形式上存在一定缺陷的证据；第五，瑕疵证据是在证据的收集、固定、使用上存在轻微违法情况和所证明内容不完全的证据。而在瑕疵证据的效力上，上述观点又分为以下两种不同意见：其一，瑕疵证据没有证据能力，因而也没有证明力。持此意见者中，有人认为，对瑕疵证据应一律予以排除；有人认为，可以将瑕疵证据作为发现和收集证据的线索；有人认为，对瑕疵实物证据不予排除，而对瑕疵言词证据应予排除，等等。其二，瑕疵证据只要经查属实，即具有证据能力和证明力。

笔者认为，瑕疵证据是在证据能力和证明力上存在一定缺陷的证据。它包括以下两种情况：其一，司法人员在收集、固定证据上存在轻微违犯程序法的行为。所谓轻微违犯程序法的行为，是指司法人员收集、固定证据的行为虽违反法规、司法解释、规范性文件的规定，但该行为对程序正当性实现的影响并不大，如办案手续的履行不完备、传唤时间超过法律规定、采取强制性措施超过限度等。其二，证据的形式不完整或证据所证明的内容不完全。例如，物证受到一定程度的破坏，书证有破损、剪接或涂改，证据的形式不合法、证据与待证事实的关联性不直接、不清晰等。

从第一种情况看，瑕疵证据并未严重违反程序法关于收集、固定证据的规定，也未严重侵犯犯罪嫌疑人、被告人的合法权利，因而不属于非法证据排除规则所要求排除的证据。只要其具有关联性、真实性并在瑕疵上得到合法弥补、合理说明，即具有证据能力。而从第二种情况看，瑕疵证据虽在内容和形式上存在一定的缺陷，但仍与案件事实存在一定的关联，只要其合法性、真实性得到保证，也即具有证据能力。因此，对瑕疵证据的证据能力应予肯定。那种将瑕疵证据作为非法证据予以排除的做法，直接的后果即是有效证明难以达到，惩罚犯罪的目的难以实现，因而应当予以摒弃。至于瑕疵证据的证明力应否全部或一部分消失或减少以及减少到何种程度，则应由判定者通过自由心证予以判定。

实际上，世界上不少国家都认同瑕疵证据具有证据能力和证明力。例如，在美国，对侦查人员出于善意即不明知搜查和扣押是违宪而获得的证据，不予排除；[①] 在德国，侦查人员忘记告知被告人的配偶其具有免证权时，法庭可以告知这一内容，之后再从被告人的配偶处获得可以采纳的陈述；[②] 在日本，采用对犯罪嫌疑人人身自由使用有形力的“重大违法”行为收集的证据应予排除，而采用其他侦查程序上的“一般违法”行为所收集的证据是否排除，则由法官自由裁量；[③] 在法国，如果违法收集证据的行为不属法律明文规定的“以无效论处”和“否则无效”的情形，并且也未损害当事人的利益、司法权威和公共利益，则实施该行为所收集的证据仍有效力，[④] 等等。因此，完全否定瑕疵证据的证据效力，既脱离诉讼实际，又不符合国际通例。

然而，瑕疵证据毕竟是存在缺陷的证据，其被采用一般需以得到合法弥补、合理说明为前提，也即需要进行证据转化和证据解释。瑕疵证据转化的方式，主要包括以下几种：其一，重新制作，即对瑕疵言词证据，另派侦查人员进行讯问或询问，重新制作讯问或询问笔录。其二，予以补正，即对瑕疵实物证据在收集上存在的手续不全、移送物品与物品清单不符、勘验、检查笔录错记、漏记等缺陷进行弥补、完善。其三，征得同意，即对收集证据过程中存在的忘记告知诉讼权利义务、未出示履职所需的证明文件、法律文书等遗漏予以改正，并征得有关诉讼参与人的认可。其四，推定同意，即在当事人经过庭审仍未对瑕疵证据提出异议或当事人以其行为对瑕疵证据的效力予以认同的情况下，推定瑕疵证据因未损害当事人的权益而具有证据效力。

实践中，对瑕疵证据的证明力，除应按照证明力判定的一般规则进行判定外，还需注意从以下两个方面进行判定：

第一，证据存在的缺陷是“瑕疵”还是非法证据排除规则所说的“非

---

① 参见任华哲、郭寅颖：《论刑事诉讼中的瑕疵证据》，载《法学评论》2009 年第 4 期，第 151 页。

② 参见［德］托马斯·魏根特著：《德国刑事诉讼程序》，岳礼玲、温小洁译，中国政法大学出版社 2004 年版，第 200 页。

③ 参见［日］田口守一著：《刑事诉讼法》，刘迪等译，法律出版社 2000 年版，第 245 页；黄朝义著：《刑事证据法研究》，台湾元照出版有限公司 1999 年版，第 450 页。

④ 参见陈瑞华：《大陆法中的诉讼行为无效制度——三个法律文本的考察》，载《政法论坛》2003 年第 5 期。

法”。在一般意义上，瑕疵证据的第一种情况也属于“非法”。但是，这种“非法”并不是非法证据排除规则所说的“非法”。从世界各国的法律规定、诉讼制度及司法实践看，非法证据排除规则所说的“非法”，是指司法人员收集证据时的某种行为严重违反刑事诉讼法的规定，并且该行为严重影响程序正当性的实现，严重侵犯犯罪嫌疑人、被告人的宪法权利。① 某一证据存在的缺陷如系非法证据规则所说的“非法”，则该证据的证明力因其不具有证据能力而无从谈起；而该证据存在的缺陷如系“瑕疵”，则其具有证据能力和证明力。

第二，瑕疵证据作为定案的根据是否得到其他证据的补强。瑕疵证据的缺陷即便得到合法弥补、合理说明，其证明力也会程度不等地受到削弱。将其单独作为定案的根据，无疑存在一定风险，而且缺乏公信力。因此，瑕疵证据必须得到其他证据的补强，才能作为定案的根据。实践中，基本做法亦如是，且得到司法解释的肯定。例如，最高人民法院《关于民事诉讼证据的若干规定》第69条规定，未成年人所作的与其年龄和智力状况不相当的证言，与一方当事人或者其代理人有利害关系的证人出具的证言，存有疑点的视听资料，无法与原件、原物核对的复印件、复制品，无正当理由未出庭作证的证人证言，都不得单独作为认定案件事实的依据。

## 第五节　手机短信证据的证明力判定

手机短信，即移动电话短消息，是一种以电子形式发送和接收，表达手机机主意思的电子文本信息。它的传输工作原理，在于把发送者的意思转化为数字信号，通过网络传送、呈现在接收者的手机内。目前，手机短信的形式包括以下三种：一是文本短信；二是增强性短信；三是多媒体短信（俗称彩信）。此外，基于手机短信的传输、复制而生成的电子信息资料，也属于手机短信。

近年来，随着在人们日常生活中被越来越广泛地使用，手机短信被作为证据而使用在刑事案件中的情况时有发生。其中，又尤以发生在性骚扰、侮辱、诈骗、绑架等案件为常见形式。由于缺乏相关证据法律规定和司法实践经验，人们在手机短信证据证明力的判定上做法不尽一致，存在不少问题，需要认真研究，统一认识和做法。

研究手机短信证据的证明力判定问题，难免涉及以下两个问题：

---

① 参见金钟：《有效证明与维护程序正当性的矛盾及其解决》，载《南京大学学报》2004年第2期，第106页。

其一，手机短信能否作为证据使用。

实践中，有人认为，手机短信在发送、存储、接收的过程中容易被删改，因而缺乏可靠性，不易作为刑事证据使用。应当说，该论者对手机短信可靠性的担忧是有一定道理的。手机短信作为一种通过电信营运商的信号网络传输手机机主意思的数字化通信方式，的确存在被删改的可能。主要有两种情形：一是手机用户识别卡（SIM）经过特殊译码程序（如 MAGICSIM 手机用户识别卡 ki 密钥程序）破解后，可以被复制。复制卡与原卡一样可以收发短信，接收者可能误将复制卡主发送的短信视为原卡主发送的短信。二是手机短信可以被人通过特殊译码程序进行修改。因此，手机短信作为证据使用，具有先天的技术漏洞，存在较大的风险。此外，手机被盗用发送的短信以及本机机主错发的短信，也会导致证据风险。对此，应当予以高度重视。但是，一些犯罪分子利用手机短信进行犯罪，公民之间通过手机短信进行借贷、交流和传递信息，某些手机短信能够证明作案时间、动机等，乃是不争的事实。放弃使用手机短信证据，势必导致对一些犯罪行为本能追究责任而不能追究的后果。而且，存在被删改可能的证据并非手机短信证据一种，其他证据，尤其是储存于计算机以及其他科学技术设备内的电子证据，同样也存在被删改的可能。仅因存在被删改可能、可靠性缺乏就放弃使用这些证据，“因噎废食”的后果将不堪设想！综上所述，手机短信如果具有证据能力和证明力，即应作为证据使用。只是在使用上，更应特别注意审查其真实可靠性而已。

从手机短信的发送、存储、接收诸环节以及手机短信与现实生活的联系上考察，手机短信是完全可能具有证据能力和证明力的。首先，虽然手机短信的传播是通过电、磁等看不见、摸不着的特殊介质，但其一经发出即会在接收者的手机上显示并在营运商的服务器上留下记录。因此，手机短信也是一种客观存在，符合证据的客观性要求。其次，手机短信具有对应性特点，即在发和收上相对应。而且，这种对应可以得到营运商服务器上所留记录的证明。只要提供手机短信证据者能够证明对应者为何人以及客观地展示或叙述短信的内容，则该手机短信与案件事实的关联性一般也就明确了。最后，手机短信作为证据，其收集的合法性要求及证明机制，与其他种类的证据并无本质区别。只要依照法定程序收集，即具有合法性并可被用以证明案件事实。实践中，有人认为，手机短信载体的特殊性致使其证据形式不具有合法性。这种认识，有失机械和偏颇。手机短信在证据属性上无论归入视听资料还是书证，对其证据形式的合法性要求都不能脱离其载体的特殊性，也即不能因其载体特殊而否认其证据形式具有合法性。正如我国 2005 年 4 月 1 日施行的《电子签名法》第7条规定指出的那样，“数据电文不得仅因为其是以电子、光学、磁或者类似手段生成、发送、接收或者储存的而被拒绝作为证据使用。”

其二，手机短信的证据属性为何。

对手机短信的证据属性的认识，学术界和实务界主要存在以下三种不同观点：（1）书证。持此观点者认为，手机短信“……和普通书信的最大区别在于长短的不同、传播途径和传播速度的不同，但这些并没有使它的本质发生变化。在本质上它依然是通过书面的方式来传递信息，表达人们的意思，而这恰恰符合书证的实质。因此，手机短信应当属于书证”。[①]（2）视听资料。持此观点者认为，手机短信和视听资料都需借助一定的设备来反映，都是运用一定的科技手段制作、传播、识别和感知，二者应属同一证据形式范畴。[②]（3）独立于七种法定证据之外的一种新型证据，属于电子证据的范畴。持此观点者认为，从手机短信这类电子信息证据的内在主要特征和外在表现形式看，将其很难归入法定七种证据中的任何一种。在立法中将其单独列为一种诉讼证据，有利于我国立法与司法实践保持协调性、一致性。[③]

笔者认为，手机短信和书证都以其记载的内容和含义来证明案件事实。仅就此而言，二者极为类似。也正因为此，国外不少国家（如英美法系国家）也将手机短信这类电子信息证据规定在书证之中。但是，手机短信作为一种电子信息证据，它所具有的存储需借助于电子介质、传播可以无限地快速、感知需借助电子设备等特征，是书证所不具有的。书证记载的内容是人的意思表示，而手机短信记载的内容既有人的意思表示，也有设备自动记录的结果；书证通过文字、符号、图像等直接记载内容，而手机短信内容的显示则需借助电子介质。因此，手机短信在其记载信息的方式和范围上与书证有所不同，有必要将二者加以区别。至于手机短信是否应当归入电子证据范畴、电子证据应否成为独立于法定七种证据之外的新型种类的证据形式的问题，在理论上尚需进一步研究。但是，从理论研究和实物运作的实际情况看，将手机短信归入视听资料范畴，既符合现行证据法律规定和证据理论通说，也有利于在实践中掌握。

---

① 吴爱红：《论手机短信的证明效力》，载《山西警官高等专科学校学报》2007年第1期，第37页。

② 参见刘康：《手机短信作为证据的相关问题研究》，载《菏泽学院学报》2008年第6期，第114页。

③ 参见刘康：《手机短信作为证据的相关问题研究》，载《菏泽学院学报》2008年第6期，第115页。

判定手机短信证据的证明力，除应遵守证据证明力判定的一般规则外，还应遵守以下规则：

第一，根据案件的具体情况，有针对性地采用确认、鉴定、推定的方式判定手机短信证据的证明力。

1. 确认

这种判定方式，主要适用于对手机短信证据形式要件可靠性的判定。手机短信证据形成、传输、存储、收集、保全等各个环节的任一环节缺乏可靠性，其真实可靠性都会受到影响，其证明力都会丧失或减弱。因此，判定手机短信证据的证明力，必须对手机短信形成、传输、存储、收集、保全等各个环节的可靠性进行审查判定。

一般而言，对以下两种情形，都可采用确认方式：其一，国家制定有判定的相关技术标准。如果某一手机短信证据的形成、传输、存储、收集、保全都符合国家制定的相关技术标准，即可确认该手机短信证据形成的技术、设备等形式要件具有可靠性。其二，对手机短信证据形成的技术、设备等形式要件没有疑问。“没有疑问”包括两种情况：一是控辩双方对手机短信证据形成的技术、设备等形式要件的可靠性没有提出质疑；二是证明力判定者没有发现手机短信证据形成的技术、设备等形式要件的可靠性存在疑问。

2. 鉴定

手机短信存在易删改且删改后不留痕迹的特点。目前，在市场销售的各型手机中，不少具有重新编辑短信、删改短信且不留痕迹的功能，持有这类手机的短信发送者和接收者，都可以对自己曾经发出或接收的短信进行编辑、删除、修改。这一特点，致使手机短信在采信上存在较大的风险。经过编辑、删除、修改，手机短信证据的真实可靠性势必受到影响，其证明力势必因此丧失或减弱。而对手机短信是否存在编辑、删除、修改的情形，判定者往往无法或难以进行审查判定。因此，一旦存在编辑、删除、修改的疑点，一般即应采用鉴定方式。由于电信营运商的网络服务器具有记录短信内容的能力，而且“最新的计算机研究结果表明，电子记录任何被删除、复制、修改的痕迹都能够通过技术分析认定”，① 鉴定即成为判定手机短信证据是否存在删除、编辑、修改情形的最佳方式。

实践中，对手机短信证据是否存在删除、编辑、修改情形的判定，可以委托电信营运商或司法鉴定机构进行鉴定。电信营运商或司法鉴定机构

---

① 何家弘主编：《电子证据法研究》，法律出版社 2002 年版，第 16 页。

应当采用数据修复技术，从手机短信形成、传输、存储、收集、保全等各个环节入手进行审查，在此基础上最终作出短信是否真实完整、有无删改或有无重新编辑的鉴定结论。判定者结合在案其他证据，决定是否采信该鉴定结论，并进而对经鉴定的手机短信证据是否具有证明力以及证明力的大小作出判定。

3. 推定

在手机短信证据证明力的判定上采用推定方式，是目前实践中的常见做法。究其原因，一是由于我国关于判定电子证据证明力的技术标准的规定较少，判定者因援引的依据缺乏而直接确认的案件较少；二是不少案件，判定者结合在案其他证据，通过推定即可对手机短信证据的真实可靠性作出判定。实践中，采用推定方式判定手机短信证据的证明力，一般可从以下两个方面入手：一是手机短信的准确性，即应审查手机短信是否能够准确表明发送者、接收者即为当事人，以及短信的内容与案件事实是否具有实质的关联。二是手机短信的连贯性，即应审查手机短信是否系反映某一事实的一系列短信的组成部分，以及前后是否存在矛盾。如果手机短信的准确性和连贯性都能得到确定，判定者即可推定其具有证明力。

采用推定方式判定手机短信证据的证明力，在具体运作上主要有以下四种模式：其一，通过对某一手机短信证据的形成、存储、传输、收集、保全等各个环节均具有可靠性的判定，推定该手机短信证据具有证明力。其二，通过对某一手机短信证据系由对其不利的一方当事人保存或提供的判定，推定该手机短信证据具有证明力。其三，通过对某一手机短信证据系正常业务活动中形成并保存的判定，推定该手机短信证据具有证明力。其四，对方当事人对手机短信证据的真实性予以认可的，推定该手机短信证据具有证明力。

第二，手机短信证据需要得到补强，方能作为定案的依据。

手机短信具有易删改的特点，加之存在错发以及因手机被盗用而伪造短信的可能，较之其他种类的证据，其证明力存在较大的缺陷。因此，一方面，对其证明力，需结合在案其他证据予以判定；另一方面，将其作为定案的依据，还需得到其他证据的补强。只有如此，才能避免和防止产生证据风险，同时也能有效地发挥其证明作用。

第三，满足法定形式要求的手机短信证据，具有与原始手机短信证据相同的证明力。

从手机短信的传输工作原理看，将手机短信证据为原始手机短信证据和传来手机短信证据的必要性不大，二者的证明力并无大小之分。换言之，只要符合法定形式要求，手机短信即应视为原始手机短信证据，即具有与原始手机短信证据相同的证明力。对此，不少国家予以认可。我国《电子签名法》亦予认可。该法第5条规定，“符合下列条件的数据电文，视为满足法律、法规规定的原件形式要求：（一）能够有效地表现所载内容并可供随时调取查用；（二）能够可靠地保证自最终形成时起，内容保持完整、未被更改。但是，在数据电文上增加背书以及数据交换、储存和显示过程中发生的形式变化不影响数据电文的完整性。”

# 参考文献

## 一、著作类：

1. 樊崇义著：《迈向理性刑事诉讼法学》，中国人民公安大学出版社2006年版。

2. 龙宗智著：《相对合理主义》，中国政法大学出版社2000年版。

3. 何家弘主编：《新编证据法学》，法律出版社2000年版。

4. 卞建林主编：《刑事证明理论》，中国人民公安大学出版社2004年版。

5. 汪建成著：《理想与现实》，北京大学出版社2006年版。

6. 陈朴生著：《刑事证据法》，台湾三民书局1979年版。

7. 蔡墩铭著：《审判心理学》，台湾水牛出版社1986年版。

8. 周叔厚著：《证据法论》，台湾三民书局2000年版。

9. 孙远著：《刑事证据能力导论》，人民法院出版社2007年版。

10. 郭志媛著：《刑事证据可采性研究》，中国人民公安大学出版社2004年版。

11. 陈浩然著：《证据学原理》，上海华东理工大学出版社2002年版。

12. 张卫平主编：《民事证据制度研究》，清华大学出版社2004年版。

13. 叶自强著：《民事证据研究》，法律出版社1999年版。

14. 吴弘耀、魏晓娜著：《诉讼证明原理》，法律出版社2002年版。

15. 沈德咏、宋随军主编：《刑事证据制度与理论》，人民法院出版社2006年版。

16. 何家弘、刘品新著：《证据法学》，法律出版社2004年版。

17. 卞建林主编：《证据法学》，中国政法大学出版社2000年版。

18. 刘金友主编：《证据法学》，中国政法大学出版社2001年版。

19. 陈一云主编：《证据法学》（第2版），中国人民大学出版社2000年版。

20. 程春华主编：《民事证据法专论》，厦门大学出版社2002年版。

21. 沈达明编著：《英美证据法》，中信出版社1996年版。

22. 陈瑞华著：《刑事审判原理论》，北京大学出版社1998年版。

23. 樊崇义主编：《诉讼原理》，法律出版社2003年版。

24. 王亚新著:《对抗与判定》，清华大学出版社 2002 年版。

25. 樊崇义等著:《刑事证据法原理与适用》，中国人民公安大学出版社 2003 年版。

26. 何家弘主编:《外国证据法》，法律出版社 2003 年版。

27. 陈界融译著:《〈美国联邦证据规则（2004）〉译析》，中国人民大学出版社 2005 年版。

28. ［日］庭山英雄著:《自由心证主义》，［日］学阳书房 1983 年版。

29. 王洪俊主编:《中国审判理论研究》，重庆出版社 1993 年版。

30. 李学灯著:《证据法比较研究》，台湾五南图书出版公司 1992 年版。

31. 陈朴生著:《刑事诉讼法实务》（增订版），台湾海天印刷厂有限公司 1981 年版。

32. ［日］田口守一著:《刑事诉讼法》，刘迪等译，法律出版社 2000 年版。

33. 樊崇义等著:《刑事诉讼法修改专题研究报告》，中国人民公安大学出版社 2004 年版。

34. 蔡墩铭著:《刑事诉讼法论》（修订版），台湾五南图书出版公司 1993 年版。

35. ［美］乔恩·R. 华尔兹著:《刑事证据大全》，何家弘等译，中国人民公安大学出版社 2004 年版。

36. 徐朝阳著:《中国古代诉讼法》，商务印书馆 1989 年版。

37. ［德］汉斯·普维庭著:《现代证明责任问题》，吴越译，法律出版社 2000 年版。

38. 江伟主编:《中国证据法草案（建议稿）及立法理由书》，中国人民大学出版社 2004 年版。

39. ［英］丹宁著:《法律的界碑》，刘庸安、张弘译，法律出版社 1999 年版。

40. ［德］克劳思·罗科信著:《刑事诉讼法》，吴丽琪译，法律出版社 2003 年版。

41. ［爱尔兰］J. M. 凯利著:《西方法律思想简史》，王笑红译，法律出版社 2002 年版。

42. 王亚新著:《社会变革中的民事诉讼》，中国法制出版社 2001 年版。

43. 张卫平主编:《外国民事证据制度研究》，清华大学出版社 2003 年版。

44. 樊崇义主编:《刑事诉讼法学研究综述与评价》，中国政法大学出版社 1991 年版。

45. 龙宗智著:《刑事庭审制度研究》，中国政法大学出版社 1998 年版。

46. [美] 米尔健 · R. 达玛斯卡著:《漂移的证据法》，李学军等译，中国政法大学出版社 2003 年版。

47. 林钰雄著:《严格证明与刑事证据》，台湾学林文化事业有限公司 2002 年版。

48. 黄东熊著:《刑事诉讼法论》，台湾三民书局 2002 年版。

49. 左卫民著:《价值与结构》，四川大学出版社 1994 年版。

50. 江伟主编:《证据法学》，法律出版社 1999 年版。

51. 宋世杰主编:《证据学新论》，中国检察出版社 2002 年版。

52. 毕玉谦、郑旭、刘善春著:《中国证据法草案建议稿及论证》，法律出版社 2003 年版。

53. 陈界融著:《民事证据法：法典化研究》，中国人民大学出版社 2003 年版。

54. 史立梅著:《程序正义与刑事证据法》，中国人民公安大学出版社 2003 年版。

55. 锁正杰著:《刑事程序的法哲学原理》，中国人民公安大学出版社 2002 年版。

56. 宋英辉、汤维建著:《证据法学研究述评》，中国人民公安大学出版社 2006 年版。

57. 陈少钢、张少林著:《刑事证明方法与技巧》，中国检察出版社 2008 年版。

**二、论文类:**

1. 樊崇义:《客观真实管见——兼论刑事诉讼证明标准》，载《中国法学》2002 年第 1 期。

2. 樊崇义、张小玲:《现代证据裁判原则若干问题探讨》，载《北京市政法管理干部学院学报》2002 年第 2 期。

3. 龙宗智:《印证与自由心证》，载《法学研究》2004 年第 2 期。

4. 何家弘:《论司法证明方法的特点和种类》，载《公安大学学报》2001 年第 3 期。

5. 龙宗智:《试论证据矛盾及矛盾分析法》，载《中国法学》2007 年第 4 期。

6. 龙宗智:《“大证据学”的建构及其学理》，载《法学研究》2006 年第5期。

7. 陈景辉：《原则、自由裁量与依法裁判》，载《法学研究》2006年第5期。

8. 李建明：《刑事证据相互印证的合理性与合理限度》，载《法学研究》2005年第6期。

9. 张保生：《证据规则的价值基础和理论体系》，载《法学研究》2008年第2期。

10. 王锡锌：《自由裁量权基准：技术的创新还是误用》，载《法学研究》2008年第5期。

11. 肖贤富：《日本的刑事证据法》，载王敏远编：《公法》，法律出版社2003年版。

12. 曾华松等：《经验法则在经界诉讼上之运用》，载《法学丛刊》第161期。

13. 叶俊荣：《美国最高法院与正当法律程序：双阶结构与利益衡量理论的演变与检讨》，载焦马铠主编：《美国最高法院重要判例之研究1990－1992》，台湾"中央研究院欧美研究所"1995年版。

14. 王亚新：《刑事诉讼中发现案件真相与抑制主观随意性的问题》，载《比较法研究》1993年第2期。

15. 何家弘、龙宗智：《证据改革的基本思路》，载《证据学论坛》（第1卷），中国检察出版社2000年版。

16. 霍震：《"自由心证"不是我国判断证据的原则》，载西南政法大学图书馆编：《刑事诉讼证据论文选集》（1983年）。

17. 张世铨：《理性的命运》，载《自然辩证法研究》1990年第1期。

18. 叶自强：《从传统自由心证到现代自由心证》，载《诉讼法论丛》（第3卷），法律出版社1999年版。

19. 王亚新：《关于自由心证原则历史与现状的比较法研究》，载《刑事证据制度与理论》（上），人民法院出版社2006年版。

20. 马念珍：《试析中国古代诉讼中的证据制度》，载中国人民大学复印资料《法理学、法史学》2001年第1期。

21. 叶志飞：《刑事诉讼自由心证之研究》，台湾"国立"政治大学2001年硕士论文（未刊）。

22. 曹鸿兰等：《违背经验法则之研究——以事实认定为中心》，载《民事诉讼法之研讨》（四），台湾三民书局1996年版。

23. ［英］乔纳森·科恩：《证明的自由》，何家弘译，载《外国法译评》

1997年第3期。

24. 何家弘：《司法证明方式和证据规则的历史沿革》，载《外国法译评》1999年第4期。

25. ［日］铃木茂嗣：《刑事证据法的若干问题》，载［日］西原春夫主编：《日本刑事法的形成与特色》，法律出版社/成文堂1997年联合出版。

26. 宋英辉、吴宏耀：《外国证据规则的立法及发展》，载《人民检察》2001年第3期。

27. ［澳］斯贝格尔曼：《人权、法治与判决书推理》，载《人民法院报》2000年1月1日。

28. 黄朝义：《论证据与事实认定》，载《台港澳及海外法学》2000年第4期。

29. ［美］巴巴拉·J. 夏皮罗：《对英美"排除合理怀疑"主义之历史透视》，熊秋红译，载王敏远主编：《公法》（第4卷），法律出版社2003年版。

30. 苏绰：《论断狱》，载高潮、马建石主编：《中国历代法学文选》，法律出版社1983年版。

31. 林山田：《论刑事程序原则》，载《台大法学论丛》第28卷第2期。

32. ［美］Clemont，Sherwin：《证明度——比较法之下之观点》，黄国昌译，载《法学丛刊》第188期。

33. 汪建成、孙远：《自由心证新论》，载《证据学论坛》（第1卷），中国检察出版社2000年版。

34. 陈朴生：《刑事证据法序说》，载刁荣华主编：《比较刑事证据法各论》，台湾汉林出版社1984年版。

35. 李祖军：《关于民事诉讼目的的几个问题》，载《诉讼法论丛》，法律出版社2000年版。

36. 吴弘耀：《论证据的自由评价》，载《诉讼法论丛》，法律出版社2003年版。

37. 龙宗智、衡静：《直觉在证据判断中的作用》，载《证据学论坛》（第2卷），中国检察出版社2001年版。

38. 张继成：《从案件事实之"是"到当事人之"应当"——法律推理机制及正当理由的逻辑研究》，载《法学研究》2003年第1期。

39. 谢小剑：《我国刑事诉讼相互印证的证明模式》，载《现代法学》2004年第6期。

# 后　记

子夜时分，在键盘上敲击拙作最后数行字符的声响，宛如山间的清泉流淌、林中的小鸟啁啾……

步出门去，在皎洁的月光下，对影三人，乘风归去……

俄顷，战栗、恍然。

委实，弹冠相庆为哪般?!

感慨良多，思绪翩跹……

曾几何时，心血来潮，毅然重返象牙塔，攻博、撰文、著书，一腔热血倾情抛洒。

昼断公案，夜攻学业。数年劳作，悬梁刺股；其境其情，思之后惧!

其间，双亲辞世、仕途渺茫、频中暗箭……

痛楚、无奈、鄙夷……

化悲为力，独善自身，奋笔疾书。

而今，学就书成。

当否呼朋唤友，一醉方休?

昔时友人诫语，骤然萦绕耳畔：君近天命，学位何助？书成何益?

似乎，不幸言中?

也许，阿Q朋党!

……

然哉，二十三余万字的拙作，毕竟凝聚着一番求学心血，记录着一段奋斗人生!

在此意义上，或许，可喜可贺。

况且，二十三余万字的拙作，尚承载着导师、亲友、同窗、同事们的殷殷厚爱!

就此情愫言，的确，当喜当贺!

……

感谢硕士研究生导师樊崇义教授、博士研究生导师龙宗智教授。没有他们的热情鼓励和悉心指导，吾之学业、拙作难以成就。师从二位导师多年，早为其渊博学识、治学态度及谦和人品所折服。本书即将面世之际，发自肺腑地道声谢谢！

感谢所有龙门博士同窗弟子的真诚关爱和无私援手。与他们相聚，总能令人忘却尘世凡俗的烦恼，感受智慧火花的焦灼，享受美妙人生的快乐！

感谢所有家人。亲人们浓浓亲情的温暖，是我生命存在的重大理由和源源不竭的生活动力！

感谢为本书出版付出辛劳的编辑！

或许，还要感谢自己，感谢上苍……

金　钟

2010年2月6日书于寒舍

# 诉讼法学文库书目

Ⅰ 刑事证据法原理与适用
Ⅱ 刑事诉讼法实施问题与对策研究
Ⅲ 刑事程序的法哲学原理
Ⅳ 视听资料研究综述与评价
Ⅴ 刑事司法体制原理
Ⅵ 刑事证人证言论
Ⅶ 刑事一审程序理论与实务
Ⅷ 非法证据排除规则研究
Ⅸ 美国的外国法院判决承认与执行制度研究
Ⅹ 我国未成年人刑事案件诉讼程序研究
Ⅺ 侦查程序原理论
Ⅻ 侦查讯问程序正当性研究
XIII 死刑案件程序问题研究
XIV 刑事上诉程序研究
XV 程序正义与刑事证据法
XVI 司法改革原理研究
XVII 刑事诉讼行为基础理论研究
XVIII 无罪辩护
XIX 刑事诉讼中的禁止双重危险规则论
XX 刑事证据可采性研究
XXI 刑事诉讼模式的演进
XXII 正当程序文献资料选编
XXIII 刑事程序法功能研究
XXIV 论行政诉讼审查标准
XXV 清末刑事司法改革研究
XXVI 民事诉讼标的论
XXVII 现代公诉制度研究
XXVIII 民事司法现代化的探索
XXIX CEPA 框架下的经贸争端解决机制与程序
XXX 证据能力论
XXXI 刑事诉讼主体论
XXXII 刑事程序性裁判研究
XXXIII 案件事实认定论
XXXIV 正当法律程序研究
XXXV 强制执行立法的探索与构建
XXXVI 行政行为的可诉性研究
XXXVII 清末民初刑诉法典化研究
XXXVIII 底限正义论
XXXIX 行政诉讼类型研究
XXXX 公诉权原论

## 诉讼法学文库 2006

1 刑事正当程序原理
2 自白制度研究
3 警察作证制度研究
4 司法公正的理念与制度研究
5 人本精神与刑事程序
6 刑事诉讼平衡论
7 刑事诉讼关系的社会学分析
8 刑事证明责任分配研究
9 刑事司法权力的配置与运行研究
10 行政诉讼原告论

## 诉讼法学文库 2007

1 刑事诉讼交叉询问之研究
2 检警关系论
3 鉴定结论论
4 检察职能研究
5 美国死刑程序研究
6 行政诉讼问题研究与制度改革
7 刑事司法民主论
8 被追诉人的宪法权利
9 刑事裁判权研究

## 诉讼法学文库 2008

1 论证据与事实
2 法院调解制度研究
3 弱势群体的法律救助
4 刑事赔偿制度研究
5 秘密侦查比较研究
6 非法证据排除规则：话语解魅与制度构筑
7 民事当事人证明权保障
8 现代社会中的诉讼功能
9 诉讼认识、证明与真实
10 中国刑事审前程序制度构建

## 诉讼法学文库 2009

1 检察官证明责任研究
2 刑事诉讼生态化研究
3 对质权制度研究
4 无效刑事诉讼行为研究
5 刑事诉讼中的财产权保障
6 论对抗式刑事审判
7 案件事实认定方法
8 中国区际刑事司法协助研究

# 诉讼法学文库2010

1 侦查程序诉讼化研究
2 媒体与司法关系研究
3 刑事诉讼中的公正审判权
4 证明标准研究
5 刑事诉讼客体论
6 审查判断证据
7 民事判决既判力主观范围研究
8 刑事诉讼程序的人性分析
9 检察监督与公诉职能关系论
10 中国检察制度改革与探索
11 证明力判定论
12 侦查学基础理论研究